# MARKETING ESPORTIVO E ADMINISTRAÇÃO DE ARENAS

**Wesley Cardia**

# MARKETING ESPORTIVO E ADMINISTRAÇÃO DE ARENAS

SÃO PAULO
EDITORA ATLAS S.A. – 2014

© 2014 by Editora Atlas S.A.

Capa: Leonardo Hermano
Projeto gráfico e composição: Set-up Time Artes Gráficas

**Dados Internacionais de Catalogação na Publicação (CIP)**
**(Câmara Brasileira do Livro, SP, Brasil)**

Cardia, Wesley Callegari
Marketing esportivo e administração de arenas /
Wesley Callegari Cardia. – São Paulo: Atlas, 2014.

Bibliografia.
ISBN 978-85-224-8971-8
ISBN 978-85-224-8972-5 (PDF)

1. Esportes – Marketing  2. Estádios  3. Marketing –
Administração  4. Mídia  5. Patrocínio esportivo  I. Título.

14-02882
CDU-796.0698

Índice para catálogo sistemático:

1. Marketing esportivo    796.0698

TODOS OS DIREITOS RESERVADOS – É proibida a reprodução total
ou parcial, de qualquer forma ou por qualquer meio. A violação dos
direitos de autor (Lei nº 9.610/98) é crime estabelecido pelo artigo 184
do Código Penal.

Depósito legal na Biblioteca Nacional conforme Lei nº 10.994,
de 14 de dezembro de 2004.

Impresso no Brasil/*Printed in Brazil*

Editora Atlas S.A.
Rua Conselheiro Nébias, 1384
Campos Elísios
01203 904  São Paulo  SP
011  3357  9144
atlas.com.br

Para Giulia, minha filha amada.

# SUMÁRIO

*Apresentação*, xi

1 **Definições**, 1
   Marketing e marketing esportivo, 1
   Patrocínio e patrocínio esportivo, 1
   1.1 Definições, 1
   1.2 Marketing, 1
   1.3 Marketing esportivo, 5
   1.4 *Promotion mix*, 10
   1.5 Patrocínio, 11
   1.6 Patrocínio esportivo, 12
   1.7 Marca, 15
   1.8 Conclusão, 22

2 **Conceitos e formas usuais de patrocínio esportivo**, 25
   2.1 Introdução, 25
   2.2 Territorialidade, 31
   2.3 Patrocinador exclusivo, 32
   2.4 Patrocinador oficial, 36
   2.5 *Naming rights*, 36
      2.5.1 Introdução, 36
      2.5.2 Conceito, 37
      2.5.3 *Naming rights* de estádios e arenas no Brasil, 40

2.5.4 Razões para adquirir direitos de denominação de complexos esportivos, 42
2.5.5 Novos nomes para velhos estádios, 43
2.5.6 Conclusão, 45
2.6 *Official supplier*, 45
2.7 Parceiro sem fins lucrativos, 47
2.8 Apoio, 48

# 3 Criando pacotes de patrocínio, 51
3.1 Introdução, 51
3.2 Comentário do autor, 52
3.3 Um típico plano de patrocínio, 53
3.4 Categorias de patrocínios, 55
3.5 Formas de retorno/direitos dos patrocinadores, 60
3.6 A quem apresentar a proposta de patrocínio, 62
3.7 Mídia, 67
3.8 Retorno de mídia, 73
3.9 Como fazer para um evento ser televisionado, 75
3.10 Depoimento do autor, 79
3.11 Mídia comercial, 80
3.12 Mídia editorial, 81
3.13 Escolha da mídia adequada para o evento, 81
3.14 Formas de retorno para os patrocinadores, 83
3.15 *Merchandising* e *licensing*, 84
   3.15.1 *Merchandising*, 84
   3.15.2 *Licensing*, 86
   3.15.3 O que é um produto licenciado?, 88
3.16 *Hospitality*, 89
3.17 Celebridades, 92
3.18 Festas oficiais, 96
3.19 Publicidade no local do evento, 96

# 4 Entendendo o patrocinador, 101
4.1 Introdução, 101
4.2 O que o patrocinador deseja?, 102
4.3 Quem decide o patrocínio?, 103
4.4 Questões fundamentais para o patrocinador, 106
4.5 Proteção ao patrocinador, 109
4.6 Oportunidade e *timing*, 110
4.7 Longevidade da relação, 111
4.8 Quantificando resultados, 113
   4.8.1 Introdução, 113
   4.8.2 Como calcular?, 115
   4.8.3 Metodologia, 116
   4.8.4 Retorno institucional/emocional, 119
   4.8.5 Uso prático da auditagem de mídia, 120
4.9 Análise do resultado, 121

# 5 Gestão do patrocínio esportivo, 123
5.1 Conceito, 123

5.2 Desenho do plano de patrocínio, 124
5.3 Endosso de atletas, 126
5.4 Centros de hospitalidade, 128
5.5 Condições climáticas, 130
5.6 Segurança, 131
5.7 Transporte, 132
5.8 Alimentos e bebidas, 134
5.9 Espaços para pessoas com dificuldades de locomoção, 135
5.10 Publicidade, 135
5.11 Mídia, 138
5.12 *Tickets* e acessos, 138
5.13 Acessos, 142
5.14 Conclusão, 143

6 **Como prospectar e estabelecer preços para os patrocinadores, 145**
6.1 Prospectando e elegendo patrocinadores, 145
6.2 Como selecionar candidatos a patrocinador, 146
6.3 Depoimento do autor, 149
6.4 Como passar da prospecção à negociação, 150
6.5 Foco nos fãs, 151
6.6 Foco geográfico, 152
6.7 Fãs são clientes, 154
6.8 A relação comprador × vendedor, 155
6.9 A venda passo a passo, 155
6.10 Conclusão sobre prospecção de patrocinadores, 156
6.11 Estabelecendo preços para os patrocinadores, 157
6.12 Considerações sobre mercado e público, 159
6.13 Métodos para estabelecer preços de patrocínio, 162
6.14 Categorias de patrocínio, 166
6.15 Propriedades que compõem o preço do pacote de patrocínio, 167
6.16 Considerações para a definição do preço, 171

7 **Fãs, clientes e mercado, 173**
7.1 Introdução, 173
7.2 Entendendo os fãs, 173
7.3 Mercados e clientes, 179
7.4 Mercado primário, 182
7.5 Mercado secundário, 184
7.6 Conclusão, 187

8 **Administração de instalações esportivas, 189**
8.1 Introdução, 189
8.2 Planejamento de instalações esportivas, 190
  8.2.1 Planejamento de instalações já existentes, 192
  8.2.2 Planejamento de futuras instalações, 194
  8.2.3 Viabilidade, 198
  8.2.4 Planejamento de marketing, 200
  8.2.5 Localização e escolha do local, 201

    8.2.6 *Design* e projeto, 205
    8.2.7 Construção, 206
 8.3 Desenvolvimento de instalações esportivas, 207
    8.3.1 *Business Plan*, 207
    8.3.2 Financiamento, 207
    8.3.3 Custo de áreas imobiliárias, 208
    8.3.4 Custo de instalação, 208
    8.3.5 Custos de aparelhamento, 208
    8.3.6 Energia, ar condicionado, hidrossanitário, data e combate a incêndio, 209
    8.3.7 Impacto e legado às comunidades, 209
    8.3.8 *Funding*, 209
 8.4 Marketing e atração de investimentos, 216
    8.4.1 Propriedades de marketing e *naming rights*, 216
    8.4.2 Pontos comerciais, 219
    8.4.3 Comercialização de instalações, 220
    8.4.4 Ingressos, 221
    8.4.5 Comunicação integrada, mídias sociais e *site*, 223
    8.4.6 Estacionamento, 225
    8.4.7 *Licensing* e *merchandising*, 225
 8.5 Operação de instalações esportivas, 226
    8.5.1 Estrutura de gerenciamento, 226
    8.5.2 Conservação e manutenção de instalações esportivas, 228

*Referências bibliográficas*, 231

# APRESENTAÇÃO

A economia mundial transformou-se através dos séculos. Da caça e do extrativismo chegamos à era digital, onde empresas da nova economia valem mais do que indústrias consagradas, como a automobilística. Donos de empresas que desenvolvem *softwares* figuram na lista dos mais ricos da revista *Forbes*, à frente de banqueiros ou industriais. O mundo mudou. Mudou o homem. A atividade física de antigamente, como a de lavrar o campo, foi substituída por máquinas, que chegam sozinhas ao local onde pararam de trabalhar na noite anterior guiadas por sistemas de GPS. E é justamente em razão de todas essas transformações que o homem precisou alterar sua relação com a atividade física, seja porque passou a necessitar se exercitar para ter saúde, fugindo do sedentarismo; ou porque sua rotina diária demandava uma válvula de escape para o *stress*. Com isso mudou nossa relação com o esporte. Quer seja o praticado na rua, na academia, no ginásio ou no campo. Assim como se transformaram a forma de interação e o jeito que passamos a assisti-lo, a torcer e a fazer com que ele integre nossa vida.

O esporte, hoje, é mais importante no dia a dia do homem do que era há uma década; e menos importante do que será dentro de 10 anos. A tendência é de que se venha a praticar mais atividade física, e que se assista, acompanhe, vibre com jogos interativos cada vez mais, ou que simplesmente ouça as notícias e comentários pelo rádio ou leia no *tablet*. Mas de alguma forma ele está e estará presente na vida da grande maioria das pessoas.

Assim como essa transformação é palpável, também são novas as exigências que praticantes de toda sorte de atividade física, e de fãs dos mais variados esportes, têm para com o próprio esporte e para com todo o círculo em torno dele. Desde a academia de bairro até a mais sofisticada arena multiúso.

A disciplina encarregada de auscultar, de inferir e de interpretar necessidades e tendências de toda cadeia ligada ao esporte é o Marketing Esportivo. Essa área de conhecimento tem a função de estudar as mudanças em curso, decifrar a forma como elas interferem na sociedade e no mercado, para, finalmente, buscar entregar a todos os agentes envolvidos aquilo que vai satisfazer suas necessidades. E por cadeia produtiva e interativa nós entendemos desde o praticante de futebol de fim de semana, até o desportista de alto rendimento. Do quimono do judoca ao carro de Fórmula 1; do ingresso da partida de futsal ao camarote na Copa do Mundo. Do patrocínio do time de vôlei da escola, ao nome da arena de 1 bilhão de reais. Tudo isso faz parte do mesmo negócio. Mas ao mesmo tempo tem uma conotação diferenciada de muitas outras disciplinas de marketing e de administração. Por uma simples e muito complexa razão: porque esporte envolve paixão, fortes emoções, adrenalina e endorfinas. Sentimentos e processos químicos que muitas vezes não se explicam, mas que trazem em seu DNA poderes e valores incalculáveis.

O Marketing Esportivo como disciplina ampla é o objeto deste livro. Ele busca explorar o assunto de forma pragmática, trazendo exemplos atuais e marcantes. Embora a obra traga conceitos e informações acadêmicas, ela não descuida da necessidade do dia a dia de quem trabalha ou pretende trabalhar no mercado. Aliás, essa é uma de suas preocupações: dar subsídios àqueles que estão iniciando no ramo, e ao mesmo tempo servir de bússola para quem já está gerenciando entidades, carreiras de atletas, clubes, times e instalações esportivas.

O livro parte de definições sobre o tema marketing e marketing esportivo. E, sem negligenciar os interesses de quem está no mercado, ele traz informações práticas sobre patrocínio. Desde seus formatos até as fórmulas para criação de pacotes. Passando pela gestão de patrocínios, as necessidades dos patrocinadores, os meios de prospecção e precificação.

O trabalho busca explicar a relação e proximidade que existe entre fãs e clientes, que, via de regra, constituem o mercado de produtos e serviços destinados a eles. Ao mesmo tempo em que esclarece que o mercado esportivo é atrativo para toda e qualquer empresa e marca que busque um meio eficiente e poderoso para se comunicar com seu público e seus *prospects*.

Talvez uma das informações mais proveitosas para os interessados no Marketing Esportivo seja a descrição de quase todas as formas de exploração comercial desse negócio. Incluindo a preocupação de auxiliar o leitor a precificar cada uma delas, bem como a demonstrar aos investidores, anunciantes e patrocinadores o retorno auferido com essas ações.

O livro traz também a desmistificação dos *Naming Rights,* quando afirma e explica as razões pelas quais as empresas têm sucesso ao fazer uso dessa poderosa ferramenta.

E, finalmente, traz um extenso capítulo sobre administração de arenas e instalações esportivas. Uma matéria que tem suscitado interesse e curiosidade, principalmente em razão do grande número de novos negócios ocorrendo na área, como também por seu quase ineditismo no Brasil, como técnica profissional. Esse capítulo traz elementos tanto para aqueles que estão interessados na administração de instalações existentes, como de espaços públicos e privados que ainda estão na fase de desenvolvimento. Nesse capítulo serão abordados desde a escolha de local para uma futura instalação esportiva até os meios de atração de público e eventos para seus assentos, palcos ou gramados.

Enfim, muito do que vai nestas páginas que seguem vem de mais de 20 anos de estudo do mercado nacional e internacional de marketing esportivo, e de tempo igual de prática e experiências vividas pelo autor. Raros são os exemplos adotados no texto que não tenham sido experienciados pelo escritor na administração de clubes, entidades, agências de marketing esportivo, gerenciamento de carreiras, criação e gerenciamento de eventos ou comercialização de propriedades e patrocínios. São essas experiências associadas ao conhecimento doutrinário que nortearam este livro, que não tem outro fim senão o de auxiliar aqueles que trabalham ou pretendem trabalhar nesse empolgante mercado.

# AGRADECIMENTOS

Os livros técnicos têm, comumente, duas fontes. Aquela que é fruto de um trabalho solitário em meio a livros, gráficos, análises de obras semelhantes, entrevistas, notícias divulgadas nos meios de comunicação e em periódicos científicos e resultados de pesquisas. A outra fonte é a experiência vivida em anos de trabalho e da busca do aperfeiçoamento, tanto próprio quanto do mercado. Este livro se concretizou da maneira como é posta aos leitores: com base em ambas as fontes. Essa segunda fonte, a empírica, tem raízes em trabalho de campo, em clubes, entidades privadas e federativas e empresas de marketing esportivo. Agradeço a todos com quem me relacionei e me relaciono nesses mais de 20 anos de gestão esportiva na busca do aperfeiçoamento desse mercado.

Agradeço, especialmente, a minha mulher Analice, sempre pronta a opinar e colaborar. Assim como àqueles que contribuíram para ilustrar e agregar conteúdo ao livro com depoimentos, textos e pesquisas, como a BDO RCS. E a minha dedicada assistente, Denise.

*O Autor*

# 1 DEFINIÇÕES

MARKETING E MARKETING ESPORTIVO
PATROCÍNIO E PATROCÍNIO ESPORTIVO

## 1.1 Definições

Antes de passarmos à definição de marketing e patrocínio esportivo, é necessário voltar um pouco na matéria, para ir do geral ao particular. Vamos começar pela definição de marketing.

## 1.2 Marketing

Frequentemente se ouve, mesmo de pessoas do mercado, que marketing resume-se a propaganda (para alguns) ou vendas para outros. Marketing é muito mais do que isso. Na definição do estudioso que praticamente definiu as fronteiras desta matéria, o Professor Philip Kotler (KOTLER; ARMSTRONG, 1996): "Marketing é um processo social e gerencial através do qual indivíduos e grupos obtêm o que necessitam e desejam por meio da criação e troca de produtos e valores com outras pessoas." É a capacidade do mercado de suprir a demanda de produtos e serviços que as pessoas precisam e querem. Este é o cerne da questão do marketing: descobrir, produzir, criar, distribuir e promover bens e serviços que venham a ser desejados pelas pessoas ou grupos de pessoas no momento certo, no lugar certo, ao preço justo.

Alguns especialistas ainda preferem definir o marketing em dois segmentos: micro e macromarketing.

Micromarketing – na definição de Jerome McCarthy e William Perreault (1990), micromarketing é a *performance* de atividades que uma organização busca realizar, de forma a antecipar as necessidades dos clientes ou consumidores, oferecendo-lhes um fluxo de bens ou serviços.

Macromarketing – na definição dos mesmos autores, macromarketing é um processo social que direciona um fluxo econômico de bens e serviços dos produtores para os consumidores de forma a efetivamente suprir a demanda e atender os objetivos e necessidades da sociedade.

Todo estudante de marketing defronta-se, na primeira aula, com a estrutura básica do tema embutida nos chamados 4 Ps. Essa é a base do pensamento de marketing. Entender que toda e qualquer equação de mercado tem que levar em consideração *Product, Place, Price and Promotion*. Ou seja: divulgar ou promover (*promotion*) que temos o produto (*product*) certo, no lugar (*place*) certo, pelo preço (*price*) que o mercado está disposto a pagar. Sempre que uma dessas quatro pernas do marketing estiver faltando, a operação de satisfação dos desejos e necessidades dos consumidores ou clientes será imperfeita.

O marketing de ontem não é o mesmo do de hoje, que é diferente do de amanhã. O marketing muda conforme a sociedade se transforma. Assim como as necessidades e desejos das pessoas se alteram, também deve mudar o marketing para estar sempre apto a suprir essas carências. Isso se dá através dos processos de gerenciamento de marketing, que vem a ser o processo através do qual os profissionais de marketing atingem seus objetivos. A essência desse processo é o entendimento, a compreensão do mercado de forma a antever o momento, o nível e a composição de demanda de um determinado bem ou serviço, de que forma oferecer esses bens e serviços ao público e como atrair os consumidores que vão consumir esses mesmos bens e serviços.

Kevin Roberts, CEO da Saatchi & Saatchi, uma das maiores agências de publicidade do mundo, disse na The IoD's Annual Convention, em Londres, que: "O marketing está morto. O papel do marketing mudou. Não há nada mais que seja novo. Se os marqueteiros estão ouvindo algo que está acontecendo, bom então é sinal de que isso já é passado no mundo de hoje. Quanto mais você se aprofunda em uma empresa, mais você fica estúpido e distante de coisas novas. Velocidade é tudo hoje. O trabalho do marketing é criar movimento e inspirar pessoas a se juntar a você." (ROBERTS, 2005). Se o profissional de marketing não se adaptar à nova realidade que impacta o mundo todos os dias, ele vai ficar falando sozinho.

"Pode parecer simples, mas em muitos anos nesse mercado ainda me deparo com situações em que empresários, de todos os portes, esquecem um dos fundamentos básicos dessa equação resultando no fracasso do empreendimento." (ROBERTS, 2005).

O *gerenciamento de marketing*, segundo Kotler, é a análise, o planejamento, a implementação e o controle de programas montados para criar, construir e manter trocas com consumidores potenciais, de forma a atingir os objetivos das organizações. Ou seja, todo o processo da produção até o consumo. O profissional de marketing precisa saber que sua injunção no processo de gerenciamento de uma organização engloba desde a criação e o desenvolvimento do produto até a relação final com o consumidor para saber se ele está satisfeito com o que lhe foi entregue. Para tanto, ele vai usar inúmeros instrumentos que vão desde o teste do produto ou serviço até a pesquisa de satisfação pós-consumo.

Não existe apenas uma fórmula no mercado que guie as empresas no sentido de atingir seus objetivos. As organizações desenvolvem aptidões diferentes e muitas delas acreditam piamente que suas filosofias são as mais corretas. E podem mesmo ser em razão do tipo de produto ou serviço que oferecem ao mercado. É importante saber quais são as filosofias que orientam as organizações na busca pelo atingimento de seus propósitos. Elas são seis, *a priori*.

O *conceito de produção* é baseado no preço baixo. Como raramente um produto não tem concorrência, ele é baseado em eficiência e escala, devendo ser produzido em larga quantidade de forma a reduzir seu custo e com isso atrair os consumidores. Como exemplo desse conceito cita-se a produção de carros populares como o Corsa e o Celta, ambos da Chevrolet, o Ka, da Ford, o Gol da Volkswagem e o Uno, da Fiat.

O *conceito de produto* é baseado na máxima de mercado que afirma ser o produto favorito aquele que traz melhor qualidade, *performance* e inovações. Portanto, agregar esses três itens aos produtos deve ser uma meta constante, porque, quanto melhor e mais inovativo ele for, maiores chances ele terá de ser o favorito dos consumidores. O favoritismo, a preferência dos consumidores permitirá reduzir custos de promoção. Um bom exemplo é o iPhone, da Apple. Suas características de inovação eram tão surpreendentes à época do lançamento que a mídia espontânea encarregou-se de difundir o produto pelo mundo, fazendo com que a Apple tivesse uma economia excepcional em publicidade e promoção.

O *conceito de vendas* refere-se principalmente àqueles produtos e serviços que não são prioritários nas metas de consumo das pessoas, tais como seguros de acidentes ou pacotes de ingressos para temporada de jogos. Para situações desse tipo, as organizações têm que desenvolver dois esforços paralelos: venda em grande escala e muita promoção. Uma vez que o livro trata de marketing esportivo, vamos buscar o exemplo nos pacotes de *pay-per-view*, da Globosat, para os jogos dos campeonatos regionais e do Campeonato Brasileiro de Futebol. Quando a empresa criou pacotes de compras casadas do Brasileirão com campeonatos estaduais, as vendas cresceram muito. A promoção anunciada à exaustão levava o consumidor a adquirir dois ou mais campeonatos quando anteriormente ele comprava apenas um. O resultado foi excepcional para a emissora.

O *conceito de marketing* prega que para atingir os objetivos de uma determinada empresa ou organização é necessário determinar, com antecedência, as necessidades e anseios de um determinado grupo, e oferecer-lhe o que ele espera de forma mais eficiente que os competidores. Esse conceito é o que melhor expressa as tendências do marketing moderno. Muitas empresas, ao criarem estruturas de marketing com diretores, gerentes e assistentes, imaginam estar praticando este conceito. Elas só estarão realmente praticando marketing se estiverem focadas no mercado, no consumidor, nas necessidades de mudança e sabendo prever as alterações do mercado antes da concorrência. Esse é o conceito básico. Aquele que envolve os 4 Ps. Deixar um dos pilares de fora compromete toda a estrutura. Um bom exemplo de *conceito de marketing* bem trabalhado é o das operadoras de telefonia móvel Vivo, Claro e TIM. Elas souberam migrar dos consumidores de classe "A" (os primeiros que adquiriram telefones celulares na década de 1990) para os consumidores das classes "D" e "E", criando pacotes adequados para esses públicos. Hoje se pode "abastecer" com créditos um telefone pré-pago em bancas de revista ou bares de beira de estrada em qualquer canto do país. A prova de que o *conceito* funciona é o número de linhas existentes hoje no Brasil que supera o número de habitantes.

O *conceito de marketing social*. Esta é a mais nova dentre as filosofias de gerenciamento de marketing. Ela prega que a organização deve determinar as necessidades e desejos de grupos específicos, e entregar-lhes produtos e serviços de qualidade superior à desejada de forma a melhorar sua qualidade de vida. Esse conceito questiona se, num momento de problemas sociais no mundo inteiro, o conceito de marketing puro e simples não estaria aquém das necessidades dos seres humanos no longo prazo.

Finalmente, o *conceito de marketing ambiental*, também referido como marketing sustentável, marketing orgânico ou marketing verde. São todas aquelas ações praticadas por uma empresa no sentido de oferecer aos clientes, consumidores e compradores produtos e serviços realizados com base em políticas de preservação ambiental. O marketing verde deve ser sobretudo ético, pois de nada adianta uma empresa dizer que preserva a natureza, e tudo o que faz nesse sentido é imprimir os relatórios em papel reciclado. Uma das questões mais importantes é saber se o público está preparado para gastar mais na aquisição de produtos e serviços que preservam a natureza. Isso é luxo ou uma necessidade? No norte da Califórnia, um dos lugares que mais lançam moda no mundo, há uma preocupação real com o marketing ambiental. As empresas e produtos que se diferenciam nesse quesito têm a aprovação e o aumento de consumo de seus produtos e serviços pela população. Mas isso não é verdade em muitos outros países, onde o custo final dita o resultado de vendas. É importante que a mensagem sobre o marketing verde seja forte, contundente e não deixe dúvidas sobre sua veracidade. Ela deve cativar a atenção e a confiança do consumidor. Quanto mais o ambiente for parte da decisão de compra das pessoas, mais os benefícios na aquisição de produtos verdes precisam satisfazer as necessidades e expectativas das pessoas. Quem adquire produtos e serviços de empresas verdes tem que ter mais do que a sensação de que está ajudando o meio ambiente. Elas têm que saber que estão fazendo diferença, mesmo que tenham que pagar um pouco mais por isso. Pesquisas recentes no Brasil demonstram que o público consumidor prefere adquirir produtos e serviços de empresas sustentáveis.

Seja lá qual for o conceito adotado por uma empresa ou organização, é muito importante ter sempre presente que as mudanças de mercado estão ocorrendo com uma velocidade incrível. Hoje tudo é questionado. Não importa se com propriedade ou não. Lutar pela globalização ou contra ela. A favor das liberdades de expressão ou religiosas. Pela preservação dos animais ou pela liberação da caça à baleia. Pela plantação de soja transgênica ou pelo veto de cultivo de florestas de mata exótica. Tudo isso é relativo e ao mesmo tempo não pode ser ignorado. A quantidade de informação que o homem moderno recebe hoje faz que suas necessidades e desejos sejam radicalmente diferentes de 50 anos atrás. Um simples exemplar de um grande jornal dominical, seja ele de São Paulo, Londres ou Nova York, traz mais informações em seu bojo que um homem comum tinha acesso ao longo de sua vida inteira há 100 anos atrás. O conceito sobre o acesso à informação via jornal pode estar mudando. Ele pode estar deixando de fazer sentido dentro de pouco tempo, uma vez que pesquisas tabuladas e divulgadas desde o ano de 2009 demonstram que, nos EUA, a Internet já é fonte mais importante de informação que veículos impressos. Portanto, é papel do profissional de marketing estar atento às mudanças sociais e de mercado para captar tendências, anseios, desejos e necessidades, de forma a supri-las com produtos e serviços. Produtos e serviços esses que devem estar à disposição na hora certa, no lugar certo e pelo preço que os consumidores e clientes estiverem dispostos a pagar.

## 1.3 Marketing esportivo

A definição de marketing esportivo não pode ser muito diferente do marketing propriamente dito – ela apenas deve estar relacionada com a disciplina esporte.

Assim como no marketing *lato sensu*, no esporte ele deve estar vinculado a algumas premissas básicas da disciplina; ou seja: *produto, demanda, desejo, necessidade, valor, satisfação, qualidade e mercado*. Esses conceitos fundamentais do marketing, sobre os quais é alicerçada a matéria, também se aplicam ao marketing esportivo.

O marketing esportivo baseia-se sobre os mesmos 4 Ps (*product, place, price* e *promotion*), que servem de base para o marketing em sentido amplo (que podem alcançar até oito Ps, variando esse número de autor para autor). No caso específico do esporte, deve-se acrescentar um outro P. Este sim próprio e fundamental no estudo e aplicação desta disciplina – a paixão. A *paixão* é a ferramenta mais importante do profissional de marketing que lida com esporte. Ela faz dessa disciplina um segmento diferençado dos demais ramos do marketing.

O mesmo cuidado que se deve ter ao fazer um projeto, ou montar uma estratégia de marketing para um produto ou serviço qualquer, se deve dedicar ao marketing esportivo. Logo, observar as premissas elencadas acima é fundamental. Qual a distinção a ser observada quando da transposição daqueles conceitos para o marketing esportivo? Tome-se inicialmente a premissa *mercado*. A base é a mesma. Da mesma forma, como se fosse um produto de consumo ou serviço qualquer: observando e estudando o tamanho do mercado de fãs de um clube, ou de aficionados de um determinado esporte. Esses grupos de indivíduos são os potenciais consumidores de um bem ou serviço. Eles têm em comum uma necessidade, ou um desejo, que pode ser suprido pelo mesmo tipo de produto ou serviço. Isso faz deles um mercado em potencial.

O *produto*, ao contrário de ser uma Coca-Cola, ou um seguro de automóvel, pode ser a partida de futebol, a camisa do time, ou o campeonato da liga de basquete. Produto é tudo aquilo que pode ser oferecido ao mercado para satisfazer necessidades ou desejos. Esse produto estará sempre ligado a um fator emocional, diferentemente da maioria dos outros bens à venda.

A *demanda*, que é o desejo associado à capacidade de compra de um determinado produto ou serviço, vale igualmente para um livro como para um ingresso de um jogo.

*Necessidade* é o estado em que se encontra um certo indivíduo por alguma coisa que lhe é cara, importante, da qual ele precisa. Esse é um dos conceitos que mais variam de sociedade para sociedade, sendo mais simples nas sociedades de menor nível de desenvolvimento socioeconômico. E, por óbvio, mais complexo quanto maior for o desenvolvimento econômico e social de uma sociedade.

*Desejo* é a feição dada pelo homem às suas necessidades, variando de indivíduo a indivíduo, e moldado por características culturais e econômicas. Esse desejo se materializa numa moto Harley Davidson, por exemplo; ou num lugar na primeira fila da final da NBA.

Por *valor* não se entende apenas o *quantum* em moeda que se paga por alguma coisa, mas sim pela diferença entre o que foi pago e pelo valor obtido com a posse e uso de determinado produto ou serviço. Ou seja, a posse e satisfação de uso de um Rolex, em relação ao que foi pago por ele. Hoje em dia, um relógio comum informa as horas tão bem quanto um Rolex ou Breitling. Mas a satisfação, o prazer de usar um desses no pulso supera a diferença de custo. No esporte é a diferença entre o prazer de estar presente no campo e de assistir pela televisão à vitória do São Paulo F.C. (se o torcedor é são-paulino), em relação ao valor do ingresso.

*Satisfação* é o quanto um determinado produto ou serviço atende às expectativas do comprador. Se estiver aquém das expectativas, ele não trará satisfação. Se exceder, ele dará satisfação.

*Qualidade*, em última análise, é a capacidade de um bem ou serviço não apresentar defeitos e suprir a satisfação ao cliente. Um exemplo seria um indivíduo adquirir um ingresso para o jogo, chegar ao estádio, encontrar uma vaga para estacionar, não ter fila na hora de entrar, encontrar seu assento limpo e desocupado, poder usar o toalete no intervalo, comprar um bom lanche, encontrar a cerveja gelada, retornar ao seu lugar, reencontrá-lo desocupado e ao final da partida achar seu carro como o deixara. Isso é mais do que suprir as necessidades; é satisfazer, encantar o cliente. É complicado? Por certo que sim, mas essa é a motivação do profissional de marketing. Esse é o moto que o move. Se não houver preocupação com a qualidade e com a superação, não haverá futuro para o negócio.

Todos esses elementos foram trazidos com o fim de estabelecer uma massa crítica de informações antes de definir marketing esportivo.

A doutrina não dispõe de nenhuma definição objetiva de marketing esportivo, por duas razões. Primeiro porque a definição de marketing *lato sensu* é por si só suficiente para englobar a definição de seu subgrupo, o marketing esportivo. Segundo, porque há necessidade de englobar, numa mesma definição, o marketing do ponto de vista do esporte ou da entidade esportiva; e do consumidor de esportes e de produtos ligados a ele. Os grupos são os consumidores de um lado; e de outro o que chamaremos de entidades esportivas. Por entidades esportivas entender-se-ão: ligas, federações, clubes, atletas, estádios etc. O que nos leva a um duplo conceito distinguindo os dois lados dessa relação.

Assim, pode-se dizer que *marketing esportivo* sob o prisma das entidades é o processo pelo qual se suprem necessidades e desejos de instituições esportivas através da troca de produtos e valores com seus mercados.

Já sob a ótica dos fãs, torcedores e consumidores, *marketing esportivo* é o processo social e gerencial pelo qual indivíduos e grupos têm seus desejos e necessidades atendidas por meio de transações com o fim de lhes satisfazer anseios por determinados produtos e serviços que culminam em felicidade ou bem-estar.

Qual, portanto, o grande diferencial do marketing esportivo sobre o marketing *lato sensu*? Ele permite que se faça uso de emoções com mais facilidade e propriedade. Eis o grande ponto crucial do tema: emoção. E sem ela haverá grande chance de que a mensagem não produza os efeitos desejados. Hoje, os profissionais buscam emocionar para sair do lugar comum. Para não ser apenas mais uma campanha publicitária igual a tantas outras que estão no ar. O comercial que ganhou o maior número de prêmios em Cannes, em 2013, foi um comercial da Dove. Ele não vendia nada – diretamente. Ele emocionava. O esporte tem esse valor intrínseco. Kevin Roberts, CEO da Saatchi & Saatchi, uma das maiores agências de publicidade do mundo, disse no *The IoD's Annual Convention*, em Londres: "Há três segredos para o pensamento emocional – mistério, sensibilidade e intimidade. É sobre contar estórias. As marcas precisam contar estórias em seus *websites*, em suas embalagens e por aí vai. Tenha certeza que sua marca e empresa tem cheiro, tem cara, tem som, e possui um elo de intimidade com as pessoas. Pense em como construir empatia" (ROBERTS, 2005). Claro que há formas e maneiras de se construir essa empatia citada por Roberts. O esporte, no entender desse autor, é a mais fácil, de melhor custo benefício e que, no Brasil, tem a melhor chance de sucesso.

O leitor deverá se perguntar, imediatamente, ao ler os conceitos na página anterior sobre marketing e marketing esportivo (ou muito antes, quando lia sobre satisfação e qualidade), do porquê dessas noções que parecem tão simples, objetivas e pragmáticas estarem tão longe da realidade brasileira. A resposta é muito mais complexa do que a pergunta. Uma das principais razões é a falta de conhecimentos primários de marketing pela maioria dos dirigentes esportivos brasileiros. Por outro lado, também de algumas más experiências de profissionais de marketing que não entenderam ser o marketing esportivo uma disciplina diferençada. Eles, ao mesmo tempo em que se baseiam nas mesmas regras de mercado, não podem esquecer de que o elemento paixão é determinante (seja para o bem, seja para o mal), para o sucesso de estratégias, táticas e ações de mercado. É oportuno lembrar também que: a grande maioria dos dirigentes esportivos entende o marketing esportivo apenas como um meio de arrecadação de verba para as entidades. Entende, ainda, que investir em marketing, como de relacionamento, por exemplo, é despesa e não investimento.

A razão de o Brasil não administrar ligas e clubes no estilo americano ou europeu é uma incógnita para o mercado. Mas de uma coisa se tem certeza. No momento em que os modernos conceitos de administração de marketing forem colocados em prática nos principais esportes brasileiros, o país dará um salto qualitativo; tanto no esporte propriamente dito, como na indústria do esporte.

A fim de demonstrar o que ocorre no mundo nesse segmento, vamos trazer o exemplo do Real Madrid, que junto com seu oponente, o Barcelona, integra a lista de dois dos mais capacitados clubes do mundo na exploração de marketing esportivo. Todo entusiasta do futebol conhece e adoraria poder assistir a uma partida do Barça ou do Real Madrid, pois esses clubes são alguns dos que mais conhecem o poder do marketing, de sua administração e do atrelamento de cada uma das campanhas e ações às suas torcidas, e principalmente aos seus sócios.

Os dois gráficos que seguem materializam esse entendimento do Real Madrid.

**Fonte:** BDO, 2011.

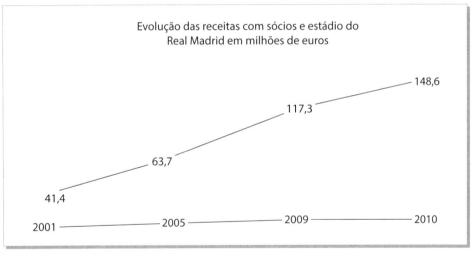

**Fonte:** BDO, 2011.

Ao contrário do que alguns poucos ainda acreditam, o marketing esportivo é uma das grandes forças e crescentes áreas do marketing no mundo todo.

Os dados que seguem demonstram cabalmente a força do marketing esportivo através dos montantes investidos em patrocínios em esportes e em outras áreas que costumam se beneficiar do aporte de verba de patrocinadores. O resultado da pesquisa evidencia a força do esporte perante outros segmentos. E a razão é muito simples: nenhuma outra categoria dá o retorno de imagem, negócios, venda, reconhecimento de marca proporcionado pelos esportes.

Observe-se que os investimentos em patrocínio esportivo são comparados com: entretenimento, causas (sociais, por exemplo), artes, festivais, feiras e eventos anuais, e associações e organizações. O somatório de todos esses meios representa apenas 31% do valor total, deixando para 61% destinado aos esportes.

**Investimentos em patrocínio nos EUA por tipo de propriedade – em dólares**

| Propriedade | Valor 2012 | Valor 2013 | Incremento de 2013/2012 |
|---|---|---|---|
| Esportes | 13.01 bi | 13.79bi | 6,0% |
| Entretenimento | 1.85 bi | 1.93 bi | 5,1% |
| Causas sociais | 1.68 bi | 1.70 bi | 4,8% |
| Artes | 869 mi | 891 mi | 3,3% |
| Festivais e eventos | 804 mi | 825 mi | 2,6% |
| Associações e Org. | 532 mi | 550 mi | 3,4% |

2013 IEG. LLC

**Percentuais de investimentos, por setores, projetados para 2013**

| | |
|---|---|
| Esportes | 69% |
| Entretenimento | 10% |
| Causas sociais | 9% |
| Artes | 5% |
| Festivais e eventos | 4% |
| Associações e organizações | 3% |

2013 IEG, LLC

## 1.4 Promotion mix

O marketing moderno exige mais do que simplesmente criar um produto, estabelecer um preço atrativo para o mercado e fazer com que ele esteja à disposição dos interessados.

É preciso também comunicar-se com o público, com o mercado, com os potenciais compradores e com novos e futuros interessados. Para isso, as empresas têm que estabelecer um sistema de comunicação total, chamado de *promotion mix* ou *mix* promocional.

É importante entender o conceito de *promotion mix* antes de se passar a definições, porque o patrocínio esportivo, ou ainda antes disso, o patrocínio, é uma ferramenta poderosa desse conceito.

As ferramentas mais conhecidas e utilizadas do *mix* promocional, segundo Kotler, são:

*Propaganda* – toda e qualquer forma paga de difusão de apresentações ou promoção impessoal de ideias, bens ou serviços por um anunciante específico.

*Venda pessoal* – apresentação pessoal através da força de venda de uma empresa com o fim de efetuar vendas e criar um relacionamento com os consumidores.

*Promoção de vendas* – incentivos de curta duração para encorajar a compra ou venda de um produto ou serviço.

*Relações públicas* – estabelecer boas relações com os vários públicos através da obtenção de publicidade positiva, criando uma boa imagem corporativa e manejando ou ouvindo do mercado rumores, estórias etc.

## 1.5 Patrocínio

O patrocínio não é substituto de nenhum dos conceitos anteriores do *promotion mix*, mas pode ser usado como forma de propaganda, na promoção de vendas e certamente como elemento de relações públicas.

*Patrocínio*, na definição de Marc Carroggio (1996), "é uma relação jurídica entre patrocinador e patrocinado, em virtude da qual o primeiro colabora de forma tangível na organização ou celebração de um evento e em contrapartida obtém do segundo facilidades para difundir mensagens favoráveis a um público mais ou menos determinado".

Provavelmente esta seja uma das melhores definições de patrocínio, a não ser pela palavra *colabora*. Na verdade, a relação de patrocínio é uma relação comercial, em que uma parte cede determinados benefícios à outra, em troca de uma prestação pecuniária ou de bens e serviços necessários para a realização do evento em questão. Não há colaboração. A palavra *colaboração* pressupõe um auxílio desinteressado. O patrocínio não tem esse aspecto de auxílio, de ajuda. O patrocinador, cada vez mais, exige uma contraprestação compatível com ao patrocínio prestado, com o valor investido, portanto. Quando o auxílio for desinteressado ele deixará de ser patrocínio para ser mecenato. Mecenato era a forma pela qual uma pessoa física ou jurídica favoreceria atividades artísticas (principalmente estas), filantrópicas ou mesmo esportivas, sem esperar contraprestação publicitária ou comercial. E principalmente sem levar em consideração se esta contraprestação estava corretamente dimensionada. A própria palavra *mecenas* significa aquele que protege, incentiva as artes. Ele não é, portanto alguém atrás de recompensa por seus atos ou investimentos. Algo que não existe mais no mundo moderno do esporte. Se uma instituição pública ou privada, física ou jurídica, aportar dinheiro para uma entidade esportiva, um atleta, clube ou competição..., ela espera recompensa por isso.

*Patrocínio* seria então uma relação de troca entre patrocinador e patrocinado em que o primeiro investe de forma tangível (bens, serviços ou dinheiro) na organização ou celebração de um evento ou atleta individual e recebe em troca espaços e facilidades para difundir mensagens a um público mais ou menos determinado, com a intenção de fazer promoção, criar *goodwill*, boa imagem ou incrementar as vendas.

O patrocínio foi objeto de definições de vários autores. Elas são todas variações sobre o mesmo tema. Algumas com maior preocupação com o marketing, outras mais preocupadas com o conceito jurídico. Vamos ver algumas delas:

*Danbron* – "uma técnica de comunicação que permite a uma empresa a associação de sua marca a determinadas atividades que provocam um impacto publicitário sobre sua notoriedade e imagem, e um efeito promocional sobre suas vendas" (1991).

*Sahnoum* adverte que o "patrocínio é uma ferramenta de comunicação que permite ligar uma marca ou uma empresa a um acontecimento que atrai um público determinado" (1988). Vê-se nesse caso que ficam de fora os patrocínios de artistas ou atletas.

*Redondo* define como "a atividade empresarial dirigida a aumentar as vendas e a transmitir uma imagem ao público, sendo esta uma atividade paralela à publicidade tradicional" (1988).

De forma mais simplificada ainda e sem preocupação com o marketing, o *Oxford Dictionary* define como "uma companhia mercantil ou pessoa que paga a realização de um evento no qual introduz publicidade de um produto comercial" (2001).

Já o *Dicionário da Língua Espanhola* diz que "patrocínio é o suporte dado por uma empresa, com fins publicitários, aos gastos de um programa de rádio ou televisão ou de uma competição esportiva ou um concurso". Em face das duas últimas definições, devemos ficar contentes que os dicionaristas não trabalham em marketing.

## 1.6 Patrocínio esportivo

Já foi difícil encontrar uma definição correta e apropriada para patrocínio. Mais ainda para o esportivo, onde mais uma vez, conforme será exposto adiante, os conceitos variam muito de autor para autor, sempre levando em conta o cenário em que foram emitidos e com que propósitos. *Phil Schaaf* (1995) diz que "patrocínio esportivo é o mecanismo de promoção através do qual os esportes penetram nos mercados de consumo de forma a criar publicidade e lucro para compradores corporativos e participantes". Certamente, uma visão de mercado que privilegia os fins publicitários e o lucro acima de qualquer outra coisa. *Luiz Fernando Pozzi* (1998) define como "as despesas de marketing ou incorporação de responsabilidades que suportam atividades esportivas e/ou atletas, com o propósito de usar o evento, time, atleta etc. como um veículo que possibilite o alcance de um ou mais objetivos de marketing".

*Patrocínio esportivo*, no nosso entender, é o investimento que uma entidade pública ou privada faz num evento, atleta, grupo de atletas ou entidade esportiva com a finalidade precípua de atingir públicos e mercados específicos, recebendo em contrapartida uma série de vantagens encabeçadas por incremento de *share of mind*, *market share*, vendas, promoção e simpatia do público.

Os próprios patrocinadores se surpreendem com os resultados alcançados por suas ações de patrocínio esportivo. Ao longo do livro, serão citados vários exemplos onde fica patente o resultado, o retorno atingido pelas ações de marketing e patrocínio esportivo.

A Digital Computer, por exemplo, quando abordada por um dos times menos importantes da Liga de Baseball Americano, concluiu que se atingisse um retorno de 5/1 para o patrocínio empreendido o resultado seria satisfatório. Qual não foi a surpresa dos executivos quando, ao final da temporada, haviam obtido um retorno de 9 para 1. Ou seja, para cada dólar investido tiveram um retorno de nove dólares. É isso que faz do patrocínio esportivo uma matéria especial.

Também é interessante observar o que leva as empresas a fazer marketing esportivo. Segundo uma pesquisa realizada com as 1.000 maiores empresas americanas (segundo a listagem da Forbes 1000), as empresas investem em marketing esportivo pelas seguintes razões:

1. Aumentar o reconhecimento da empresa
2. Gerar valor para a(s) marca(s) da empresa, seus produtos e serviços
3. Melhorar a imagem da companhia
4. Demonstrar responsabilidade social
5. Incrementar o reconhecimento de determinados produtos
6. Criar um centro de hospitalidade para a empresa
7. Melhorar a imagem de um produto
8. Incrementar o resultado de vendas em curto prazo
9. Incrementar o resultado de vendas em longo prazo
10. Alimentar o orgulho e a motivação dos empregados

As razões referidas acima demonstram, cabalmente, que o marketing e o patrocínio esportivo superam em muito as meras razões comerciais para um investimento desse tipo. O que reforça nossa definição, já que fica claro que não é apenas o retorno comercial ou o aumento de vendas que movem as empresas a empreenderem negócios nesse campo. Além do quê, não é necessário ter doutorado em administração para saber que, ao final do processo, todos os nove itens acima acabam, de uma forma ou de outra, por influenciar no aumento de vendas.

Na verdade, quando nos deparamos com exemplos de grandes empresas, que incluem em seus planejamentos anuais verbas substanciais para o marketing esportivo, sabemos que não é por outra razão, senão em razão dos resultados auferidos.

Também é preciso deixar muito claro que as empresas não investem em marketing esportivo ou patrocínio esportivo porque é moderno. Se há um atributo que pode ser colado na testa de cada uma das empresas patrocinadoras é: elas querem resultado, elas querem retorno para cada tostão investido no patrocínio. Seja ele na forma de vendas (o mais fácil de ser contabilizado), seja na forma de crescimento de *share of mind* ou *top of mind*. Se existir a menor hipótese, ou resultado de experiência passada, de que o investimento não proporcionou o resultado, ou não surtirá o efeito proposto e almejado, é melhor esquecer. A verba será direcionada para outra ação de marketing.

O patrocinador tem que perceber, tem que ver comprovado, que o patrocínio esportivo e todos os apêndices promocionais estão trabalhando a seu favor. E, infelizmente, é preciso ser dito: ele muitas vezes não se preocupa se o patrocínio está sendo bom para o clube. Ele até dirá que está preocupado e interessado no sucesso do patrocínio para com o atleta ou equipe. Mas isso é protocolar. Os acionistas vão cobrar o executivo pelo sucesso da ação para a empresa, e não para o clube. Ao fazerem isso, eles se esquecem de que o patrocínio sendo bom para o clube resultará numa melhor equipe, melhor *performance*, melhores resultados etc. E, consequentemente, com o crescimento do clube (ou da equipe ou atleta) haverá maior exposição da marca, mais reconhecimento do público e maior e melhor relação de *goodwill* para com a marca do patrocinador. Isso significa dizer que o patrocinador tem que torcer pelo sucesso do patrocinado, que em última análise repercutirá no sucesso de seu negócio.

Finalmente deve ser citada uma frase extraída do livro de Phil Schaaf (1995) onde ele diz "As empresas vão comprar oportunidades de publicidade e patrocínio de esportes porque seus clientes são fãs de esportes e não porque os patrocinadores são entusiastas de esportes." Ou seja: não interessa se o executivo ou o dono da empresa gosta ou não de um esporte. O que interessa é que os torcedores e fãs daquele esporte ou atleta gostem dele – e, em razão do patrocínio, gostem mais e comprem mais da empresa e os bens ou serviços que ela vende.

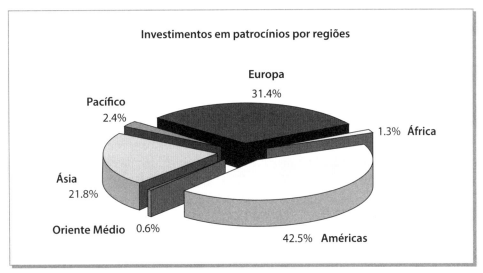

**Fonte:** Sponsorship Intelligence.

## 1.7 Marca

Marca trata de percepção. Um símbolo, uma palavra escrita com caracteres e cores específicas, que, ao ser vista, levará, imediatamente, seu cérebro a lembrar e reconhecer uma empresa, uma instituição, um serviço ou produto.

Marca é uma promessa, uma percepção e o reflexo de expectativas que vão nas mentes de cada consumidor sobre um produto, serviço ou empresa. E as pessoas se apaixonam por elas, confiam, ou desconfiam delas, criam laços, afeto e às vezes acreditam na sua superioridade. Uma marca representa alguma coisa.

Numa definição rápida, ela pode ser expressa como uma combinação de logotipia, tipo de fonte, *design*, cores, personalidade, e até valores, preços e qualidade a elas ligados.

Por que as marcas passaram a ter tanta importância? Por que uma bolsa Louis Vuitton custa muito mais do que uma bolsa que pode ter a mesma qualidade ou mesmo ser superior a ela, mas que traz apenas a marca Maracujá? Marcas têm a capacidade de construir empresas. De ajudar a levá-las ao estrelato. Ou marcas ineficientes podem limitar o sucesso de uma empresa. Hoje existem marcas que valem mais do que todo o patrimônio físico das empresas. A marca Coca-Cola vale mais do que todas as suas fábricas, depósitos, garrafas e caminhões. A marca Nike vale muito mais do que sua sede no Oregon. E, nesse caso específico, nem fábricas a Nike tem.

Um produto ou serviço pode ser indistinguível perante a concorrência. Ele pode ser apenas mais um, que não traz valores positivos agregados, perante os olhos dos consumidores. Simplesmente porque sua marca não comunica nada de especial.

Hoje em dia, quando recebemos uma enxurrada de marcas dentro de casa, ao sair para a rua, ao ligar a TV, ou qualquer outra coisa que se faça, o trabalho das empresas, dos *designers* e do marketing se torna cada vez mais difícil. Todos querem se distinguir. Poucos conseguem.

Num mundo em que impera a confusão, ou o processo anárquico que busca atenção dos nossos sentidos. Num mundo em que escolhas racionais se tornam cada vez mais raras, as marcas representam a clareza que falta, a consistência, a segurança de pertencimento a grupos. E, mais do que isso, permite aos seres humanos ter uma ferramenta que os auxilia a se definirem e a serem percebidos de certa forma. Se você usa terno Hugo Boss, gravata Hermès, relógio Rolex e anda de Mercedes, isso faz com que você seja percebido como rico e sofisticado. Mesmo que não seja. Mas essas marcas ajudam a defini-lo.

A identidade de marcas fala diretamente ao coração e às mentes das pessoas. Essas marcas são de tal forma consistentes que elas têm valor tangível. Elas se comunicam com os seus sentidos.

A relação de marcas pode ser feita com esportes. De forma cognitiva, quando, ao vermos o logo de uma determinada empresa na camisa do nosso time, nós lhe damos valor, crédito e confiança. Ou, por outro lado, a relação entre a marca e o esporte pode ser o caminho para buscar a identidade, o reconhecimento e muitos dos atributos próprios do esporte como um todo ou predicados específicos de cada esporte.

Uma marca é uma promessa. Assim como ao pensar sobre uma marca você automaticamente sabe o que ela promete; o mesmo ocorre com certos atletas, clubes, esportes e assim por diante. Ao pensar em marcas como McDonalds, Coca-Cola, Ferrari, Mercedes, Apple ou Renner, você sabe o que elas prometem e o que esperar de cada uma delas.

Algumas marcas são tão eloquentes que ao vê-las você reconhece os atributos dos produtos que elas representam; como Volvo, por exemplo. Você sabe que ela representa carros de qualidade, duráveis, confortáveis, bem feitos e principalmente... seguros. Esses atributos precisam estar escritos abaixo dela num anúncio? Não. Eles são associados aos carros simplesmente porque a marca Volvo remete a essas qualidades.

E, muitas vezes, essas marcas podem ainda construir famílias compostas de marcas-mãe e submarcas. Como a Apple, por exemplo, que transfere seus atributos para seus produtos como iPhones e iPads.

Aliás, em 2013, Apple e Google, pela primeira vez, superaram marcas consagradas há décadas, como a da Coca-Cola, demonstrando uma guinada e a importância da nova economia.

O mesmo ocorre no mundo esportivo, como em relação a clubes de futebol, por exemplo. A imagem de popular de um, de elitista de outro, de copeiro de um terceiro, ou de guerreiro de um quarto. São identidades estabelecidas ao longo de muito tempo. Marcas de produtos, serviços e empresas só conseguem isso através de muito investimento.

Um caminho mais rápido para empresas, produtos e serviços criarem conceitos de marca é associando-as ao esporte. O esporte correto pode auxiliar um novo produto a conquistar uma imagem popular, sofisticada, jovem, engajada socialmente ou inovadora. Para cada projeto, haverá um esporte ou evento adequado para construir esse conceito.

As marcas de clubes e entidades esportivas, por sua vez, também têm significativos valores de mercado. Elas, por si só, comunicam conceitos.

A prova disso é o interesse de grandes marcas em associarem sua imagem ao esporte e especialmente à Copa do Mundo de 2014, conforme matéria publicada na *Meio & Mensagem*.

## Cresce a disputa pelo *recall* no esporte

> *"Pesquisa da Nielsen Sports aponta aumento do número de empresas associadas ao tema e diminuição da lembrança dos patrocinadores oficiais*
>
> *Número de marcas associadas aos esportes aumentou 51% entre 2008 e 2012, passando de 104 para 157* **Crédito:** *Divulgação/CBF*
>
> *A realização de grandes eventos esportivos no Brasil colocou o marketing esportivo no radar de investimentos das empresas. Com mais marcas interessadas em se associar ao tema, a concorrência pela atenção e reconhecimento do consumidor se tornou mais intensa. De acordo com dados do estudo O Impacto do Patrocínio na Mente dos Consumidores, produzido pela Nielsen Sports, o número de marcas associadas aos esportes na percepção do público brasileiro aumentou 51% entre 2008 e 2012, passando de 104 para 157.*
>
> *"Com o crescimento da quantidade de marcas associadas espontaneamente ao esporte independentemente de serem patrocinadoras ou não, o nível de lembrança das apoiadoras de grandes eventos esportivos diminuiu", destaca Rafael Plastina, diretor de Nielsen Sports. O recall dos patrocinadores Top 15 de Londres 2012, por exemplo, foi de 41%, sendo que 58 marcas foram citadas pelos brasileiros entrevistados. Na Copa da África do Sul, em 2010, o percentual foi de 29%, enquanto o total de marcas lembradas foi de 152.*
>
> *O Pan de 2007, no Rio de Janeiro, último grande evento realizado no País, teve o melhor desempenho dentre as competições analisadas (Olimpíadas, Pans, Copa do Mundo e Copa América realizadas entre 2007 e 2012) com 73% de recall (73 marcas foram citadas). "Hoje acontece confusão porque poucas são as marcas que estão fazendo trabalho de branding, usando o esporte como plataforma. Colocar marca na camisa não é marketing esportivo, é compra de mídia. O investimento em marketing esportivo não é algo de seis meses. Talvez seja para sempre. Existem grandes oportunidades no mercado brasileiro", analisa Plastina.*
>
> *Anunciantes*
>
> *Ainda de acordo com o levantamento, o número de emissoras de TV transmitindo eventos de esporte no Brasil cresceu 36% nos últimos dois anos, passando de 11 para 15. Já o número*

*de anunciantes presentes nas transmissões saltou 471% no mesmo período, indo de 1.400 para 8 mil.*

*No que diz respeito ao consumo, estar atrelado ao esporte aumenta o apelo de um produto junto ao consumidor. No Brasil, o impacto positivo é ainda maior que a média mundial. O estudo apontou que 87% dos brasileiros se sentem inclinados a comprar uma marca patrocinadora olímpica. Na China esse índice é de 68%, enquanto que nos Estados Unidos é de apenas 38%. A média global é de 56%.*

*Já em relação ao Mundial da Fifa, 17% dos entrevistados disseram estar muito mais dispostos a comprar uma marca patrocinadora e 40% falaram que estão mais dispostos a consumir produtos e serviços dos patrocinadores oficiais."* (Meio & Mensagem, edição eletrônica de 30.04.2013)

Os próprios clubes consideram seus valores de marcas. Eles são importantes porque, à medida que suas marcas são valorizadas, as marcas de patrocinadores e anunciantes que investem nos clubes têm mais retorno.

A seguir, podem ser vistos alguns gráficos que demonstram o crescimento dos valores das marcas dos principais clubes de futebol do Brasil. Essa pesquisa foi realizada pela BDO RCS, a quinta maior empresa de auditoria e consultoria do mundo.

No gráfico que segue se pode observar a evolução dos valores das marcas dos 12 principais clubes de futebol do Brasil. Uma análise interessante de ser feita é do valor *versus* população dos estados. Se esse fator fosse decisivo, os quatro últimos colocados deveriam estar à frente de Grêmio e Internacional, uma vez que RJ e MG são estados mais populosos que o RS. O que nos leva a concluir que a exploração de marketing desses clubes, e de suas marcas, assim como a paixão em torno das agremiações, refletem na avaliação.

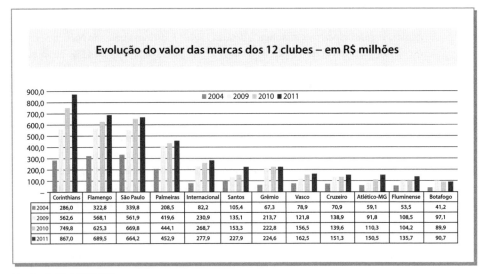

**Fonte:** Análise BDO RCS.

O próximo gráfico, por sua vez, demonstra a evolução dos valores desse grupo de marcas. Se os clubes fossem empresas ou produtos e serviços de empresas privadas, seus acionistas e executivos estariam comemorando, uma vez que seus valores cresceram cerca de 2,4 vezes nesse período.

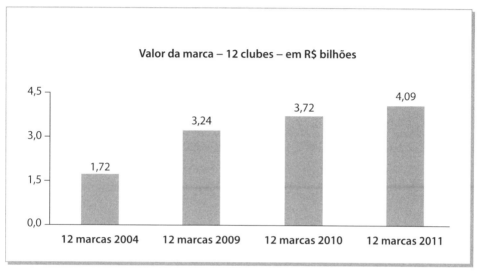

**Fonte:** Análise BDO RCS.

O gráfico que segue é muito eloquente. Ele comprova o sucesso das ações de marketing dos clubes gaúchos. Nesse período compreendido na pesquisa, assim como o valor das marcas, o número de sócios de cada um dos dois clubes do RS cresceu em proporções semelhantes. Isso demonstra que não há uma fórmula isolada de trabalhar o marketing de um clube. Acrescente-se a isso o privilégio de seus patrocinadores, que também lucraram com esse crescimento de valor de marca.

O mais interessante desse gráfico, no entanto, é a constatação de que apenas Rio Grande do Sul (e seus dois clubes, portanto) cresceu, enquanto todos os três demais estados perderam participação de mercado.

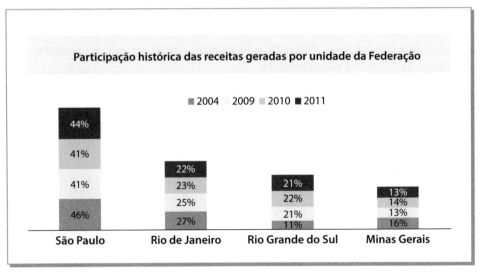

**Fonte:** Análise BDO RCS.

Uma análise cuidadosa dos quatro próximos gráficos permite constatar que o desempenho em campo é importante para o esporte. As cifras que se referem aos 12 clubes de futebol, da pesquisa em tela, mostram que vitórias, conquistas, troféus, medalhas e *podium* influenciam no ganho de valor de marcas esportivas. Da mesma forma, obviamente, influenciam na sua capacidade de atrair patrocinadores e anunciantes.

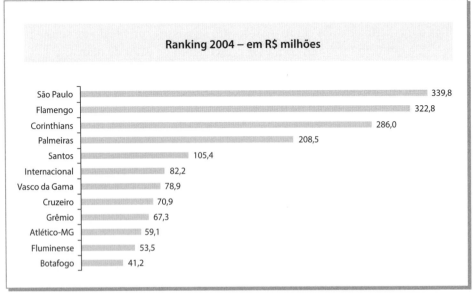

**Fonte:** Análise BDO RCS.

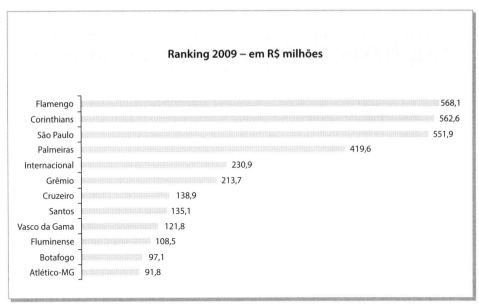

**Fonte:** Análise BDO RCS.

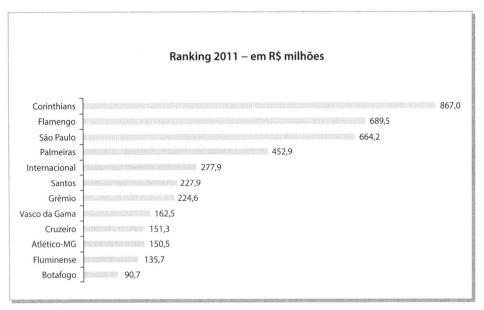

**Fonte:** Análise BDO RCS.

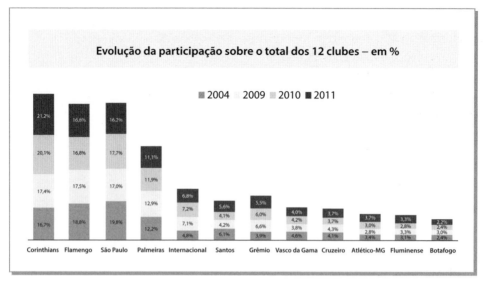

**Fonte:** Análise BDO RCS.

As marcas de clubes, entidades esportivas, atletas, seleções e times são conceitos relativamente novos. As marcas de empresas, produtos e serviços já eram explorados de forma profissional há muito mais tempo. E os conceitos que passaram a ser utilizados pelo esporte vieram justamente do meio empresarial.

## 1.8 Conclusão

O que será visto e exposto de forma direta ao longo deste livro é que o patrocínio esportivo deixou de lado falsos pudores e moralismos para entrar na era de mercado com toda força. Salvo algumas honrosas e raras exceções de pessoas físicas que fazem mecenato, pelo simples amor que têm por um esporte ou time, ou pela vontade de apoiar um atleta, o restante das ações tem fins comerciais. Fins esses que são observados, conferidos e contabilizados de modo a permitir saber se o investimento num determinado esporte, atleta ou clube foi bem-sucedido. Trouxe os resultados esperados.

O número de patrocínios em que as empresas apenas fixam as marcas nas camisas de clubes, por exemplo, e não o ativam é enorme. São esses patrocinadores que depois reclamam sobre o resultado não ter sido o esperado. Aquele que for investir em patrocínio esportivo tem que saber que, além do valor pago ao clube, atleta ou instituição esportiva, deve reservar uma quantia substancial para a ativação do patrocínio. Não basta pintar a marca na camisa do clube e esperar que, no dia seguinte, se formem filas de novos clientes para abrir contas nas agências do banco.

O marketing esportivo e o patrocínio esportivo foram sendo descobertos como uma alternativa altamente rentável, quando os homens de mercado descobriram que eles dão retorno, não apenas em termos que podem ser checados nos relatórios de vendas, mas também no crescimento de imagem, no reconhecimento do público, como forma de atingir públicos segmentados, distintos e fiéis. O que ao final se reflete nas vendas.

Por outro lado, o patrocínio esportivo não pode, e não deve, ser visto como a redenção dos males, ou o caminho mais seguro onde se jogam verbas e os resultados brotam como água de uma fonte límpida e permanente. Os resultados são seguros? Sim! Se o trabalho for bem feito, a verba administrada com cuidado, a escolha feita de acordo com o perfil do público da empresa investidora, com o mote da campanha entabulado, com a implementação das ações paralelas, com a ativação etc. O efeito somente será positivo para aqueles que souberem tratar a matéria com profissionalismo, técnica e conhecimento de mercado.

Para finalizar, segue um artigo do Professor Fernando Trevisan, onde ele faz uma análise sintética do mercado e dos negócios realizados e a acontecer no mundo do futebol. Esse artigo corrobora e resume o que foi referido nesse capítulo e ainda será explorado nos próximos. Segue o texto:

*"O mundo é uma bola*

*Fernando Trevisan\**

*Estima-se que 75% dos patrocínios, em termos globais, já se concentrem no esporte. Nada mais pertinente, pois é interessante para as empresas vincular suas imagens a uma atividade lúdica, emocionante, análoga à saúde, alimentação saudável e atividade física e, claro, com gigantesco público cativo em todos os países. Exemplo cabal de como esses valores agregados seduzem marqueteiros, publicitários, comunicólogos e empresários é a Copa do Mundo deste ano, na África do Sul, o maior evento midiático do planeta, visto por 80% da população mundial. Somente a comercialização dos direitos comerciais, incluindo a transmissão de TV, rendeu à Fifa 2,64 bilhões de euros (R$ 6,66 bilhões, em valores de janeiro de 2010).*

*Essas cifras são 30% maiores em relação ao Mundial de 2006, realizado na Alemanha, cujos números também impressionam e permitem entender com clareza o significado do mercado internacional ligado aos esportes: audiência média de 93 milhões de telespectadores por jogo. Mais de 5,9 bilhões de pessoas – quase a totalidade da população do Planeta – assistiram ao vivo às partidas, em 54 mercados globais, totalizando, em um mês, o equivalente à audiência de 64 edições do Super Bowl, a finalíssima do campeonato de futebol americano profissional dos Estados Unidos. Este, aliás, também é um exemplo significativo, constituindo-se no espaço publicitário mais caro do mundo (comercial de 30 segundos nos seus intervalos custa a bagatela de US$ 2,4 milhões, ou R$ 4,18 milhões, pelo câmbio atual).*

*As expectativas quanto à Copa de 2014, no Brasil, também são muito positivas. Com os direitos comerciais, a Fifa projeta receita de 2,87 bilhões de euros (R$ 7,25 bilhões, em valores de janeiro de 2010). Sem dúvida, a maior competição mundial suscitará excelentes oportunidades para a economia e o segmento esportivo no País. Um reflexo interessante já se fez sentir na comercialização dos direitos televisivos do Campeonato Brasileiro de Futebol* *para 2009, 2010 e 2011: o valor de R$ 1,4 bilhão significou aumento de 60% em relação ao acordo imediatamente anterior. Outro dado comparativo interessante é o impacto que a Copa de 2006 teve na receita dos clubes de futebol na Alemanha: aumento de 43% na receita, como resultado de estádios melhores, maior envolvimento do público com o esporte e gestão ainda mais profissionalizada.*

*Todos esses dados corroboram a premissa de que o mercado esportivo é um dos mais promissores da economia global, englobando ampla e diversificada gama de negócios, como partidas, patrocínios, licenciamentos, espaço para prática esportiva, comercialização dos direitos de TV, transação de jogadores e realização de eventos. Em termos mundiais, a atividade deverá crescer 37% até 2013, alcançando movimento de US$ 141 bilhões (R$ 245,81 bilhões, pelo câmbio atual). No Brasil, o setor movimenta 3% do PIB nacional e emprega 300 mil pessoas. Estima-se crescimento anual entre 6,5% e 7,1% no período compreendido entre 2009 e 2014.*

*Para capitalizar de modo pleno as oportunidades já inerentes à sua condição de "País do Futebol", o sucesso imenso da Seleção Brasileira de Voleibol, masculina e feminina, o gosto de sua população pelo esporte, a Copa de 2014 e a Olimpíada do Rio de Janeiro, em 2016, o Brasil precisa solucionar alguns gargalos expressivos. Em meio à infraestrutura, transportes e adequação de estádios e praças esportivas, é crucial contar com recursos humanos especializados. Considerando ser a profissionalização do setor ainda incipiente em nosso mercado, o ensino nessa área converte-se em fator exponencial.*

*Como se percebe, o mundo é uma bola! Tão óbvia quanto essa afirmação é a premissa de que, para se vencer nesse mercado de infinitas trajetórias e possibilidades, torna-se imprescindível o domínio do conhecimento. Tal requisito, aliás, impõe-se como fator cada vez mais decisivo para o sucesso de profissionais de todos os ramos de atividade, empresas e nações."*

***Fernando Trevisan é o diretor-geral da Trevisan Escola de Negócios**

# 2 CONCEITOS E FORMAS USUAIS DE PATROCÍNIO ESPORTIVO

## 2.1 Introdução

As primeiras iniciativas de patrocínio, conforme já foi visto no capítulo sobre a história dessa ferramenta de marketing, aconteceram no final do século XIX. Todavia, até que regras mais precisas fossem estabelecidas, transcorreriam muitas décadas. Não havia uma padronização dos direitos e deveres de cada parte, como também não estavam sistematizadas, ainda que de forma empírica, as diferenças entre categorias de patrocinadores. Ocorriam com frequência situações de conflito entre patrocinadores em que "A" havia pago mais do que "B", e no entanto recebia um pacote de benefícios inferior ao segundo. Ou patrocinadores que deveriam ter igual importância e destaque eram tratados de formas muito distintas.

Uma situação como essa era prejudicial para os negócios, para a credibilidade do mercado de patrocínios, para os promotores de eventos, representantes de atletas, times, competições etc.

O mercado finalmente é bafejado com uma brisa de modernidade no ano de 1982, quando a empresa de marketing esportivo suíça ISL desenvolve para a FIFA um programa que ordenaria, e serviria de base para todas as novas negociações de patrocínio esportivo do mundo. Esse conceito foi implementado na Copa do Mundo de 82, na Espanha, e logo em seguida nos Jogos Olímpicos. Ao contrário do que se poderia imaginar, as negociações não são nada fáceis, porque significavam tirar o poder (no caso dos Jogos Olímpicos) das Federações Nacionais e entregá-lo para uma só empresa, que representaria a todos.

O programa chamado de TOP (*The Olympic Program*) foi apresentado ao COI, Comitê Olímpico Internacional, em 1983, na reunião do Comitê em Nova Deli. Embora tenha sido aprovado pelo Comitê, ele precisou de dois anos de negociações como todos os Comitês Nacionais, para que aderissem à nova fórmula.

A primeira grande exibição do novo formato para os Jogos Olímpicos acontece em Los Angeles. Os patrocinadores ganham uma nova e extraordinária visibilidade. Pela primeira vez, conceitos como exclusividade e foco de TV são amplamente explorados. Para se ter uma ideia do que representava essa mudança radical, nos jogos anteriores, em Moscou (1980), os patrocinadores haviam chegado a 200. Nos jogos de Inverno de Lake Placid (1980) este número atinge a marca inimaginável de 381 patrocinadores. Isso equivale a dizer que os patrocinadores se faziam presentes, muito mais por uma tremenda vontade de participar dos jogos, do que para associar sua marca a eles e usufruir de eventuais resultados que seriam obtidos. Ou seja: foram para "dar uma força", sem qualquer perspectiva de resultados concretos.

Com o lema "Menos é Mais", os organizadores alteram de forma radical o ingresso de patrocinadores, que ficam reduzidos a 35 nos Jogos de Los Angeles. Pela primeira vez, as Olimpíadas adotam esse conceito de exclusividade por categoria, onde ficam, pormenorizadamente, estabelecidos os direitos e deveres de cada patrocinador. A partir de então, as categorias são individualizadas, não mais podendo, por exemplo, haver dois refrigerantes ou dois filmes fotográficos nos mesmos jogos. Produtos e serviços de cada segmento de mercado passam a ter exclusividade em suas áreas. Além disso, e esta foi sem dúvida a parte mais complicada da negociação, a exclusividade passa a ser mundial. As empresas que se tornavam patrocinadoras, e, portanto passavam a ter o direito de uso da expressão "Patrocinador Oficial dos Jogos Olímpicos", adquiriam esse direito mundialmente reconhecido, e não apenas na cidade sede das competições.

Os resultados para os patrocinadores foram excepcionais, porque pela primeira vez eles passam a ser reconhecidos como tal no mundo todo. Todos os 35 patrocinadores têm suas logomarcas minuciosamente estudadas para que recebam cobertura de televisão e reconhecimento. A imagem transmitida torna-se mais limpa e organizada, para as emissoras e para o público. Com a redução do número de patrocinadores, o tempo de permanência no ar (*air time*), e, portanto, de reconhecimento público de cada um deles, cresce sobremaneira. As empresas, além de lucrar com a promoção comercial de suas marcas, também ganham institucionalmente em razão da boa imagem pública por sua contribuição ao esporte.

Até aqui ficou muito claro o ganho por parte do público e dos patrocinadores. Mas e o Comitê Olímpico? Certamente este foi o melhor recompensado porque além de passar a oferecer um espetáculo com um formato mais organizado, também lucrou financeiramente com um crescimento significativo de receita sob as rubricas "patrocínio" e "direitos de transmissão". É interessante reparar no crescimento de algumas rubricas, como os direitos de transmissão (*broadcast*), por exemplo. No caso do quadriênio de 2009 a 2012, que compreende os Jogos de Inverno de Vancouver e as Olimpíadas de Londres, a arrecadação com os direitos de transmissão superaram o quadriênio de Pequim e Turim (Jogos de Inverno) em 1,344 bilhão de dólares. Esse dado confirma o que será afirmado, em diversos momentos deste livro, de que a televisão e a Internet precisam muito do esporte; assim como o esporte cada vez mais depende economicamente da mídia.

A experiência de Los Angeles foi tão bem-sucedida, que a partir de então o programa TOP passa a ser amplamente utilizado, sofrendo pequenos aperfeiçoamentos de evento para evento.

No caso das Olimpíadas, especificamente, existem três categorias de patrocinadores, que variam de acordo com o uso geográfico que os patrocinadores farão das marcas, símbolos e mascotes das Olimpíadas. Eles vêm a ser:

*Patrocínio Olímpico Mundial* – de competência exclusiva do Comitê Olímpico Internacional. É aquele patrocínio que permite às empresas usar os direitos de patrocinador no mundo todo. Esse programa é extremamente complexo e elaborado, além de ser um investimento de vulto. Esta é a única das três modalidades que permite, a seus detentores, explorar a imagem dos Jogos Olímpicos no mundo todo.

*Patrocinadores do Comitê Organizador dos Jogos Olímpicos* – esse comitê diferencia-se do COI porque ele é a entidade local encarregada da organização dos jogos. O próximo Comitê Organizador, por exemplo, é o do Rio de Janeiro (2016). A principal diferença desse patrocínio é que ele se restringe ao local de realização dos jogos, não podendo os patrocinadores fazer uso mundial de sua condição de patrocinador. Eles são organizados e controlados pelo Comitê local e a maior parte da receita advinda da comercialização desses patrocínios é utilizada na implementação dos jogos, passando parte pequena dessa receita para os Comitês Nacionais e para o COI. Eles têm o direito de usar as logomarcas das Olimpíadas, bem como o mascote oficial, mas apenas no país sede dos jogos. Usualmente eles são negociados com empresas locais, ou com filiais de multinacionais com negócios no país sede. Além disso, os Comitês Organizadores se utilizam dessa modalidade de patrocínio para negociações de infraestrutura necessárias aos jogos.

Os patrocinadores dos jogos de Pequim apareceram em todos os locais onde havia qualquer evento, competição, entrevista, sede ou aeroporto, como no totem abaixo:

**Fonte:** Site do COI.

*Patrocinadores dos Comitês Olímpicos Nacionais* – são as empresas e entidades governamentais que patrocinam as equipes e seleções de cada país. Essas empresas não são consideradas patrocinadoras dos Jogos Olímpicos "per se", e sim dos times olímpicos de cada nação. Portanto lhes é facultado (e permitido) o uso apenas dos símbolos do Comitê Olímpico de cada país.

Os formatos utilizados pela Copa do Mundo de Futebol são muito parecidos com as fórmulas das Olimpíadas (foram criados pela mesma empresa Suíça). São esses os dois modelos mundiais que deram o *start* para as grandes negociações de patrocínio em todo o globo. A obviedade da concentração das negociações nas mãos de uma mesma agência de marketing, ou entidade, dá a ela força e meios de gerir a imagem global com muito mais propriedade e ganhos de resultados.

Por que a segurança jurídica, e, portanto, comercial se faz fundamental? Porque os patrocinadores precisam saber e conhecer, de antemão, sem margens para dúvidas que aquilo que foi contratado, as propriedades que foram compradas serão sumariamente entregues. Ter um comando central, uma entidade responsável e atuante que zelará pela entrega dos espaços e direitos contratados garante aos investidores o retorno do valor aportado na propriedade esportiva. Os patrocinadores, *Official Suppliers* e anunciantes não podem, e não devem, precisar se preocupar, com questões operacionais menores e com a possibilidade de não cumprimento de regras. Uma vez que conste do projeto de comercialização de uma arena, competição ou espaço na camisa de um atleta; e que um contrato entre as partes tenha sido firmado estabelecendo as regras da relação; isso não pode mais suscitar dúvidas ou intranquilidade. A ninguém mais é lícito questionar a proibição de cores ou tamanho de painéis publicitários, por exemplo.

Reside nesse quesito uma das vantagens na contratação de agências de marketing esportivo. Primeiro por sua atuação implícita nesse segmento de mercado; ou seja, o conhecimento de todos os aspectos inerentes às regras, usos e costumes vivenciados. Segundo, por ser uma empresa técnica ela deverá estar menos sujeita a inferências e interferências políticas de clubes, federações e entidades em geral. Ela, em tese (e tem se mostrado assim na prática também), zelará melhor pela entrega daquilo que for contratado.

Os patrocinadores, anunciantes, investidores precisam ter total segurança de que aquilo que lhes foi oferecido, que foi adquirido, lhes será entregue. Sobre esse tema, o autor publicou um artigo em sua coluna na revista *Sul Sports* onde tratava essencialmente da segurança jurídica no marketing esportivo. Segue o texto:

*"A segurança jurídica no marketing*
*Wesley Cardia*

*Este artigo não trata especificamente de direito e sim de marketing, como todas as outras colunas até aqui. Contudo, há uma relação direta entre o direito e todo e qualquer projeto, evento, promoção, ação, mídia etc. que se venha a criar ou fazer parte.*

*O mercado já viu infinitas vezes projetos que no momento da venda traziam uma série de regalias e promessas para os compradores, mas na hora da efetivação do que fora negociado, isso não podia, aquilo não era permitido, aquele outro foi cancelado. Enfim, a entrega não correspondia às propriedades vendidas.*

*Entregar exatamente aquilo que foi oferecido é fundamental para o sucesso de um veículo de comunicação, de um projeto ou qualquer outra propriedade negociada na esfera do marketing, como, aliás, em qualquer outra atividade. Não entregar o que foi negociado seria mais ou menos a mesma coisa que você comprar um carro quatro portas, motor 2.0, com todos os opcionais e receber um duas portas, com motor 1.0, e vidros a manivela. Isso vai contra todas as boas práticas do marketing e também do direito, concedendo ao comprador liberdade para cancelar o contrato, renegociar ou pedir reparação monetária.*

*O Campeonato Gaúcho de Futebol, que eu tive a honra de reinventar no que se refere a sua estratégia de marketing, catapultou as receitas da Federação de Futebol de R$ 120 mil reais* *anuais em 2005, para cerca de 20 milhões em 2011. Esses números comprovam a assertiva feita acima. Durante minha participação na diretoria da FGF fiz um grande esforço no sentido de buscar entregar aquilo que havia sido prometido e negociado. No início isso foi difícil porque muitos dos clubes jamais haviam ouvido falar em marketing esportivo e entendiam, por exemplo, que uma placa publicitária de uma loja da cidade onde o time tinha sede era mais importante do que a uniformidade dos anunciantes que patrocinavam o Campeonato como um todo. Hoje, a grande maioria dos clubes está plenamente consciente disso. O fato de entregar o que fora negociado (em nome do conjunto de clubes) foi o ponto de partida para que pequenos times cuja receita dessa rubrica era "zero" passassem a receber para jogar o Gauchão valores superiores ao que Grêmio e Inter recebiam há 5 anos atrás. A venda do "title sponsor" intitulando o campeonato deste ano como Gauchão Coca-Cola é uma prova viva do sucesso do trabalho conjunto de clubes, FGF e empresas de marketing esportivo e de comunicação.*

*Hoje há um grande comprometimento dos executivos de marketing dos grandes clubes brasileiros e de muitos do interior gaúcho em prestigiar e atender as demandas dos patrocinadores como o fariam em qualquer grande corporação.*

*A quebra desse paradigma pelo simples interesse econômico de "faturar mais algum" num curtíssimo prazo impacta profundamente nas relações comerciais e institucionais de clubes, entidades, empresas de eventos e todo e qualquer profissional que viva neste mercado.*

*Entregar o que foi prometido não é mérito. É norma de conduta profissional e fundamento de mercado, condição "sine qua non" para permanecer nele. Um deslize pode comprometer a imagem de uma empresa ou de uma instituição, mesmo que seu passado recente tenha sido de total observância das regras."*

Um exemplo negativo nesse campo é o futebol brasileiro. Ainda que nos principais países do mundo, a prática de formular regras para entidades, suas competições e clubes participantes seja o método, no Brasil esse caminho ainda não foi adotado. Mesmo com o conhecimento, os exemplos e os resultados auferidos com a Copa da Confederações e a Copa do Mundo no Brasil, ainda não há uma entidade privada que coordene os direitos de marketing e comerciais dos clubes de futebol. O Clube dos Treze, entidade que teria legitimidade para coordenar essas ações, mas nunca o fez, sucumbiu em 2012. Os interesses e vaidades dos clubes solapam qualquer iniciativa nesse campo, mesmo que os resultados, que seriam auferidos, fossem muito maiores do que as negociações individuais. Oxalá, com o tempo, os clubes venham a compreender que uma Liga de Futebol, com poderes para negociar em nome de todos seus filiados, obteria ganhos que hoje não são sequer imaginados por seus dirigentes. Embora sejam líquidas e certas as vantagens de negociar em bloco os direitos de patrocínio, televisionamento, licenciamento e *merchandising* (dos clubes de futebol), os dirigentes, de um grande número deles, ainda reluta em cedê-los a uma entidade central.

Uns alegam que os estatutos não lhes permitem (sem nada fazer para modernizar e alterar os mesmos), outros que querem exercer controle sobre suas marcas.

Na verdade, um número considerável de clubes age assim porque seus dirigentes querem encabeçar eles mesmos as negociações das agremiações. O resultado é que negócios, de maior vulto e importância financeira, deixam de acontecer porque não são feitos em bloco, e porque muitas empresas ainda temem negociar diretamente com dirigentes.

## 2.2 Territorialidade

Este é o conceito de limitação geográfica para um determinado patrocínio. Ele pode ser entendido como o patrocínio limitado ao país da confederação esportiva nacional, conforme mencionada anteriormente, onde o patrocinador fica restrito, exclusivamente, àquela nação. Também pode ser um patrocínio globalizado, quando adquirido diretamente do Comitê Olímpico Internacional, ou das Federações Internacionais como no caso da FIFA. Tanto no caso do COI, como no caso da FIFA, o conceito de territorialidade extrapola limites, sendo válido para todos os países sobre os quais essas entidades têm influência. Isso na prática acaba por significar o mundo todo.

Um exemplo disso é a venda de ingressos para os Jogos Olímpicos. Saber, antecipadamente, se a venda acontecerá prioritariamente entre os habitantes do país, ou entre estrangeiros, vai influenciar na venda de patrocínios. Quanto maior for a venda dentro do próprio país, maior a chance de obtenção de patrocinadores nacionais; e vice-versa.

Os dados abaixo demonstram a divisão de venda de *tickets* para as Olimpíadas de Pequim.

**Beijing 2008 Ticket Distribution**
IOC Marketing Report – Beijing 2008

| | |
|---|---|
| Vendas na China | 70,6% |
| Vendas Internacionais | 16,5% |
| Patrocinadores e Mídia | 10,8% |
| IOC e federações Internacionais | 2,1% |

**Fonte:** Site do COI.

Os valores, no entanto, arrecadados com a venda de *tickets* foram inferiores ao valor arrecadado em Sidney. Sendo largamente superado pelas Olimpíadas de Londres, quando foram vendidos 10,99 milhões de ingressos. Essa venda arrecadou 1,033 bilhão de dólares. A razão, embora a venda fora da Inglaterra tenha sido inferior ao que a Olimpíada de Pequim vendeu fora da China, foi o poder de consumo. A capacidade dos ingleses de pagar mais pelos ingressos do que a população chinesa.

A Olimpíada de Pequim vendeu 70,6% de seus ingressos dentro do país. Enquanto na Inglaterra foram vendidos 76,3% dos ingressos.

No caso de atletas a territorialidade é normalmente negociada sem limites, dando, portanto, a seus patrocinadores o direito de associar sua marca aos atletas no mundo todo. Já alguns poucos, e muito importantes atletas e ex-atletas, às vezes traçam limites territoriais para determinados patrocinadores, por já haverem negociado contratos de produtos ou serviços similares em outros países. Atletas de renome internacional como Pelé, por exemplo, têm a preocupação, em seus contratos, de explicitar os países e regiões onde as campanhas podem ser veiculadas. Claro está que os valores negociados nos patrocínios estão umbilicalmente relacionados com o tamanho da área onde ocorrerá e com o tempo de exposição.

Será sempre útil, ao preparar contratos, especificar a área ou região na qual o patrocínio será explorado, a fim de evitar dissabores futuros, como o uso indevido da imagem de um jogador, ou de uma equipe, por exemplo, em outros lugares sem que haja uma recompensa financeira por este uso. É comum que os clubes de basquete, futebol e *baseball* tenham contratos de uso de imagem de seus atletas. Como essa cessão de direitos pode ser restrita a um país ou países, é importante que o clube, ao ceder o direito de uso de sua marca e de seus atletas, tenha presente a necessidade de delimitação do uso da imagem da equipe nos moldes em que seus atletas contrataram com o clube. Ou seja, os atletas cedem sua imagem para uso, pelo clube, por exemplo, apenas no Brasil. E o clube, desavisadamente, ao fazer uma *tournée* internacional, vende a imagem do elenco para uma campanha promocional ou publicitária. Uma cessão nesses moldes feriria os contratos de imagem firmados entre os jogadores e os clubes.

## 2.3 Patrocinador exclusivo

Esta categoria de patrocínio é a mais almejada por qualquer marca, em razão da exposição, mas é também a mais cara de todas, uma vez que não haverá exposição de nenhuma outra marca junto do patrocinador exclusivo. Hoje em dia é difícil um atleta, time, entidade, arena ou federação ter um patrocinador exclusivo. O que existe, e é a hipótese mais plausível, é a instituição de patrocinadores exclusivos por ramo de atividade. Dessa forma não acontece de haver duas marcas do mesmo setor disputando a atenção do público.

Um patrocinador exclusivo tem uma gama quase infindável de oportunidades para ligar sua marca e seus negócios ao esporte. Nem sempre todas essas oportunidades serão utilizadas, seja em função dos custos de operação dessas oportunidades, seja porque a utilização delas todas podem até resultar num exagero promocional.

Um grande evento, clube, equipe, time ou confederação podem fazer uso, como *patrocinadores exclusivos* de uma série de pontos de destaque, ações promocionais, de *merchandising* etc., conforme exposto a seguir:

Benefícios de um patrocinador exclusivo:

- Direito de usar a logomarca, o nome e símbolos que evidenciem a relação do patrocinador com o evento. Esses direitos são extensivos à publicidade, promoção e quaisquer outras que o patrocinador negociar com o detentor de direitos de forma a evidenciar sua estreita ligação com o evento.

  Mais uma vez, aqui será utilizada a palavra *evento* como designativo de toda gama de atividades de marketing esportivo passivas de patrocínio, a fim de não enunciar, a cada vez, clubes, atletas, entidades, associações etc.

- Direito de exclusividade dentro de uma categoria de produtos, serviços ou negócios. Isto é mais do que claro no caso do patrocinador exclusivo, mas, quando houver outros patrocinadores, a exclusividade por setor econômico é inquestionável. Nunca poderá ser dado o direito de patrocínio ou de qualquer outra modalidade de participação a empresas e marcas competidoras. E isso deve ser evidenciado, tanto na hora da venda, como nos contratos a serem firmados. Os patrocinadores têm que se sentir seguros e confortáveis quanto à exclusividade por setor econômico.

- Direito de *naming rights*. Embora tenha ficado redundante com a palavra *direito* repetida em inglês, a terminologia, internacionalmente consagrada, é exatamente essa: *naming rights*. Ou seja, o direito que um patrocinador tem de dar seu nome a um evento ou estádio, ginásio ou qualquer outro local dedicado a competições esportivas. Isso é muito comum nos torneios de golfe e tênis. A General Motors usa muito desse conceito no golfe, promovendo campeonatos com seu nome, de subsidiárias ou mesmo de marcas de seus veículos. A Mercedes Benz tem feito o mesmo com campeonatos de tênis, apenas para citar dois exemplos. Já no caso de arenas e estádios existem mais de 500 operações apenas nos Estados Unidos. Inicialmente eram apenas grandes empreendimentos, como arenas e estádios dedicados ao esporte. Locais esses que ostentavam nomes de empresas, tais como a American Airlines Arena, Staples Center, Ford Arena ou ainda o American Express Stadium. Hoje essa modalidade, plenamente consagrada, alastra-se para operações menores, chegando a instalações esportivas em universidades ou municipais.

- O direito de usar expressões que liguem o patrocinador ao evento. São expressões, *slogans* ou designativos de uso exclusivo dos patrocinadores, tais como: *patrocinador oficial, fornecedor oficial, produto oficial* ou ainda *apresentado por* ou *orgulhosamente apresentado por...* etc. Os casos mais conhecidos desse segmento são os dos patrocinadores da Copa do Mundo de Futebol e das Olimpíadas. MasterCard é um dos mais famosos, juntamente com a Coca-Cola. Ambos usam a expressão *Patrocinador Oficial da Copa do Mundo*. A MasterCard usa, às vezes, uma expressão ainda mais exclusiva dizendo *Patrocinador Oficial do maior esporte do mundo*.

- Direito de ser o fornecedor exclusivo dos produtos ou serviços utilizados no evento. Isso é uma situação mais do que óbvia, mas não custa reiterar. Se a Coca-Cola for a patrocinadora de uma equipe de futebol, ou der seu nome a um determinado estádio de futebol, é claro que neste estádio (ou este time de futebol) só consumirão e venderão produtos Coca-Cola. Esse exemplo vale para turnês de artistas e bandas de *rock*, entre outros. Os locais onde acontecerem os *shows* serão de produtos exclusivos dos patrocinadores das turnês.

- Direito de desenvolver campanhas promocionais, concursos ou campanhas de venda associadas ao evento. Um exemplo que bem elucida isso é o da companhia aérea Emirates, patrocinadora oficial da Copa do Mundo FIFA. Ela também tem o direito de ser a transportadora oficial da competição. Somente ela tem o direito de fazer promoções com passagens, pacotes aéreos e o título de Transportadora Oficial da Copa 2014.

- Direito a determinados espaços físicos nos locais dos eventos. O patrocinador, seja de que categoria for, sempre receberá uma contraprestação na forma de ingressos, camarotes, suítes ou espaços nas áreas VIPs. Esses ingressos poderão ser usados pelos executivos e funcionários da empresa, ou, o que é mais comum, para ações de relacionamento com clientes ou *prospects*.

- Direito de lançar produtos e serviços com a marca de seu patrocinado. O McDonald´s, por exemplo, tem o direito de lançar um sanduíche especial com o nome do evento que ele patrocina.

O que deve ficar patente após a leitura do que foi acima tratado é que o patrocinador exclusivo terá uma série de direitos a sua disposição. Quando não for 100% exclusivo, isso quer dizer o único patrocinador do evento ou do atleta, ele será de qualquer forma o patrocinador exclusivo daquele segmento econômico. Se houver um patrocínio de uma fabricante de relógios, como é a Rolex, "Golden Partner" da ATP Tour, as demais fabricantes de relógios não poderão ter espaço no evento. No mesmo caso da ATP Tour, o principal patrocinador é a cerveja Corona, o que elimina todo e qualquer outro fabricante de cervejas do torneio mundial de tênis.

A relação de direitos acima exposta não significa, porém, que qualquer patrocinador exclusivo tenha opções de utilizar toda aquela gama de oportunidades. O promotor do evento, ou a agência de marketing esportivo contratada para gerir os direitos de marketing, terá que desenvolver e estruturar pacotes de patrocínio nos quais serão incluídas algumas, ou várias, daquelas propriedades e direitos explicitados anteriormente.

Existe outra situação que não pode ser conceituada como patrocínio exclusivo, porque não o é, mas que tem ares de exclusividade. É o caso do evento que fica conhecido pelo nome do patrocinador, o evento leva seu nome, todavia ele não está sozinho nesta campanha. Este é conhecido como DENOMINAÇÃO EXCLUSIVA DE PATROCÍNIO. Essa modalidade acontece quando uma empresa dá seu nome ao evento, e ele se torna de tal forma referência, que o público o toma por exclusivo. Os demais patrocinadores e apoiadores recebem uma pequena parcela dos créditos. Os copatrocinadores ou apoiadores atuam mais como entidades que suportam necessidades especiais do evento.

O melhor caso para ilustrar esse tópico é a da VOLVO OCEAN RACE. Essa competição de vela ao redor do mundo teve sua primeira edição em 1973, com a participação de 17 barcos e quase duas centenas de velejadores.

## REGATA VOLVO OCEAN RACE

A Volvo Ocean Race acontece a cada quatro anos. Antes era denominada Whitebread. Seu orçamento gira acima de US$ 200 milhões a cada edição. Este custo envolve a remuneração de grandes estrelas do evento. Iatistas renomados, como um capitão de embarcação, podem receber, pelos nove meses de regata, mais de US$ 200 mil.

O custo para colocar um único barco na água supera a cifra de US$ 20 milhões.

Assim como a Rolex é patrocinadora e fornecedora oficial de relógio do ATP Tour, a Volvo Ocean Race tem o seu contratado para este segmento. A IWC Schaffhausen; outra marca suíça de prestígio em relojoaria. Embora este não seja o escopo deste tópico, seria interessante reparar na adequação de produtos e marcas aos eventos esportivos. Tanto no tênis, quanto na vela, os patrocinadores de relógios são duas das marcas de maior prestígio e mais caras do mundo. Isso demonstra a importância da coadunação do esporte com o perfil das marcas patrocinadoras, conforme se verá mais adiante.

Conforme Solange Fusco, gerente de comunicação corporativa da Volvo, "em sua passagem por Baltimore, nos EUA, a regata atraiu 50 mil visitantes, teve cinco mil barcos inscritos e movimentou US$ 26 milhões em vendas e turismo".

A parceria de televisão é da National Geographic Society, para cobertura de TV a cabo, Internet e revista em pelo menos 129 países. A ESPN e a Reuters também darão cobertura ao evento.

Além da categoria de patrocinador exclusivo, existem outras oportunidades de associar a marca de um produto, empresa ou serviço ao esporte. Outras categorias seriam o patrocinador oficial e o *Official Supplier*.

## 2.4 Patrocinador oficial

Esse módulo pressupõe a existência de outros patrocinadores no mesmo nível de importância. Os patrocinadores oficiais têm, basicamente, um pacote de direitos similar ao patrocinador exclusivo, mas não detêm o evento para si unicamente. Sua exclusividade, no entanto, será válida dentro do seu segmento de mercado e negócios. No subtítulo "Categorias de Patrocínio", esse módulo será melhor explicado.

## 2.5 *Naming rights*

Este tópico vai abordar um formato de comercialização de praças esportivas de toda sorte. Esse modelo tem sido amplamente abordado em matérias jornalísticas, por dirigentes de entidades esportivas e pelo público em geral, sem que a maioria deles conheça a matéria. O que segue aqui exposto visa dirimir uma série de dúvidas, assim como demonstrar que a comercialização desses direitos não é simples e fácil como tem sido pretendido.

### 2.5.1 *Introdução*

A transformação econômica a que o esporte foi submetido, nas últimas décadas, obrigou os dirigentes, e os profissionais de marketing esportivo, a buscar incessantemente a identificação de novas fontes de receita. Maximizar receitas a partir de estádios, arenas e ginásios foi uma das formas encontradas, e bem recebidas pelo mercado para permitir aos clubes enfrentar a escalada de salários e despesas operacionais dos times. Às já consagradas receitas provenientes da venda e locação de cadeiras, por largos períodos de tempo, se agregaram a venda de suítes e camarotes; além do assunto tema deste item, os *naming rights*. Aos estádios, tradicionalmente, eram dados nomes, segundo a tradição, em homenagem a dirigentes históricos dos clubes, autoridades (estádios estatais), dos próprios clubes, ou ainda em função da cidade em que se encontravam. Por incrível que pareça o desenvolvimento dessa ideia não surgiu de ligas independentes ou de clubes capitalistas, mas das próprias administrações públicas, que entendiam ser esta uma fórmula para diminuir os gastos, ou nada despender de dinheiro de impostos com a construção desses espaços esportivos. As instituições financeiras, que normalmente garantiam as verbas para a construção de estádios, ficaram sensibilizadas por esta fonte permanente de receita, que independia das fases de sucesso ou derrotas dos clubes. A identificação de novas fontes de receita tem sido uma preocupação constante dos dirigentes esportivos. Algumas das fontes antigas deixaram de ter representatividade em boa parte dos casos (embora sempre tenha um F.C. Barcelona para ser a exceção, que comprova a regra), tais como associados (o Internacional de Porto Alegre é uma dessas exceções, no que se refere a receita proveniente do quadro social), e a tradicional renda de venda de ingressos. A busca de novos meios tornou-se cada vez mais importante para fazer frente à crescente demanda por caixa. Na Austrália a venda dos *naming rights* já é considerada uma das fontes mais confiáveis, e, naquele país, de relativa fácil captação. Na verdade não há venda fácil, mas sim um mercado muito aberto e receptivo às negociações, em razão de vantagens únicas que essas propriedades oferecem. Para mencionar apenas uma: o restrito número de estádios com potencial de oferta de verdadeiras propriedades negociáveis. Além disso, por serem poucas e altamente reconhecidas, essas propriedades quando têm seus nomes vendidos para terceiros garantem resultados imediatos. Não há período de aquecimento. O nome é colocado na fachada da arena hoje e à noite milhões de pessoas já saberão o novo nome da instalação. Quando o autor escreveu seu primeiro livro sobre marketing esportivo, ainda não havia nenhuma instalação esportiva com o nome de grandes empresas; enquanto nos Estados Unidos, já eram mais de 500. Passada quase uma década entre a publicação daquela obra e desta que o leitor tem em mãos, começam, finalmente, a surgir as primeiras arenas com nomes de grandes marcas e empresas. Assim, face ao quase ineditismo nacional (com exceção do Atlético Paranaense, cujo estádio foi chamado de Kyocera durante algum tempo), a garantia de reconhecimento é ainda maior. O retorno, por sua vez, é ainda mais garantido. Embora à primeira vista essa estratégia seja apenas para novas propriedades, as pesquisas mostram que, mesmo aquelas arenas que tiveram seus nomes mudados obtiveram resultados muito positivos. Essa foi a estratégia, por exemplo, do Key Bank, um banco americano num mercado altamente competitivo, que precisava firmar sua marca e posição após adquirir vários bancos menores. Eles compraram o direito de dar seu nome ao estádio dos Seattle Supersonics, rebatizando-o de Key Arena, estabelecendo um imediato reconhecimento em virtude dessa ação de marketing.

É importante lembrar que nos Estados Unidos, país com a maior tradição no negócio de *naming rights*, as cidades, na ânsia de sediarem uma franquia de uma das grandes ligas (NFL, NBA, NHL e MLB), garantiam a construção de grandes estádios com dinheiro de impostos. As cidades americanas entendem o fato de sediarem grandes times como um negócio muito interessante, seja como forma de divulgação do lugar, seja como forma de atração de negócios, turistas e qualidade de vida (os estádios normalmente são construídos em locais que necessitam de um novo projeto urbano). Com o surgimento dos grandes contratos de patrocínio dando os nomes de corporações aos estádios, as comunidades tiveram que arcar com valores substancialmente menores, ou em alguns casos praticamente nada.

### 2.5.2 Conceito

É a ferramenta do marketing utilizada por empresas para promoção através da associação de suas marcas a centros esportivos e instalações dedicadas aos esportes.

Na verdade foi assim que nasceu essa forma de promoção. Hoje ela deixou de ser uma exclusividade do esporte para inserir-se em diversos outros mercados.

A evolução do conceito e da prática dos *naming rights* (ou "o direito de dar denominação a uma instalação ou espaço físico") foi extremamente rápida. Se considerarmos que os primeiros negócios sob esse formato foram realizados no início da década de 70 (naquele tempo estritamente dentro das propriedades de marketing esportivo), em pouco mais de 20 anos eles se espraiaram por várias outras modalidades de associações de imagem. E hoje estão presentes em teatros, salas de música e espetáculos.

No início a ideia era de simplesmente atrelar a marca de uma empresa ou produto a um estádio ou arena, e usufruir os benefícios dessa associação e do respectivo retorno de mídia, e de incremento de *recall* sobre a logomarca. Hoje a realidade já é outra. As associações são feitas não apenas com instalações esportivas, mas com uma infinidade de outros meios. Os *naming rights* deixaram de buscar apenas o retorno comercial com o crescimento do reconhecimento de marca, e de criação de *goodwill* entre fãs do esporte e as marcas, para utilizar outros segmentos. Hoje se podem encontrar nomes de grandes empresas, e de produtos e serviços consagrados em universidades, parques públicos, parques de exposições, feiras agropecuárias, teatros, cinemas e até *shoppings*.

Uma rápida consulta ao *site* de buscas Google vai mostrar as centenas de milhares de endereços, onde se podem obter informações, não apenas sobre *naming rights*, mas também sobre toda sorte de clubes, instituições, museus, parques temáticos, assim como instalações esportivas, concorrendo pelos investimentos das empresas que querem divulgar suas marcas.

A simbiose desenvolvida entre marcas e instalações de toda sorte foi produto do entendimento generalizado de retorno institucional, de imagem e financeiro que ambas as partes desfrutam.

- *Retorno financeiro.* O local, seja ele um teatro, estádio ou universidade, lucra porque está recebendo um aporte de capital (geralmente substancial) para, em troca, ceder a um terceiro o direito de dar a esta ou aquela instalação o seu nome.
- *Retorno institucional.* O retorno institucional vale para ambos. Para a instituição esportiva ou cultural que cedeu espaço para o nome da empresa, porque ao fazer isso está se potencializando como instituição. Nesse primeiro caso, isso se dá de duas formas: porque ela agregará novas e ou melhores instalações às custas de um terceiro; e porque, ao fazer isso, ela se coloca num patamar de instituições bem vistas e bem-sucedidas, que são cortejadas por empresas públicas ou privadas e merecedoras de exibirem essas marcas em suas instalações. E para a empresa pública ou privada, que

ao apoiar arenas e espaços culturais estará demonstrando às comunidades seu empenho, em participar de atividades tão caras e essenciais ao público.

- **Retorno em imagem.** Esse também é válido para todos os segmentos, sejam eles arenas, bibliotecas, parques temáticos ou ginásios de esportes. A razão é mais do que óbvia. Se dependesse de uma universidade escolher e batizar sua biblioteca central, provavelmente essa instituição daria à biblioteca o nome de um professor benemérito, de um escritor consagrado ou de um ex-reitor. Pronto, bonita homenagem. Mas ela passará quase despercebida de todos, salvo dos familiares do homenageado, e daqueles que olharem para o nome sobre a porta quando entrarem no prédio. Vamos a um exemplo prático: se o nome for de uma grande corporação – vamos continuar com o caso da biblioteca – como Microsoft ou Apple, por exemplo. Quando essas empresas decidiram, entre outras razões, pagar para dar seu nome à biblioteca, elas farão com que esse fato seja conhecido. Do contrário seria um investimento sem retorno. Vem daí o retorno, ou reciprocidade, na forma de ganho de imagem do investidor, e também da universidade, que terá uma biblioteca mais conhecida, podendo assim prestar melhores serviços à comunidade.

Outra forma de demonstrar a evolução do mercado de *naming rights* é através do crescimento dos valores pagos por essas propriedades ao longo dos últimos 30 ou 40 anos. Um dos primeiros negócios realizados neste setor, nos EUA, foi a negociação dos *naming rights* do Rich Stadium, em Búfalo, em 1973. Ele teve os direitos negociados pelo prazo de 25 anos pelo valor de US$ 1,5 milhão. O recorde permaneceu durante anos com o Reliant[1] Stadium, dos Texans, da Liga de Futebol Americano (NFL), que atingiu a cifra de US$ 300 milhões pelo período de 31 anos. O Reliant permanece entre os 10 maiores negócios dos EUA, mas não detém mais o primeiro lugar. Já em 1999, os direitos do Philips Arena, em Atlanta foram vendidos pelo valor de US$ 168 milhões, por um prazo de 20 anos. Outro exemplo é o do Staples Center, de Los Angeles vendido por 100 milhões de dólares, por um período de 20 anos; e do FEDEX Field que hospeda os jogos das ligas de Hockey e Basquete, dos times Trashers e Hawks, cujo volume de investimento atingiu US$ 181,8 milhões pelo período de 20 anos. Vamos convir que nenhuma dessas empresas desperdiça dinheiro. E todas elas são profissionais para buscarem o melhor resultado para cada dólar investido em marketing. O que nos leva a entender que se eles investiram tamanhas fortunas dando seus nomes a arenas, é porque o investimento produzirá resultados.

No Brasil, no momento em que este livro é escrito, há uma grande expectativa sobre as negociações em curso ou sendo prospectadas pelos novos administradores

---
[1] Reliant é uma empresa de energia.

das arenas públicas e privadas. A empresa de consultoria BDO RCS fez um quadro com o que considera o valor de mercado de cada uma das 10 novas arenas que deverão estar prontas para a Copa de 2014.

## 2.5.3 Naming rights *de estádios e arenas no Brasil*

**VALOR PROJETADO DOS *NAMING RIGHTS* – ESTÁDIOS COPA DE 2014**

| Arena | Naming Rights Valor em 20 anos | Naming Rights Valor por ano |
|---|---|---|
| Maracanã – RJ | R$ 300.000.000 | R$ 15.000.000 |
| Fielzão – SP | R$ 300.000.000 | R$ 15.000.000 |
| Mineirão – MG | R$ 220.000.000 | R$ 11.000.000 |
| Fonte Nova – BA | R$ 120.000.000 | R$ 6.000.000 |
| Mané Garrincha – DF | R$ 90.000.000 | R$ 4.500.000 |
| Beira Rio – RS | R$ 90.000.000 | R$ 4.500.000 |
| Arena da Baixada – PR | R$ 90.000.000 | R$ 4.500.000 |
| Arena Recife – PE | R$ 90.000.000 | R$ 4.500.000 |
| Vivaldão – AM | R$ 70.000.000 | R$ 3.500.000 |
| Castelão – CE | R$ 70.000,000 | R$ 3.500.000 |
| Verdão – MT | R$ 60.000.000 | R$ 3.000.000 |
| Arena das Dunas – RN | R$ 60.000.000 | R$ 3.000.000 |
| **Total** | **R$ 1.560.000.000** | **R$ 78.000.000** |

Quando são mencionados esses valores excepcionais, a primeira reação é imaginar que as negociações foram, são ou serão exclusivamente em dinheiro; o que nem sempre é verdade. Em muitos casos, parte do montante a ser pago pelos *naming rights* é fornecida em material ou serviços. Isso ocorre principalmente quando esses direitos são negociados no início, ou durante a construção dos complexos esportivos. Muitos dos materiais e componentes que serão utilizados na obra poderão ser negociados entre os construtores e os fornecedores, a fim de reduzir os custos, tanto da obra quanto dos valores de patrocínios. Esses VIK (*values in kind*), ou valores em espécie, são vindos nas negociações. Assim, se empresas como GE ou Philips desejam ser os fornecedores de material de iluminação para o estádio, eles podem deduzir do montante a ser pago pelos *naming rights*, o valor dos equipamentos de iluminação fornecidos.

Aqui se faz necessária uma explicação, que normalmente foge à grande maioria dos interessados na matéria. Quando se fala em *naming rights* de estádios, ou de arenas (vamos nos deter nesses casos mais significativos, e deixar as instalações artísticas, culturais e universitárias de lado. Embora, hoje em dia, elas sejam quase tão importantes para o montante de negociações quanto as esportivas), o assunto não está circunscrito ao nome do estádio. Isso era válido muitos anos atrás, quando apenas o nome principal das instalações era negociado. Hoje em dia o potencial de negociações dentro de estádios e arenas é imenso. Um estádio moderno receberá, pelas propriedades acessórias de marketing, montante próximo àquele pago pelo nome do estádio. A seguir é enumerado um quadro com relação de propriedades atualmente negociadas nos estádios.

*Nome do Estádio*
*Parceiro de Hospitalidade Premium*
*Parceiro de Entretenimento – Mídia*
*Parceiro de e-business*
*Parceiro de imagem*
*Parceiro de mídia impressa*
*Parceiro de rádio difusão*
*Parceiro de energia*
*Parceiro de telecomunicação fixa*
*Parceiro de telecomunicação móvel*
*Parceiro financeiro*
*Parceiro de seguros*
*Parceiro de cartão de crédito*
*Parceiro de transportes*
*Parceiro de luminotécnica*
*Parceiro de serviços de saúde*
*Parceiro de publicidade – placas/outdoor e telão*
*Produtos alimentícios*
*Bebidas de baixo teor alcoólico – cervejas*
*Parceiro de refrigerantes*
*Clube infantil*
*Estacionamento*
*Business Center*

Conforme pode ser visto acima, a lista de propriedades de um estádio passivas de negociação são inúmeras. A estas propriedades somem-se aquelas tradicionais que são os camarotes, cadeiras e frisas. E a lista não se esgota na relação acima. Diferentes locais têm possibilidades inerentes à sua localização ou características.

Por outro lado, ser o detentor da propriedade "nome do estádio" não significa apenas colocar lá o nome, e não ter outros direitos ou deveres. Aliás, isso acontece com qualquer uma das categorias de parceiros do estádio. Se o parceiro de refrigerantes for a Coca-Cola, por exemplo, todos os refrigerantes servidos no complexo do estádio serão fornecidos por essa empresa. Essa é a regra de reciprocidade. E nem poderia ser diferente.

## 2.5.4 *Razões para adquirir direitos de denominação de complexos esportivos*

Por que dar o nome de uma empresa, de sua marca geral, ou de um de seus produtos ou serviços a um complexo esportivo ou cultural?

Os autores divergem um pouco sobre as razões que levam uma empresa a estampar sua marca ou de um de seus produtos e/ou serviços a um estádio, arena ou qualquer outra instalação esportiva ou cultural.

Friedman diz que "as empresas atrelam seus nomes ao de instalações esportivas na tentativa de alcançar seus objetivos como corporações". Schlossberg diz que "a razão é o marketing direto e a busca pelo carinho e aprovação da comunidade". Irwin e Sutton dizem que, "em primeiro lugar, as empresas pensam no serviço público que vão suprir além de valorizar a posição da empresa no mercado". Schaaf, por sua vez, diz que "dar o nome de empresas a instalações esportivas é um meio fácil de maximizar oportunidades de marketing". Welch e Calabro explicam que "uma empresa de artigos esportivos chamada Pro Player, quando usou os preceitos de *naming rights* através do Estádio Joe Robbie, de Miami, catapultou seu nome (da empresa), até então, quase desconhecido para o estrelato. Um resultado mais do que positivo".

Todas as explicações acima são muito interessantes; e ao mesmo tempo os conceitos são muito vagos. É claro que as empresas gostam de servir às comunidades onde atuam, apreciam prestar um serviço público, assim como receber o carinho e reconhecimento do público. Sim, isso tudo acontece. E são consequências diretas de uma ação de marketing dessa monta. Mas no fundo alguém crê realmente que uma empresa vá investir (em alguns casos) centenas de dólares (no nome de um estádio) para receber o carinho dos vizinhos? Ou os especialistas americanos citados foram tomados por uma onda de ingenuidade, ou estão sendo simplórios e crédulos demais.

Uma empresa investe nos *naming rights* de uma instalação cultural, ou de um complexo esportivo, por saber que o retorno em imagem institucional, em espaço de mídia, em ações de marketing de relacionamento e direto, de *merchandising*, de exclusividade de venda de produtos e serviços naquele local, entre outros benefícios, será excelente. Além de todos os retornos palpáveis, e facilmente medidos, como as vendas de seus produtos e serviços nas dependências das instalações esportivas em questão, ainda haverá o retorno mais desejado. Os milhares e milhares de vezes que o nome do estádio e, portanto, a marca da empresa será citada nos meios de comunicação. Essa menção ao longo dos anos é de um valor inestimável. Primeiro porque é feita de forma espontânea. Não é espaço pago de jornal, rádio, televisão ou Internet. É mídia editorial. Ela transcende, na maioria das vezes, a região em que as instalações estão sediadas. Essa é uma ferramenta formidável para empresas que tenham a pretensão de se tornar nacionais (se já não o forem) a partir de uma base regional. Um bom exemplo, no caso do Brasil, são as companhias de telefonia que estão sempre buscando aumentar suas bases territoriais. Para bons conhecedores, ficam óbvias as diversas formas de retorno, que essa divulgação espontânea gera para uma marca. Se for uma marca já tradicional, ela será reforçada. Ganhará prestígio, poderá ser rejuvenescida e alcançará públicos que não atingiria com a mídia usual. Se for uma nova marca tentando se estabelecer, nada melhor, pois o montante que seria necessário investir para ter o retorno propiciado pela mídia espontânea seria muitas vezes maior.

Pesquisas realizadas, nos EUA, mostram índices sempre superiores a 60% da população, quando questionados sobre os nomes comerciais de estádios. Eles são reconhecidos pelos nomes das corporações que dão seus nomes a eles. Se levados em consideração apenas os estádios que sediam jogos ou times da NBA, esta média sobe, então, para 81%. Esse fato demonstra duas coisas: os jogos da NBA parecem merecer maior atenção do público; e, por outro lado, a própria NBA parece dar mais atenção aos parceiros comerciais que batizaram suas arenas. A NBA busca promover seus parceiros de uma forma melhor do que as outras ligas. O que é correto. Se as corporações investiram nos *naming rights* dos estádios e arenas, é de se esperar que tenham os melhores resultados possíveis. Ainda no que se refere às pesquisas, foi identificado que 67% dos entrevistados acreditam que "as corporações, ao patrocinarem os estádios, ajudam as comunidades onde eles estão situados". Finalmente, entrevistados (26% deles) afirmam terem aumentado o consumo dos bens e serviços das empresas patrocinadoras de estádios e arenas.

Já outra pesquisa conduzida pela Performance Research, nas cidades de Chicago, Boston, Indianápolis e Minneapolis, mostrou que 90% dos fãs de esportes sabiam e identificavam corretamente (sem cartela de ajuda) os nomes dos patrocinadores dos estádios. Outros 20% dos fãs americanos diziam que se sentiam pessoalmente beneficiados pelo fato de empresas postarem seus nomes em complexos esportivos.

### 2.5.5 Novos nomes para velhos estádios

Esta é uma das questões cruciais quando o assunto *naming rights* é abordado. É possível dar um novo nome a um velho estádio? É possível mudar o nome do

Maracanã para o nome de uma empresa ou de uma marca de refrigerante? Como se sentiriam os fãs do Wembley Stadium de Londres ou do Soldier Field de Chicago? O que diriam os torcedores do São Paulo se o nome do seu estádio fosse mudado de Morumbi para outro nome qualquer? Ou os torcedores dos times de estádios como o Couto Pereira, da Arena da Baixada, do Canindé, da Vila Belmiro, da Fonte Nova, do Barradão ou da Ilha do Retiro.

Muitos especialistas dizem que não se pode ensinar novos truques para cachorros velhos; ou seja, não se deve mudar o nome de um velho e consagrado estádio. Se mudar o nome do Morumbi para qualquer outro, o mais provável é que a torcida do São Paulo continue a chamá-lo por Morumbi, frustrando os patrocinadores. Pesquisas demonstram que instalações esportivas ricas em história e tradição têm muito mais dificuldade de aceitar novos nomes, do que novos estádios. No Brasil, na imensa maioria dos casos onde os estádios, pelos padrões internacionais, são plenamente ultrapassados e arcaicos, o ideal seria a substituição de velhas instalações por novas. Além do quê, a adaptação dos atuais estádios custaria tanto ou mais do que a construção de novos. E mesmo reformados eles não teriam o nível dos novos e modernos estádios americanos, europeus, asiáticos e mesmo os da África do Sul.

A reforma do Maracanã tem outro sentido. Mesmo que a reforma deixasse apenas algumas vidas e um pedaço da arquibancada original, ele continuaria a ser o Maracanã. Um dos dois estádios mais emblemáticos do mundo não poderia ser demolido para a construção de uma arena em seu lugar. O custo da reforma, certamente, ultrapassará os custos de construção de um novo. Mas, por outro lado, demoli-lo traria prejuízos de imagem para o Rio de Janeiro, e para o Brasil. Além do quê, o mundo do futebol perderia um de seus ícones. Acredita-se que essa seja a principal razão da opção pela reforma ao invés da implosão e construção de um novo.

Por outro lado, o que leva, incentiva, empresas a patrocinarem a construção de novos estádios e instalações esportivas? É o resultado alcançado por esses complexos. Como as novas instalações costumam ser muito superiores às antigas, os fãs se sentem tão compensados e prestigiados pelo resultado, que adotam os nomes das corporações facilmente. É bom lembrar também que a maioria dos clubes brasileiros, em se tratando de futebol, teve grandes períodos de crescimento e de conquistas de títulos quando seus estádios estavam sendo construídos.

Finalmente, é oportuno dizer que as torcidas ficam tomadas de tal orgulho pelas novas instalações, que adotam o nome do patrocinador de forma carinhosa e reconhecida pelo investimento feito.

## 2.5.6 Conclusão

A tendência de corporações de patrocinar complexos esportivos (assim como outros empreendimentos de inegável retorno de imagem e negócios) veio para ficar. Talvez existam poucas outras possibilidades dentro do marketing esportivo, em que o investimento traga tantos benefícios simultâneos para o patrocinador, quanto o de postar a marca de uma empresa, produto ou serviço no topo de um estádio ou de um setor de um complexo esportivo.

Seria injusto dizer que outras ações de marketing não podem produzir os mesmos vínculos comunitários, e gerar fortes relações de *goodwill* entre a comunidade e empresas. Assim como existem outras fórmulas muito boas de gerar vendas, promover o crescimento de *market share*, *share of mind* ou *brand awareness*. Todavia, não é arriscado dizer que nenhuma outra tática, dentro de uma estratégia de marketing, seja tão capaz de gerar resultados positivos em todos esses campos ao mesmo tempo, quanto as ações de *naming rights*.

## 2.6 *Official supplier*

Esta categoria de patrocínio pode ser traduzida por Fornecedor Oficial. Como a palavra *fornecedor* é desprovida de charme, convencionou-se, no mercado, chamar esta categoria usando a expressão em inglês. Dependendo do pacote de patrocínio montado para a operação esportiva em questão, esta modalidade pode ser muito representativa, ou apenas uma modalidade acessória. Ou, o *official supplier* pode ser também um dos patrocinadores cujo produto ou serviço é de grande interesse do evento.

Omega, fabricante de relógios e cronômetros era, nas Olimpíadas de Pequim, um dos principais patrocinadores, e seus relógios e cronômetros eram os produtos oficiais das competições. Para tanto, os organizadores buscaram colocar a marca em locais onde a correlação da Omega com a necessidade de precisão na tomada de tempo era fundamental.

A foto a seguir demonstra o uso apropriado da marca no lugar certo.

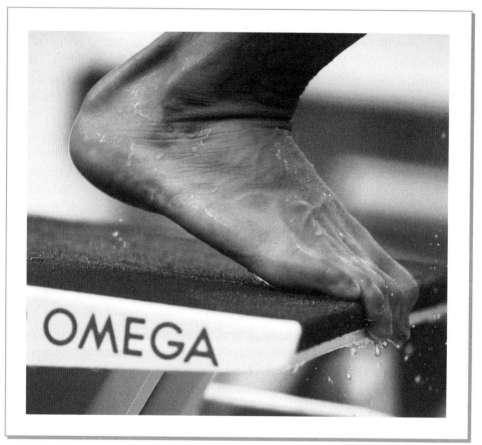

**Fonte:** Site do COI.

O Flamengo, quando teve a empresa ISL como sua parceira, e agente de marketing esportivo, através da subsidiária da agência suíça chamada de Flamengo Licenciamentos SA, construiu um programa de marketing baseado em três modalidades de patrocinadores; o patrocinador oficial, naquele caso a Petrobras (por muito tempo o mais antigo e duradouro patrocínio do esporte brasileiro); o Patrocinador de Material Esportivo, naquele caso a Nike (escolhida e negociada depois de pesquisa que indicava a marca americana como a mais desejada pelos torcedores); e os *official suppliers*.

Nesse caso do Flamengo, os *official suppliers* tinham uma conotação muito importante e de prestígio, porque implicavam num seleto grupo de oito empresas que associariam suas marcas ao clube, de forma extremamente pontual e agressiva, a fim de potencializar negócios que trariam recursos para a Flamengo Licenciamentos e, ao mesmo tempo, resultariam em vendas para as empresas associadas à imagem do clube.

O mais comum é dar a essa modalidade uma posição acessória, dentro do *mix* de patrocinadores, onde o fornecedor vai entregar ao evento, clube ou atleta um determinado produto ou serviço em troca de alguma ou algumas das oportunidades enunciadas. Isso é muito comum nos clubes de futebol sem estratégias de marketing definidas. Eles simplesmente permutam espaços publicitários nos estádios em troca de serviços, ou produtos, que sejam importantes para o clube, evitando assim despesas com a aquisição desses bens ou serviços. O valor não chega a ser suficientemente significativo para transformar o fornecedor num patrocinador, mas é significativo dentro do quadro de despesas do clube. Um exemplo extra futebol, mas ao mesmo tempo comum, são empresas aéreas ou os *couriers*, que transportam materiais para competições específicas como pranchas de *windsurf*, pequenos barcos para competições a vela, cavalos de equipes de hipismo ou polo, entre outras modalidades.

Qualquer modalidade de patrocínio pode gerar alguma indisposição. O mesmo ocorre com os *official suppliers*. O caso da cerveja nos estádios brasileiros deu o que falar nos eventos promovidos pela FIFA, seja a Copa das Confederações, seja a Copa do Mundo. A lei que proíbe o consumo de bebidas alcoólicas em estádios de futebol teve que ser relativizada, a fim de que o patrocinador oficial e fornecedor oficial, a Budweiser (parceira da FIFA desde 1986), pudesse vender cerveja dentro dos locais de eventos e estádios. A Budweiser já fora protagonista de uma celeuma na Copa da Alemanha, em 2006. Os alemães não admitiam que a cerveja oficial da Copa fosse a Budweiser. Eles até entendiam que ela poderia ser a patrocinadora oficial, mas não aceitavam ter que bebê-la nos locais dos jogos. O país com a maior tradição cervejeira do mundo não assimilava a ideia de uma cerveja não alemã. O Secretário-geral da FIFA, Joseph Blatter, teve que vir a público e se manifestar a favor do *official supplier* dizendo: "Preciso ser claro a respeito disso, de uma vez por todas. Essa não é uma Copa do Mundo da Alemanha. É a Copa do Mundo FIFA na Alemanha, que custou US$ 758,7 milhões."

## 2.7 Parceiro sem fins lucrativos

Essa fórmula, como o próprio nome explicita, difere das demais por não visar lucro, não buscar ganho de imagem ou não ter o objetivo de gerar vendas. São os raros patrocinadores, ou, melhor dizendo, nesses casos, parceiros que participam associando ou não sua imagem com o único objetivo de auxiliar um determinado esporte ou atleta a atingir suas metas.

Esse caso de quase filantropia é mais comumente visto na relação com atletas. É sabido que muitos (talvez a maioria) dos atletas que se destacam necessitam de suporte para desenvolver suas atividades e capacidades. Para isso, eles muitas vezes precisam deixar de trabalhar, ou estudar durante uma certa época, ou período de suas vidas. Essa dedicação tem por fim o aperfeiçoamento para obtenção de índices e *performances* que lhes possibilitem integrar times, equipes ou marcas necessárias para os Jogos Olímpicos, por exemplo. Felizmente alguns desses atletas encontram, ao longo da carreira, algumas empresas, ou mesmo pessoas físicas, que os apoiam durante um determinado período de tempo, possibilitando-lhes assim se destacarem em suas modalidades esportivas.

Provavelmente, a maioria das empresas que adota essa postura o faz pensando no futuro – na hipótese do atleta vir a se destacar, e com isso retribuir de alguma forma; ou em razão de relações pessoais. Outras, mais raramente, investem por entenderem tal atitude como dever moral pelo engrandecimento do esporte.

Quando esse patrocínio desinteressado vem de pessoas físicas, ele ocorre quase que sempre em função de relação pessoal ou familiar. Num país em que não há a tradição do esporte colegial e universitário (o verdadeiro grande berço de atletas olímpicos), os atletas, em sua imensa maioria, são abandonados à própria sorte. Quando a família percebe o interesse, e o potencial do jovem, ela investe como pode na expectativa de que ele se destaque. No Brasil, onde o esporte pode ser um fator de ascensão social e a possibilidade de sucesso financeiro, os pais se empolgam sobremaneira frente a uma chance de ver seus filhos fazerem sucesso em qualquer modalidade esportiva. Mais especificamente no futebol. E para isso, muitas vezes, investem o que podem na expectativa e esperança de ver esses jovens galgarem um novo patamar na vida.

Infelizmente essa modalidade não encontra muitos adeptos no país. O que só vem a corroborar toda teoria e prática do patrocínio esportivo. Ou seja, reitera o conceito de marketing, onde um investimento deve gerar um retorno mensurável de imagem e vendas.

## 2.8 Apoio

Dentre as fórmulas de patrocínio, o *apoiador* é o de menor representatividade, mas mesmo assim faz parte dos modelos conceituais de patrocínio esportivo. Esse modelo já foi mais utilizado que qualquer das fórmulas mais consagradas hoje em dia. Quando o patrocínio não atendia a todas as formalidades técnicas, com conceitos estabelecidos de direitos, deveres, espaços e valores, o apoio era fundamental para a realização de eventos, para o sustento de equipes e para a carreira de atletas. Esse *modus operandi* não era restrito a modalidades menos importantes, ou a eventos de pequena monta. As próprias Olimpíadas têm em sua história dezenas de casos de apoio. Esses apoios eram dados na forma de equipamentos, hospedagens, alimentação etc.

Ainda hoje a figura do apoiador tem espaço nos meios esportivos. A diferença é que hoje o apoiador quer contribuir nesse formato, mas quer o retorno como se patrocinador fosse. Lamentavelmente essa situação é comum quando o promotor do evento, ou o próprio clube, por exemplo, necessita muito de determinada contribuição e acaba por ceder privilégios dignos de um patrocinador de monta a empresas que pouco, ou quase nada fazem por eles.

Na Copa da África do Sul (2010), a FIFA, para não correr o risco de um blecaute de transporte e energia, assinou um contrato de patrocínio/apoio com as empresas que poderiam garantir energia e transporte para a realização dos jogos. A BP – British Petroleum assinou, segundo a empresa, "seu maior contrato de patrocínio na história". Pelo acordo firmado, a BP garantiria o fornecimento de energia e combustível para a Copa das Confederações e para a Copa do Mundo, evitando assim um apagão nos estádios. Da mesma forma a FIFA negociou o apoio da Prasa. Essa empresa era a responsável pelo plano de reformulação e modernização do transporte público em trens e metrôs. Dessa forma ela se precaveu de insuficiências de infraestrutura, bem como de possíveis problemas de ineficiência do governo sul-africano.

# 3 CRIANDO PACOTES DE PATROCÍNIO

## 3.1 Introdução

Existe uma queixa permanente de atletas, clubes, entidades etc. de que o mercado não colabora e não dá a devida atenção ao esporte. Isso em parte é verdade. Por outro lado, boa parte da responsabilidade pelo baixo investimento em marketing esportivo é desses mesmos protagonistas. Como explicar, então, os bilhões de dólares que são investidos todos os anos em patrocínios? Como explicar o crescimento das verbas destinadas ao marketing esportivo no mundo todo? Como explicar a essas pessoas e entidades que o percentual destinado à propaganda tradicional tem tido quedas nos últimos anos, e que os valores e percentuais destinados ao patrocínio esportivo têm crescido. Como explicar que os valores cobrados pelas cotas das Olimpíadas ou da Copa do Mundo praticamente dobram a cada quatro anos? A resposta é muito simples. Primeiro porque os resultados dos patrocínios esportivos têm sido muito bons. Segundo porque o número de interessados em participar desse segmento de marketing tem crescido. O número de empresas envolvidas com patrocínio esportivo nos EUA passa de 5.000 organizações, segundo a International Events Group Inc. Os valores nos Estados Unidos tiveram um incremento de $ 18,91 bilhões de dólares para $ 19,94 bilhões, ou seja, um crescimento de 4,4%, segundo a IEG Sponsorship Report de 2013.

Mas então por que o maratonista e o arremessador de martelo não conseguem patrocínio? Vejamos.

Inicialmente, é preciso ter em mente, quando da apresentação de uma proposta, se ela interessa apenas ao patrocinado ou ao patrocinador. Se ela for monolateral, ou seja, só trouxer resultados para uma das partes, então ela não é um negócio fadado ao sucesso. E tampouco imbuído de elementos técnicos de marketing suficientes para propiciar o efeito desejado.

Uma proposta de patrocínio deve buscar ter sinergia entre as partes. Para tanto, o atleta, clube, entidade, equipe etc. deve ter consciência de que existem portas e portas onde bater. Conhecer a fundo o que será oferecido e conhecer o perfil do candidato a patrocinador são elementos básicos de toda e qualquer proposta. Vamos examinar como fazer isso da maneira mais técnica possível.

O objetivo deste capítulo é justamente auxiliar a todos aqueles atletas, produtores de eventos esportivos, clubes, equipes profissionais e amadoras, ligas, federações, professores e academias a montar propostas com maiores chances de obter sucesso. A proposta, mesmo que perfeita, no entanto, não é garantia de sucesso. As técnicas de venda, a qualidade do produto apresentado, o momento do mercado e do candidato a patrocinador são elementos tão importantes quanto o projeto. E, finalmente, embora triste de dizer; existem esportes, atletas, competições e eventos que muito dificilmente conseguirão um anunciante, quanto mais um patrocinador.

## 3.2 Comentário do autor

Antes de entrarmos nos conceitos e projetos, é importante fazer uma ressalva sobre o mercado de patrocínios esportivos. A venda de propriedades, camisas de clubes de futebol e até de placas em estádios é um mercado recente. O início do seu regramento e uso científico de ferramentas para aferição de resultados dessas ações é mais recente ainda. Isso significa dizer que ainda há, hoje, meados da década de 2010, um desconhecimento técnico e um empirismo latente quando se trata de projetos, pacotes e propostas de patrocínio esportivo. As mais de duas décadas neste setor me permitiram acompanhar muito da evolução que vem ocorrendo, mas ao mesmo tempo me horrorizar com propostas que recebo, ou que me são mostradas para opinar. Pode-se dizer que uma grande parcela delas não tem qualquer vinculação com a realidade. A constatação mais cabal é a falta de sincronia entre a realidade de mercado, e os valores *versus* propriedades que são colocados nos planos comerciais. Os valores não são fixados com base nas estimativas de retorno, nos horários de veiculação dos jogos ou na quantidade de pessoas que estarão presentes. Os valores partem, pura e simplesmente, das cabeças das pessoas encarregadas de fazer os projetos. Quando confronto, quando pergunto de onde surgiram aqueles valores, as respostas mais frequentes são: porque é o que nós precisamos arrecadar; porque o presidente do clube pediu; ou porque esse valor vai permitir que o intermediário ganhe o que ele gostaria de ganhar com a venda do patrocínio. Onde estão os cálculos de retorno? Quais propriedades são as de melhor retorno? Onde está a carta da televisão afirmando que transmitirá o evento? Qual a abrangência geográfica e populacional da transmissão? A lista de perguntas que podem ser feitas é infindável. As respostas são escassas. Não vou explorar essas questões na abertura do capítulo, mas afirmo que elas são fundamentais. Porque aquele que vende (ou oferece) o patrocínio pode até não ser um profissional, ou técnico qualificado. Mas a chance de que do outro lado do balcão esteja um profissional de mercado é muito grande. E este gerente de marketing, diretor de eventos ou diretor de comunicação social da empresa tem que prestar contas, à sua corporação, de que o dinheiro investido deu resultado.

O mercado de patrocínios tem evoluído. Os grandes eventos que o Brasil está sediando devem trazer luzes a este segmento. O "achismo" deverá diminuir com o tempo; e a técnica, aos poucos, ocupará esse lugar.

O marketing esportivo tem tudo para crescer em razão de mudanças comportamentais, sociais, culturais e econômicas que estão ocorrendo. Os valores destinados ao esporte tendem a crescer. Portanto, cada vez mais haverá eventos, atletas, competições e clubes patrocinados. Mas esses patrocínios serão conquistados pelas propostas técnicas e embasadas em retornos garantidos.

## 3.3 Um típico plano de patrocínio

Uma proposta ou apresentação de plano deve trazer algumas informações sobre o objeto do patrocínio, que permitam a todos aqueles que a lerem entenderem, senão perfeitamente, de forma muito aproximada do que se trata, seus objetivos, propriedades, retorno e valores.

Provavelmente este seja um dos aspectos mais técnicos do marketing e do patrocínio esportivo. Aqui são separados os profissionais dos demais interessados pela matéria. Como em qualquer venda, o primeiro impacto, a primeira mensagem, deve obter dois resultados: despertar o interesse e demonstrar o quanto o projeto oferecido pode ser interessante para o comprador. Esse é o primeiro e mais importante passo. Por isso um projeto deve ter uma estrutura básica, mas deve ser reescrito a cada apresentação. Esclarecendo: se a apresentação é para uma operadora de cartão de crédito o projeto deverá evidenciar as possibilidades de transações a serem efetuadas com o cartão, o volume de dinheiro que transitará pela operadora de cartões e, ainda, se for possível, que o próprio cartão dará acesso a áreas exclusivas. O mesmo projeto, quando for apresentado para uma fabricante de refrigerante, precisará demonstrar o potencial de consumo daquele refrigerante, o número de bares no local do evento; a temperatura elevada naquela época do ano (se assim for), e a mídia envolvida. Observe-se que o evento é o mesmo. O projeto comercial é o mesmo. Mas o destinatário da proposta é diferente. A apresentação deverá ser feita de forma diferente, também. E a preparação para a apresentação vai requerer que na primeira o representante do evento tenha se informado sobre a participação de mercado daquela operadora de cartões na região do evento, entre outros pontos. Quando a apresentação for para o fabricante de refrigerante, será interessante descobrir a participação de mercado, estratégias para eventos, sugestões de ações promocionais etc.

Um pacote de patrocínio deve apresentar de forma eloquente todas as propriedades que o patrocinador receberá em troca do investimento feito. É necessário ressaltar aos mais desavisados uma questão que, embora pareça banal, não é óbvia para todos os que trabalham com patrocínios, sejam esportivos, sejam culturais, ou de qualquer outro ramo. Tudo aquilo que for colocado à disposição do patrocinador (no plano apresentado ou na reunião de venda) deve ser entregue sem que ele tenha que se estressar para recebê-lo. Se lhe são oferecidos 50 ingressos na proposta, o mínimo que ele receberá serão 50 ingressos. Se os painéis combinados têm 10 m de base por 5 m de altura, eles terão que ter essa medida, custe o que custar.

A razão do comentário anterior tem dois vieses. O primeiro e mais palpável é o da honestidade. Se determinadas propriedades de marketing foram apresentadas e oferecidas a um *prospect*, e ele comprou a ideia, ele espera receber pelo que pagou. E isso lhe será entregue de qualquer maneira. Portanto, certifique-se de que aquilo que for oferecido tem como ser entregue. Nunca deverá ser oferecido algo que está além das possibilidades dos organizadores. Promessas que envolvem jogadores, por exemplo. Prometer levar o time de jogadores de basquete para o jantar de fim de ano dos funcionários da empresa do patrocinador dará dor de cabeça. Se o organizador ou agente de marketing imagina que fará novo negócio com este patrocinador depois de falhar na entrega do que foi prometido, ele pode esquecer. Todos os profissionais do mercado têm que ter consciência de que o marketing esportivo deixou, e deixa cada vez mais, de ser um segmento de amadores. E principalmente porque seus interlocutores nas empresas não são amadores. Os profissionais de marketing esportivo ganham notoriedade e respeito a cada ano, principalmente porque se opõem a antigos métodos utilizados por clubes e entidades esportivas, que estão cada vez mais em desuso. Por isso eles devem prezar o mercado e as relações com as empresas, e com as agências de publicidade, a fim de tornar esses contatos cada vez mais sérios, técnicos e competentes.

A outra razão, talvez menos evidente, num primeiro momento, mas certamente mais visível ao final de cada operação, é o resultado fático.

Um bom projeto de marketing esportivo e, consequentemente, de patrocínio, visa dois objetivos essenciais: de um lado a captação de receita por parte do patrocinado (que pode ser também na forma de bens ou serviços que sejam necessários ao evento). Do outro lado, é a satisfação de objetivos do patrocinador, entre eles: retorno em mídia, exposição de imagem (comercial ou institucional), ou a geração de vendas de produtos e/ou serviços da empresa que investiu no patrocínio. Ambas as partes têm que ter resultado com essa operação. O escopo do projeto esportivo foi alcançado com a venda do patrocínio, e, portanto, o aporte financeiro correspondente. O objeto daquele que aportou a verba tem que ser igualmente atingido. Para tanto é imprescindível a interação das duas partes. O empreendimento esportivo deve ter preocupação constante com o resultado do patrocinador.

Caso o patrocinador, de moto próprio, resolver abdicar de uma ou outra propriedade, das que acompanham o plano de patrocínio, ele deve sempre ser lembrado (preferencialmente por escrito), de que está abrindo mão, desta ou daquela propriedade, por vontade própria, e que o resultado da ação poderá ser prejudicado com isso. É comum o pacote de patrocínios relacionar algumas propriedades que não serão utilizadas pela empresa. O contrário também ocorre, porque algumas necessidades ou objetivos específicos só são de conhecimento do patrocinador. É usual a troca de uma propriedade por outra. E isso deve ser incentivado sempre que possível, de forma a ajudar o investidor a atingir suas metas com o patrocínio.

É importante lembrar também que o sucesso do patrocinador e do patrocinado estão casados; assim como do agente de marketing e de todos os envolvidos no processo. E só assim haverá uma nova chance de patrocínio e o crescimento do mercado. Se o patrocinador não teve resultado com a ação, ele dificilmente investirá no ano seguinte. Isso resulta em dois problemas: primeiro a busca trabalhosa de um novo parceiro; e a necessidade de explicar, durante as novas prospecções, a razão do patrocinador do ano anterior não ter renovado.

Um *Pacote de Patrocínio* deve, portanto, contemplar uma série de propriedades que vão variar de acordo com a importância do patrocinador dentro do *mix*, se patrocinador exclusivo, patrocinador principal, patrocinador oficial, patrocinador *standard*, ou *official supplier*.

## 3.4 Categorias de patrocínios

A seguir, serão enunciadas as propriedades que podem ser disponibilizadas para cada patrocinador. Caberá à agência de marketing montar dentro do plano geral os pacotes relativos a cada uma das categorias de patrocínios. Isso deve ser feito de forma tal que a distinção entre uma categoria e outra seja plenamente visível. Se os valores diferem (o que é óbvio), as propriedades que constam numa e noutra categoria devem diferir na mesma proporção.

*Nome do evento*: o evento pode ter o nome do patrocinador. Essa é uma maneira excepcional de divulgação da marca do patrocinador, porque ninguém (a mídia principalmente) deverá se furtar de mencionar e divulgar a marca. Essa modalidade tem sido usada com muito sucesso principalmente nos Estados Unidos. Exemplos são encontrados em quase todas as modalidades, mas é no golfe que os exemplos são mais corriqueiros, tais como: Bop Hope Chevrolet Classics ou 3M Golf Classic.

Um *title sponsor* atual da PGA:

Title Sponsor of the Buick Scramble
Presenting Sponsor of The PGA Club
Professional Championship

*Nome da arena ou estádio*: este item, que será abordado no capítulo *naming rights*, é uma das modalidades de maior sucesso da atualidade nos EUA. Consiste em dar a uma arena, estádio ou ginásio de esportes (também no campo das artes ele tem sido usado, principalmente para teatros) o nome do patrocinador. Já existem mais de 500 casos contratados somente nos Estados Unidos. Um exemplo é o American Airlines Arena, em Miami, ou o novíssimo Levi's Stadium, em Santa Clara Califórnia, que passa a ser a sede do San Francisco 49ers, um dos mais importantes times de futebol americano da NFL.

*Sorteio de partidas, adversários, chaves ou rodadas*: uma modalidade pouco utilizada no Brasil, embora receba uma excepcional cobertura da imprensa. No Brasil, os sorteios de times para os campeonatos acontecem em sua maioria no resguardo de gabinetes, esquecendo-se, os organizadores, de que esta é uma ótima oportunidade de divulgação do evento e, portanto, de patrocinadores.

*Host city ou cidade anfitriã*: outra modalidade muito pouco explorada no Brasil. Consiste em vender, antecipadamente, os direitos de sediar uma competição ou a final de uma competição em troca de exposição ou organização. A cidade anfitriã, ao concorrer para sediar uma competição, como é o caso das Olimpíadas, se predispõe a colocar à disposição dos organizadores uma gama de itens estruturais que atendam às exigências e necessidades dos organizadores. Em troca ela receberá mídia, e incremento de arrecadação de impostos, através do turismo e de negócios oportunizados pela competição. Além do caso mais tradicional, que é a cidade anfitriã dos Jogos Olímpicos, essa modalidade de patrocínio também pode ser vista com retumbante sucesso no Super Bowl. Super Bowl é a final do campeonato de futebol americano nos EUA. A escolha da cidade que sediará a final do campeonato independe dos times participantes. Ela disputa com outras cidades o privilégio de ser a sede da final da competição, e com isso fazer e atrair negócios para a municipalidade.

A notícia abaixo divulgada em 21 de maio de 2013 anuncia as cidades que sediarão as finais do Super Bowl de 2016 e de 2017.

Embora essa matéria possa parecer *non-sense* para os brasileiros, ela apenas demonstra a organização da Liga de Futebol Americano. Sem saber sequer se os clubes dessas cidades estarão nas finais dos campeonatos de 2016 e 2017, quatro anos antes as cidades já foram anunciadas.

**"NFL selects Santa Clara for Super Bowl 50, Houston for Super Bowl 51**

By Jon Benne on May 21 2013

*Santa Clara will be hosting Super Bowl L in its shiny new stadium, while Houston has been awarded Super Bowl LI.*
*The NFL awarded Super Bowl 50 in 2016 to the city of Santa Clara at a league owner's meeting Tuesday in Boston. In an additional announcement, the city of Houston has won the bid to host Super Bowl 51 in 2017.*
*The stadium will start hosting the San Francisco 49ers in 2014."*

Tradução do autor:
**A NFL escolhe Santa Clara para sediar o Super Bowl 50 e Houston para ser a sede do Super Bowl 51**
*Santa Clara recepcionará o Super Bowl 50, no seu novo e brilhante estádio, enquanto Houston foi agraciado com o Super Bowl número 51.*
*A NFL presenteou o Super Bowl 50, que acontecerá em 2016 na cidade de Santa Clara, no último encontro de proprietários de clubes da Liga, em Boston. Num anúncio adicional, a cidade de Houston vendeu a concorrência para receber o Super Bowl 51, em 2017.*
*O novo estádio passará a ser a sede dos 49ers em 2014.*
*Obs.: O novo estádio recentemente vendeu seus naming rigths para a Levi's (Levi Strauss & Co.) (marca de roupas) pelo período de 20 anos, por 11 milhões de dólares ao ano.*

*Patrocinador exclusivo* – este item já foi amplamente tratado anteriormente.

*Patrocinador principal*: quando os organizadores resolvem dividir o ônus e os privilégios do patrocínio entre mais de uma categoria de patrocinadores, ficando um deles como o principal. Este, é claro, terá maiores chances de exposição e participação no evento ou objeto do patrocínio.

Observação: muitas vezes, se diz que a marca que detém os direitos de patrocinador principal tem mais retorno porque tem mais espaço disponível. Isso nem sempre é verdade, porque ter mais espaço e um número maior de propriedades não significa que a empresa detentora da marca fará mais ou melhor uso desse espaço. Muitas vezes, empresas que detêm uma categoria menor (ou menos importante) do que a principal exploram sua participação com mais competência. Isso se deve, principalmente, à ativação desenvolvida.

Um exemplo recente e concreto é o do Flamengo, que negociou seu patrocínio principal com a Caixa Econômica Federal. Depois de algumas temporadas sem um patrocinador nesta categoria, o clube assinou um acordo que lhe garante um aporte de R$ 25 milhões ao ano. A mesma cota de patrocínio foi comprada pela CEF para colocar sua marca na camisa do Corinthians; nesse caso pelo valor de R$ 30 milhões.

*Patrocinadores oficiais* – esta modalidade normalmente é atribuída a dois, ou mais, patrocinadores que terão uma série de privilégios, mas serão mantidos numa plataforma inferior à do patrocinador principal. Cabe aos organizadores estabelecer a que cada uma das duas modalidades terá direito. Há casos em que os patrocinadores oficiais são efetivamente em número maior. Não havendo um principal, como é o caso da Copa do Mundo FIFA, onde, para o ano de 2014, serão 6 marcas. A saber: Adidas, Coca-Cola, Sony, Hyundai-Kia Motors, Visa e Emirates. Essas empresas têm direitos iguais de uso do evento como instrumento de marketing. A Adidas, por exemplo, vai basear sua comunicação na Copa e, em razão do sucesso da competição, pretende chegar ao faturamento de 2 bilhões de euros. Em 2010, ano da Copa da África do Sul, a Adidas faturou 1,5 bilhão de euros. Para alcançar esses números, a empresa alemã vai investir o maior volume já destinado para campanhas publicitárias.

*Official supplier ou fornecedores oficiais* – esta modalidade encontra-se um degrau abaixo da categoria de patrocinador oficial. Ela é sempre associada a uma determinada categoria de produtos ou serviços. O fornecimento desses produtos ou serviços implica, necessariamente, no exclusivo consumo dos bens ou serviços vendidos pelo fornecedor oficial. Conforme o valor dos bens ou serviços fornecidos pelo *official supplier* é possível permutá-los, de forma a atender necessidades conjunturais do evento. Essa técnica antiga e muito utilizada atende necessidades do evento e reduz seus custos. É preciso, no entanto, observar aquilo que foi estabelecido no projeto de forma a não privilegiar um *official supplier* em razão das necessidades do evento. Assim, se uma companhia aérea se torna a fornecedora oficial de um determinado evento, é possível associar sua imagem apenas em troca das passagens aéreas necessárias para a iniciativa. Às vezes, o fornecimento não é suficiente em função do pequeno valor do bem, em relação à importância do evento. Nesse caso, o fornecedor oficial, além de fornecer o material ou serviço, ainda terá que pagar uma quantia, pelo privilégio de ter sua marca associada ao evento. Um exemplo disso é o fornecimento de material esportivo para a Seleção Brasileira de Futebol. Ou de bolas para alguns campeonatos estaduais de Futebol, onde, além de fornecer as bolas, as empresas pagam uma quantia para ter suas marcas associadas às competições. O fornecedor pode participar de um evento, sendo seu uniforme oficial, por exemplo, sem que os atletas usem a mesma marca. A Nike será a fornecedora oficial do Comitê Olímpico Internacional. Todas as pessoas que trabalham ou trabalharão nos Jogos Olímpicos de Sochi (Jogos de Inverno de 2014) e no Rio de Janeiro (2016) usarão material fornecido pela Nike. A empresa é a fornecedora oficial do COI desde 2013.

Na Copa da África, assim como na Copa do Brasil, a Hyundai será fornecedora oficial de veículos. Entre os veículos estão os ônibus para transporte de convidados, seleções etc.

Abaixo a foto de um dos ônibus que circulavam pelas cidades-sede na África do Sul.

Foto do autor.

*Apoiador* – normalmente não consta dentro do rol de patrocinadores, mas não se pode negar sua existência, principalmente no Brasil, onde nem sempre os organizadores têm a ventura de conseguir os patrocínios nos moldes e valores almejados. Para essas situações, existe a figura do *apoiador*, que em troca de alguma publicidade fornecerá bens ou serviços, normalmente desvinculados do escopo do evento, necessários para a realização do mesmo.

## 3.5 Formas de retorno/direitos dos patrocinadores

O patrocinador, ao investir em qualquer atleta, clube, evento, federação, confederação, entidade internacional, enfim, em qualquer atividade esportiva de repercussão, o faz em busca de algum tipo de retorno.

Na maioria das vezes, esse retorno desejado se dá na forma de ganho de imagem, apreço público, retorno institucional, incremento de vendas, fortalecimento na relação com clientes, apoio para lançamento de novos produtos, incremento de *marketing share* e *top of mind* e – ao final disso tudo: lucro.

O marketing esportivo e o patrocínio esportivo são fórmulas de alto sucesso na obtenção desses resultados, porque eles associam a marca de empresas, produtos e serviços a elementos positivos, como saúde, juventude, superação, garra, força, beleza, esforço, persistência, ídolos, ícones etc.

Os investimentos feitos no esporte precisam, como em qualquer outra ação econômica, alcançar resultados planejados. Esse retorno pode se dar na forma de reconhecimento público das marcas atreladas ao esporte; ou através de resultados de venda sincronizados com um evento, por exemplo. É importante ressaltar, no entanto, que, mesmo no primeiro dos dois caminhos, deverá ter, ao final, retorno de vendas. A seguir, será elencada a maioria das formas de mostrar ao público, clientes, consumidores e futuros clientes a ligação dessas empresas com seus patrocinados.

*Nome do evento* – esse modelo dá ao patrocinador o direito de expor sua marca na fachada de uma arena (apenas para exemplificar), mas também permite a ele utilizar meios econômicos de forma a buscar retorno financeiro pelo investimento feito. Uma forma de grande impacto, e que deve ser trabalhada desde o início. É difícil, depois de um evento, ter uma determinada marca exposta nesse formato, alterá-la.

*Hospitality* – os HCs ou *Hospitality Centers* são uma excelente forma de prestigiar os patrocinadores e seus convidados. Eles podem ser vendidos de várias maneiras, mas as duas mais usuais são: o *Hospitality Centers* Exclusivo e o *Hospitality Centers* do Evento. No primeiro caso, ele é um espaço separado destinado a atender apenas os convidados de um determinado patrocinador. Ele costumeiramente tem um serviço de *cattering* exclusivo, segurança própria, recepcionistas etc. Tudo, enfim, o que for necessário para criar um ambiente privativo e privilegiado para os seus convidados. No mesmo evento pode haver vários HCs exclusivos. Cada um deles identificado com as marcas e bandeiras da empresa que o adquiriu como parte do pacote de patrocínio. No segundo caso, também muito comum, o evento tem um único e grande HC, onde estarão os convidados do patrocinador (ou patrocinadores), dos organizadores, autoridades, modelos, *socialites*, jornalistas etc. Nesse caso o patrocinador recebe antecipadamente um número determinado de convites para distribuir entre seus convidados. Esse número já deverá estar expresso na proposta de patrocínio. A FIFA usa as duas modalidades na Copa das Confederações e na Copa do Mundo. Uma, onde empresas adquirem HCs para suas ações de marketing de relacionamento. Outra, onde são congregados convidados da própria entidade e de alguns patrocinadores.

*Lounges* – são espaços de exposição das empresas patrocinadoras. Neles podem estar apenas produtos ou ter também atividades lúdicas, para chamar a atenção dos torcedores. Na Copa da África, ficou patente que os *lounges* tinham (todos) alguma atividade dentro deles. Num era concurso de dança típica, noutro era um chute a gol virtual, como no caso da Hyundai.

*Celebridades* – quem não gosta de compartilhar da presença de celebridades, de tirar fotos com elas, e de aparecer nos meios de comunicação ao seu lado? Isso é inerente ao ser humano – a necessidade de reconhecimento público, e de demonstração de prestígio. As celebridades são uma das formas que os promotores de eventos, e agências de marketing esportivo, têm de prestigiar os patrocinadores. Portanto, criar meios de os patrocinadores e seus convidados interagirem com astros do esporte traz resultados muito positivos para as marcas. Essa é uma ação simples que agrada desde as pessoas mais *low-profile*, até aquelas que fazem tudo por uma foto em *Caras*. Os patrocinadores devem saber, desde a apresentação das propostas de patrocínio, que terão tais e quais celebridades participando dos eventos, presentes em entrevistas, frequentando os HCs ou em pequenas festas exclusivas dos patrocinadores.

*Festas oficiais* – todo grande evento esportivo, assinatura de contrato de patrocínio, contratação de atletas de grande prestígio, sorteio de sedes e chaves, requerem festas oficiais. Esses acontecimentos são uma chance de anunciar, aos meios de comunicação, e ao mundo midiático, quem são os patrocinadores. E, ao mesmo tempo, usar essas festas para demonstrar a importância dos patrocinadores para o evento e para o esporte como um todo.

*Publicidade no local* – este elemento fundamental de qualquer acontecimento esportivo será melhor tratado em outras oportunidades neste livro. Mas desde já é preciso esclarecer que a publicidade no local dos eventos é uma das mais importantes formas de dar conhecimento ao público, e ao mercado, de quem são os patrocinadores. Não basta, no entanto desfraldar cartazes, flâmulas, faixas, *banners*, *blimps* e logotipos pelos estádios ou nos uniformes dos atletas. Isso é uma ciência. Cada peça publicitária deve ser estudada de forma a garantir ao patrocinador a melhor exposição, sem cair no exagero e mau gosto.

*Merchandising* – este item é tema de um capítulo à parte, dada a sua importância e o crescimento de sua participação no mundo esportivo. Ao patrocinador deverá sempre ser dado o privilégio de venda de seus produtos e serviços, nos locais dos eventos, além de garantir a não participação de concorrentes.

## 3.6 A quem apresentar a proposta de patrocínio

A cada dia que passa, as técnicas de marketing evoluem mais, e permitem conhecer com mais e mais exatidão os públicos e consumidores de cada produto ou serviço. Os responsáveis pelo marketing das empresas, os gerentes de produto de grandes corporações, gestores de marcas, entre outros, baseiam suas vendas em pesquisas que traçam os perfis dos consumidores, e os locais de venda de cada item com precisão quase cirúrgica. Os supermercados Safeway dos EUA, por exemplo, estudam tão meticulosamente a região onde vão instalar uma nova loja, que conseguem prever as vendas daquele estabelecimento com margens de erro inferiores a meio por cento ao ano. Além disso, eles conhecem a comunidade na região que cerca a loja de forma a saber se há uma pequena colônia de brasileiros, por exemplo, requerendo, portanto, um mínimo estoque de feijão preto. O que se está tentando mostrar com isso é que não há mais espaço para empirismo. A empresa que for prospectada sabe o que quer. Ela conhece seu mercado e o que precisa para chegar a ele. Ela até pode (ainda) não saber que investir em esportes é um excelente meio para conquistar corações, mentes e o bolso de seus consumidores. Porque nunca o fez, e não sabe dos benefícios. Mas ela sabe quem é seu mercado e que público deseja atingir. O comportamento desse público-alvo, onde ele se encontra, onde a marca tem problema de penetração, qual o poder de consumo, quanto pode investir, sua segmentação etc. Enfim, exemplificando: que seu consumidor é mulher, tem entre 25 e 40 anos, classe A/B, mora em grandes cidades, trabalha, tem carro, vai ao cinema, frequenta restaurantes, viaja uma vez por ano etc. etc., para ficar apenas num exemplo.

Uma vez que as empresas sabem quem são seus consumidores, e o seu perfil, fica extremamente difícil negociar com essa organização um evento, ou qualquer outra ação, que não agregue venda, incremento de imagem para determinado público, ou a possibilidade de ser o canal ideal para lançamento de um novo produto ou serviço.

Algumas empresas são tão cuidadosas na hora de analisar propostas de patrocínios que conseguem prever e quantificar, milimetricamente, a venda de seus produtos para decidir se o investimento vale a pena. A Coca-Cola, por exemplo, estuda quantas latas ou embalagens PET vão vender num estádio, ao longo do ano, para saber o quanto vale investir, por exemplo, na categoria de *official supplier* de uma arena.

Enfim a palavra mágica: *investimento*. Quando o assunto é marketing esportivo, isso significa: negócio. Não é, portanto, filantropia, ou ação entre amigos. Se alguém está buscando pura e simplesmente "ajuda", então não precisa fazer uso de técnicas de marketing e vendas. Deve visitar um filantropo, ou mecenas, e pedir a ele que doe uma importância mensal ou anual para manutenção daquele atleta ou equipe. Como essa modalidade está cada vez mais escassa, desde que os Médici deixaram de sustentar artistas na Itália do século XV, então é bom ficar atento às boas técnicas, e ter em mente que o patrocinador estará encarando a proposta como um negócio; um investimento.

Na prática é necessário montar duas colunas que auxiliarão na busca do patrocinador correto.

Na primeira coluna, devem-se inserir as características, o perfil do produto esportivo a ser ofertado. Vamos convencionar chamar atleta, clube, equipe, liga, federação etc. de produto esportivo, para facilitar.

Na segunda coluna, o perfil de empresas que se adéquam e podem fazer uso de um produto com as características enunciadas na primeira.

Como é impossível exemplificar esporte por esporte, ou criar uma tabela que sirva de modelo para todas as situações, e que tenha coerência para atleta e evento ao mesmo tempo, ou federação e equipe, optou-se por tomar por base as características de um evento de tênis – um torneio de tênis, para ser mais exato.

Exemplos de elementos a serem inseridos e explorados na primeira coluna de um evento:

Coluna referente ao evento

*Evento:*

*Local:*

*Data:*

*Horários:*

*Esse evento já ocorreu antes? Tem tradição?*

*Temperatura média na época do evento:*

*Local fechado ou aberto?*

*Duração:*

*Número total de partidas:*

*Categoria/importância dos jogadores:*

*Número de jogadores:*

*Idades dos jogadores:*

*Presença confirmada de expoentes como...*

*Público previsto:*

*Capacidade física do local:*

*Características do público:*

*Ingresso pago? Quanto?*

*Com transmissão pela TV?*

*Direta ou com time delay?*

*Qual emissora, horário, penetração?*

*Ibope médio de eventos semelhantes:*

*Qual será a publicidade para o evento?*

*Quantas chamadas de TV e horários?*

*Qual a veiculação em outros veículos?*

Coluna relativa a patrocinadores:

*Tipo de produto ou serviço:*

*Quem é o público consumidor/comprador:*

*Abrangência geográfica:*

*Nível socioeconômico dos consumidores/compradores/clientes:*

*O local (cidade/estado) é representativo como mercado?*

*Produtos e serviços do prospect casam com esse esporte?*

*Tem tradição em patrocínios?*

*O público pode gerar vendas? Em que volume?*

*O evento fecha com a estratégia de marketing da empresa?*

*A empresa poderá usar algum atleta importante em suas campanhas?*

*Quem foram (se houve) os patrocinadores anteriores?*

*Que resultado obtiveram?*

Em suma, o que se tentará estabelecer na conjunção das duas colunas é a viabilidade de conexão entre o evento e a empresa prospectada. Se o evento é de massa, como um jogo de futebol, o produto/serviço oferecido pelo eventual patrocinador deverá ser de apelo popular, com grande rede de distribuição, facilidade de acesso etc. Os exemplos mais eloquentes são a cerveja, o refrigerante e a sandália plástica. Coincidentemente, esses são patrocinadores consagrados das transmissões do Campeonato Brasileiro.

Já um evento mais requintado, como um campeonato de golfe (no Brasil), buscará exatamente o contrário. Patrocinadores com produtos e serviços adequados para públicos de alta renda, de difícil acesso e contato, exigentes etc. Pessoas que serão mais facilmente abordadas por equipes de venda num campo de golfe do que noutro local qualquer. Ou que através do evento concordarão em receber executivos de vendas em seus escritórios ou residências. O evento servirá como oportunidade para estabelecer futuros canais de relacionamento. Exemplos óbvios de *prospects* de um evento com esse perfil seriam Rolex, H. Stern, IWC, Mercedes Benz e Jaguar.

O mais importante não é saber a quem procurar para cada um desses eventos. E sim a quem não procurar. Não se deve misturar os grupos e apresentar uma proposta de futebol de salão para um *prospect* do segundo grupo. E não apresentar um torneio de golfe para os *prospects* do primeiro grupo.

Certamente o leitor medianamente informado, e interessado no tema, diria que isso é elementar. Ele ficaria surpreso, no entanto, em saber que a maioria das propostas que caem nas mãos de executivos de empresas, e de agências de publicidade, incorrem nesse erro básico.

Conhecer a estratégia de patrocínio de empresas é muito aconselhável. Isso pode ser feito acompanhando a imprensa especializada, e observando os eventos esportivos que estão acontecendo.

Qual a resposta à pergunta título deste segmento do capítulo: A quem apresentar a proposta de patrocínio? Para empresas que estão posicionadas no mercado de forma a poder fazer amplo uso do patrocínio esportivo, e com isso ganhar *share of mind* e *share of market*. Para empresas que estão buscando readequar seu posicionamento. Para empresas que sofreram crises de imagens recentes. Para empresas que precisam ingressar em novos mercados. Para empresas que desejam firmar institucionalmente seus nomes em cidades, estados ou países. A lista não acaba aqui.

As empresas precisam sentir que o esporte estará trabalhando por elas. Ajudando-as a atingir objetivos específicos.

As empresas comprarão patrocínios porque seus clientes e consumidores são fãs de esportes, e não porque seus executivos gostam desse ou daquele esporte. Apesar disso ainda ocorrer.

Na hora da venda, é preciso ter em mente que seu evento é uma boa oportunidade para aquela empresa se identificar, se aproximar de seu público-alvo. Mais importante ainda, seu evento vai auxiliá-lo a vender seus produtos e serviços utilizando esta oportunidade como veículo.

Um exemplo que pode ser dado são as exigências do Banco do Estado do Espírito Santo (Banestes) para analisar propostas de patrocínio esportivo e cultural:

## Critérios para apresentação de Proposta de Patrocínio

O **BANESTES** apoia projetos ligados a cultura, esporte e assistência social. A análise das propostas é condicionada ao cumprimento de critérios técnicos, visando ao atendimento de exigências legais. Dessa forma, as solicitações de patrocínio deverão ser enviadas a agência de publicidade do banco que analisará a proposta, aprovando-a ou não. O que deve constar da proposta para análise do patrocinador:

> Descrição objetiva de sua concepção;
> Perfil/características do evento;
> Detalhamento de sua execução;
> Descrição do público-alvo;
> Relato preciso sobre as necessidades para sua execução;
> Destaque para ação importante;
> Aproveitamento comercial/publicitário para o banco e/ou suas empresas;
> Plano de comunicação do projeto/proposta – ações de assessoria de imprensa;
> Orçamento com detalhamento de custos;
> Contato para imediata localização do solicitante.

**Fonte:** Site do banco (2013).

O Banco do Brasil, por sua vez, cansado da interferência política que levava grande parte da verba para projetos que não traziam resultados ao banco, resolveu, por edital, criar regras para patrocínio. No edital, cujo título segue abaixo, e disponível no *site* da instituição, foram fixadas as regras para obtenção de patrocínio do banco.

## Programa de Patrocínios Banco do Brasil 2013

*Edital de Seleção Pública de Projetos para Patrocínio pelo Banco do Brasil S.A.*

Ressalte-se no parágrafo 2.3, que segue, que muito do que foi dito acima está expresso nesse texto; ou seja, de que forma o patrocínio pretendido atenderá os interesses do Banco do Brasil.

> *2.3. Serão considerados os seguintes critérios/atributos na análise dos projetos: visibilidade, fortalecimento da marca BB, potencial de relacionamento, relevância das contrapartidas, potencial mercadológico, brasilidade, inovação, sustentabilidade, responsabilidade social, democratização, distribuição geográfica, promoção da cidadania, desdobramento educacional, acessibilidade, aderência à estratégia de atuação do Banco do Brasil e oportunidade, conforme detalhamento no item 4.1.2 deste Edital.*

Já no parágrafo 4.1.2 abaixo, o banco elenca os requisitos necessários para que os projetos inscritos venham a ser considerados como aptos a concorrerem ao patrocínio. Pode-se dizer que todos os requisitos listados no *site* da instituição vêm ao encontro do que foi exposto neste capítulo, reforçando a tese de que o retorno para o patrocinador deve ser certo.

> *4.1.2. Nesta fase, os projetos inscritos passam pela verificação do preenchimento dos pré-requisitos previstos neste Edital, bem como por análise técnica, com base nos seguintes critérios/atributos: a) visibilidade – percepção da marca Banco do Brasil pelo público, proporcionada pelas ações de comunicação compreendidas no escopo do projeto; b) fortalecimento da marca BB – colaboração do projeto para potencializar o reconhecimento da marca Banco do Brasil ou marcar seu posicionamento junto a segmentos específicos de públicos ou à sociedade em geral, a curto, médio e longo prazos; c) potencial de relacionamento – capacidade do projeto de proporcionar oportunidade de aprofundar o relacionamento institucional e negocial do Banco do Brasil com seus clientes efetivos e potenciais; d) relevância das contrapartidas – qualidade e efetividade das propriedades oferecidas pelo projeto frente à cota de patrocínio solicitada; e) potencial mercadológico – contribuição do projeto para a geração de negócios para o Banco do Brasil; f) brasilidade – presença, no projeto, de premissas que contribuam para a preservação da identidade nacional e que enalteçam e divulguem valores culturais genuinamente brasileiros; g) inovação*

*– colaboração do projeto para a construção e divulgação de iniciativas inovadoras para as comunidades locais e o País; h) sustentabilidade – aderência do projeto às melhores práticas de sustentabilidade, com ênfase às que priorizem a preservação dos recursos hídricos nacionais; i) responsabilidade social – promoção do desenvolvimento humano e ações de orientação social; j) democratização – igualdade de oportunidade e acesso a produtos e serviços resultantes da implementação dos projetos patrocinados; k) distribuição geográfica – distribuição dos projetos pelo território nacional que valorizem a comunicação regionalizada; l) promoção da cidadania – colaboração do projeto para a promoção da cidadania, do respeito à igualdade e as questões raciais, de gênero e de orientação sexual; m) desdobramento educacional – desdobramentos educacionais e/ou de capacitação técnica proporcionados pelo projeto; n) acessibilidade – previsão de acesso especial para pessoas com mobilidade reduzida ou com deficiência física, sensorial ou cognitiva, de forma segura e autônoma, aos espaços onde se realizam os eventos ou aos produtos e serviços oriundos dos patrocínios; o) aderência à estratégia de atuação do Banco do Brasil – alinhamento à estratégia de atuação mercadológica e institucional do Banco do Brasil; p) oportunidade – projetos que explorem o cenário de oportunidades criado no Brasil pelos grandes eventos esportivos, como o mundial de futebol e os jogos olímpicos, principalmente nas respectivas cidades-sede, bem como, projetos que tenham projeção nacional ou que estejam aderentes a temas objeto de relevante debate público.*

**Fonte:** Site do Banco do Brasil (2013).

## 3.7 Mídia

O crescimento do marketing esportivo só ocorreu de forma concreta com o aumento do interesse da mídia pelos esportes. Um veio associado ao outro. Os veículos de comunicação perceberam que esportes eram grandes atrações de público, e aumentaram seus espaços em rádios, jornais e TVs. O próprio número de emissoras dedicadas ao esporte vem crescendo ano a ano. E talvez um fenômeno ainda mais importante seja a criação de emissoras de televisão exclusivamente voltadas para a programação esportiva, como a ESPN, ESPN Brasil, SportTV, Band Sports, Esporte Interativo, Fox e PFC.

Nos Estados Unidos, o número de canais de TV com programação esportiva cresceu de 69, no ano de 1997, para mais de 130 no ano de 2001. A primeira emissora dedicada exclusivamente a esportes nasceu em 1977. A ESPN iniciou suas operações em 1979. Desde o surgimento da SportsChannel (1977), dezenas de emissoras em rede nacional, redes regionais ou emissoras independentes começaram a operar. Hoje existem emissoras dedicadas a apenas um esporte, como o golf ou o tênis. Além de emissoras que pertencem a ligas, como no caso da MLB (*Major League Baseball*) e da NBA (*National Basketball Association*).

As primeiras transmissões de rádio e TV eram gratuitas. As emissoras não pagavam nada pelos direitos. A primeira transmissão de um evento esportivo, por rádio, foi em 11 de abril de 1921, quando a Westinghouse Station em Pittsburgh, Pennsylvania, transmitiu uma luta de boxe entre Johnny Dundee e Johnny Ray, em Pittsburgh.

Em 17 de maio de 1939, aconteceu a primeira transmissão esportiva de TV. Um jogo universitário de *baseball*, diretamente do Columbia's Baker Field entre o Columbia Lions e Princeton Tigers. A transmissão histórica foi feita pela NBC.

Esse é um fenômeno que supera os limites da mídia. Ele chega a ser um fenômeno social. Quem pratica esportes quer ver seus ídolos e times jogando. Aqueles que não praticam precisam estar atualizados com os acontecimentos, ou descobrem, na TV, a compensação por não praticá-los. Além disso, as emissoras frequentemente podem dispor de uma programação que atrai a atenção dos telespectadores por baixos custos.

O interesse da televisão sobre esportes, e mais especificamente sobre eventos esportivos, é tamanho que os valores investidos na transmissão desses espetáculos crescem ano a ano no mundo todo.

O volume de verbas investido pelas emissoras corrobora seu interesse em deter os direitos de competições. O quadro abaixo traz os investimentos da FOX1, nos EUA, na temporada de 2013/2014. Atenção, esses valores dizem respeito apenas aos valores pagos por uma emissora de televisão.

| Liga | Valor anual dos direitos pagos (em dólares) |
|---|---|
| Major League Baseball | $ 500M |
| NASCAR | $ 300M |
| UFC | $ 90M |
| UEFA Champions League/Europa League | $ 30M* |
| Pac-12 Sports | $ 125M |
| Big XII Sports | $ 90M |
| Big East Basketball | $ 42M |
| Conference USA Sports | $ 7M |
| Big Ten Football Championship | $ 24M |
| **TOTAL** | **$ 1,208M*** |

*1 bilhão, duzentos e oito milhões de dólares.

A mesma fonte que pesquisou a última década, e seus reflexos no mundo das transmissões de direitos esportivos, estima que esses valores deverão dobrar nos próximos anos.

O resultado de audiência é que garante o interesse dos anunciantes e dos veículos em colocar no ar eventos esportivos. A matéria a seguir, publicada na revista *Meio e Mensagem* de 26 de junho de 2013, corrobora o que vem sendo dito. Segue a matéria:

## Brasil × Itália: recorde das Confederações

*Segundo a Fifa, jogo foi responsável pelo maior público espectador da Copa das Confederações, até o momento.*

Bárbara Sacchitiello

*Partida terminou com placar de 4X2 para a seleção brasileira*

**Crédito:** *Reprodução/GloboEsporte.com.*

*A partida entre Brasil × Itália, ocorrida no dia 22, levou mais de 50,4 milhões de espectadores para diante da telinha na primeira fase da Copa das Confederações. Segundo dados divulgados pela Fifa, os dez maiores mercados televisivos do mundo – incluindo Brasil, Itália, Reino Unido, Alemanha e Rússia – foram responsáveis por registrar a maior audiência desde o início do torneio.*

*Antes, as melhores médias também haviam sido marcadas com os demais jogos da seleção brasileira. Somente a TV Globo, a emissora oficial da Copa das Confederações no Brasil, conseguiu atrair um público de 25,3 milhões de pessoas. A Bandeirantes, outra emissora do País a exibir o campeonato, teve uma audiência de 3,8 milhões de pessoas com a transmissão do jogo entre Brasil × Itália – os maiores números do torneio, para as duas emissoras.*

*Os italianos também se interessaram em acompanhar a partida, que foi vencida pela seleção brasileira pelo placar de 4 × 2. A RAI, emissora de TV do País, contabilizou um público de 9,3 milhões de pessoas. A Sky Sport 1 também registrou um bom contingente de espectadores para o jogo: 0,9 milhão.*

*Segundo a Fifa,* **a audiência é crescente** *em relação a registrada nos primeiros jogos do torneio – e existe uma tendência de aumento a partir das semifinais, que terão início na tarde desta quarta-feira, 26, com o jogo entre Brasil × Uruguai. A audiência geral registrada na Copa das Confederações até o momento é superior a das partidas da Liga dos Campeões da UEFA, na temporada 2012/2013.*

Da mesma forma que os valores investidos cresceram cerca de 100% em menos de uma década (início ao fim dos anos 1990), sua projeção é de novamente era dobrar novamente antes do fim da década de 2000. E não somente no que se refere a valores, também no número de horas de programação dedicadas ao esporte. O crescimento, por exemplo, no mercado europeu de transmissões esportivas triplicou na década de 1990. E a tendência era de igual crescimento na década de 2000. Isso deveu-se ao incremento da participação dos esportes na programação diária, ao número de canais com programação dedicada e ao crescimento do interesse da população em grandes eventos esportivos como a Copa do Mundo e os Jogos Olímpicos.

## Receitas geradas com televisionamento pelas Olimpíadas

As transmissões dos Jogos Olímpicos permitiram ao COI arrecadar valores quase inimagináveis com a receita de televisão (e mais recentemente de Internet).

A receita global de televisionamento de 2004 representa cinco vezes a receita obtida em 1984. A receita dos jogos de inverno são mais impressionantes ainda. O crescimento de 1984, em Sarajevo, para os jogos de 2006, em Turin, foi de oito vezes.

Para aqueles que têm intimidade com a relação público/audiência *versus* valor de direitos de transmissão fica fácil perceber que os dois andam casados. Maior audiência, maiores valores pelos direitos.

Os valores arrecadados nos jogos de Roma (1960) e em Tokyo (1962) são risíveis se comparados às fortunas de hoje. As cifras abaixo são mais do que reveladoras.

**Histórico de geração de receitas pelas Olimpíadas**

| Jogos Olímpicos | Receitas de televisionamento |
|---|---|
| 1960 Rome | US$ 1,2 milhão |
| 1964 Tokyo | US$ 1,6 milhão |
| 1968 Mexico City | US$ 9,8 milhão |
| 1972 Munich | US$ 17,8 milhão |
| 1976 Montreal | US$ 34,9 milhão |
| 1980 Moscow | US$ 88 milhão |
| 1984 Los Angeles | US$ 286,9 milhão |
| 1988 Seoul | US$ 402,6 milhão |
| 1992 Barcelona | US$ 636,1 milhão |
| 1996 Atlanta | US$ 898,3 milhão |
| 2000 Sydney | US$ 1,331.6 milhão |
| 2004 Athens | US$ 1,494 milhão |
| 2008 Beijing | US$ 1,737 milhão |

**Histórico de receitas geradas pelos Jogos Olímpicos de Inverno**

| Jogos Olímpicos de Inverno | Receitas de televisionamento |
|---|---|
| 1960 Squaw Valley | US$ 50,000 |
| 1964 Innsbruck | US$ 937,000 |
| 1968 Grenoble | US$ 2,6 milhão |
| 1972 Sapporo | US$ 8,5 milhão |
| 1976 Innsbruck | US$ 11,6 milhão |
| 1980 Lake Placid | US$ 20,7 milhão |
| 1984 Sarajevo | US$ 102,7 milhão |
| 1988 Calgary | US$ 324,9 milhão |
| 1992 Albertville | US$ 291.9 milhão |
| 1994 Lillehammer | US$ 352,9 milhão |
| 1998 Nagano | US$ 513,5 milhão |
| 2002 Salt Lake City | US$ 738 milhão |
| 2006 Turin | US$ 831 milhão |
| 2010 Vancouver | US$ 1,127 milhão |

**Fonte:** Olympic Marketing Fact File.

Essas cifras reforçam os conceitos que se repetem em vários momentos deste livro, onde é dito que a exposição das mídias eletrônicas (especialmente a televisão) é fundamental para as iniciativas de marketing esportivo. O valor dos patrocínios cresce porque cresce a exposição de mídia. Os valores pagos pelas emissoras ao COI crescem porque aumenta o número de espectadores, e assim por diante.

Os direitos da Premier League (a primeira divisão do futebol inglês) cresceram de uma temporada para a outra mais de 71%. O valor dos direitos de TV para a temporada de 2013/2014 chegou a 3 bilhões de libras (mais de 10 bilhões de reais em julho de 2013). Esse aumento significativo deveu-se à disputa entre a Sky Sports e a BT.

Qual é objetivamente a importância desse incremento de transmissões esportivas pela TV para o negócio de marketing esportivo e de patrocínio? Provavelmente essa seja a principal razão para o sucesso de qualquer planejamento e ação de venda de patrocínio de que se tem notícia.

O patrocinador deseja que sua marca tenha a maior visibilidade possível. Mostrar sua logomarca na TV equivale a retorno do investimento feito. Portanto, quanto mais transmissão houver, quanto mais sua marca for veiculada, maior o interesse do patrocinador, porque haverá maiores chances de retorno.

Este ponto sempre provocou um desgaste entre as emissoras, os promotores, as agências de marketing e os patrocinadores. Felizmente as disputas vêm diminuindo com o passar do tempo, porque as televisões começam a entender que o processo todo é um círculo vicioso.

Vamos usar de exemplo um time de futebol qualquer, do campeonato Brasileiro, como exemplo dessa equação.

A equipe tem seu patrocinador que deseja a maior exposição possível para a logomarca estampada na camisa. Quanto mais ela for veiculada, mais o patrocinador fica satisfeito e recompensado, porque maior será seu retorno publicitário, e portanto de exposição de marca, que desembocarão em ganho de imagem e, por fim, vendas. Para que isso ocorra, a emissora não pode evitar mostrar a logomarca. Ela tem que, na pior das hipóteses, abster-se de cortá-la sob qualquer circunstância. Se a marca é amplamente difundida, e o patrocinador vê seus objetivos serem plenamente atingidos, ele certamente continuará a investir, e ainda há chances de que aumente o valor do patrocínio na temporada seguinte. O patrocínio permitirá ao clube investir em melhorias na equipe (contratações e salários), tendo assim a chance de propiciar um melhor espetáculo. Com o crescimento do nível do espetáculo, do evento, do jogo em si, aumenta a audiência da televisão (que é o que a emissora busca), fechando-se, portanto, o círculo virtuoso. Se cada uma das partes respeitar as demais, e fizer seu papel da forma correta, lucram todos os envolvidos e por fim o público.

| Patrocínio de equipe de futebol com vistas à exposição via televisionamento |

+

| Televisionamento |

+

| Audiência e exposição da marca do patrocinador |

+

| Reconhecimento da marca e de *share of mind* |

+

| Crescimento de vendas |

+

| Maior investimento na equipe de futebol |

+

| Melhoria da qualidade da equipe de futebol |

+

| Com a melhoria da equipe ocorre melhor nível de espetáculo |

+

| Com o melhor espetáculo dá-se o crescimento de audiência |

+

| Crescimento de audiência desemboca em aumento de número de anunciantes e de valores dos espaços de publicidade |

+

| Com esse crescimento vem o aumento do faturamento da TV |

Ao final do círculo, constata-se que, com o envolvimento de todas as partes, o resultado é positivo para cada uma delas; sem exceção. Para o clube que obtém patrocínio; para o patrocinador que fortalece sua imagem e aumenta as vendas; para a emissora que tem crescimento de audiência; e para o público que tem acesso a um evento de qualidade superior.

Fica evidente que a participação da mídia no resultado de um processo de patrocínio é fundamental. Dentre os veículos de comunicação, a televisão é aquele que produz os resultados mais contundentes. Todavia, não se pode esquecer do rádio, jornais e revistas. Estes dois últimos meios, infelizmente, não têm a penetração da televisão, mas são veículos de resultados mais perenes. As matérias veiculadas em revistas tendem a ser lidas por um número maior de pessoas, e mesmo após o término dos eventos elas continuam a ser manipuladas. O mesmo se dá com os jornais que se transformam em documentos.

Apesar do constante incremento dos valores cobrados pelos eventos esportivos, como foi visto anteriormente, a simbiose entre esporte e televisão é cada vez mais forte e tende a ser inseparável. O mais provável é que a interdependência entre ambos chegue a tal ponto no futuro, que um não mais poderá sobreviver sem o outro. A razão dessa afirmativa dá-se por vários motivos; entre eles, a impossibilidade de receber em estádios, arenas e locais de práticas esportivas diversas um público que cresce ano a ano. Por outro lado, a dificuldade de locomoção, a insegurança, o conforto de assistir em casa também são motivos para aumentar a audiência. Do lado das emissoras, o interesse numa programação "não enlatada" é racional. A convergência das mídias é outro elemento cujo crescimento levará o público a demandar conteúdo esportivo.

## 3.8 Retorno de mídia

É preciso especificar exatamente a que o patrocinador terá direito, é essencial para a construção do pacote de patrocínio, bem como para o esforço de venda.

Os promotores de eventos, ou empresas de marketing esportivo e representantes de equipes, ou atletas, não devem se iludir com a mídia e nem se deixarem iludir por ela. A mídia cobre espontaneamente aquilo que lhe interessa. Mais evidente ainda é o fato de que a mídia eletrônica só comprará os direitos de transmissão de eventos esportivos que lhe garantirão audiência e, portanto, que deem retorno em receitas publicitárias.

Isso significa que, antes de iniciar o processo de venda de patrocínio de um evento esportivo, seus promotores deverão pesquisar a fim de se certificar se ele terá cobertura e em que nível.

Por outro lado, existe a mídia contratada, que será paga com dinheiro do próprio evento (e, portanto dos patrocinadores), que deverá ser explicitada em detalhes na proposta de patrocínio, para que os interessados saibam exatamente a exposição garantida a que terão direito. Isso diz respeito não apenas ao número de inserções, horários, duração das chamadas ou tamanho dos anúncios. Diz respeito também ao espaço que cada marca de patrocinador ou apoiador terá dentro desses espaços de mídia eletrônica ou impressa.

Existe um sem-número de situações que poderão ser enfrentadas pelos organizadores quando se depararem com as questões relativas à mídia. Nem todas elas são previsíveis, como se existissem somente duas ou três situações a negociar.

Uma hipótese comum de mercado, e que traz dificuldades para quem vende pacotes de patrocínio, é quando um determinado veículo aceita encampar a promoção do evento, como apoiador ou mesmo como um dos realizadores, mas proíbe a presença de qualquer outro patrocinador nos anúncios e/ou comerciais. Essa situação ao mesmo tempo em que é proveitosa para o evento, uma vez que a mídia ajudará a captar público, será de difícil explicação para os demais patrocinadores, que se verão excluídos desses espaços. As soluções nessas situações podem ser:

- Propor ao veículo que aceite os demais patrocinadores em troca do pagamento de um valor (de mercado ou simbólico) pela mídia.
- Garantir (após negociar com os veículos de comunicação) que as marcas dos demais patrocinadores terão uma exposição qualificada.
- Garantir (após negociação com os veículos) que os demais patrocinadores terão espaços de entrevistas ao longo da programação esportiva.
- Quando nada disso funcionar, explicar que o acréscimo de público garantido pela publicidade propiciará maior exposição das marcas dos demais patrocinadores.

A mídia a ser contratada pelos organizadores, ou pela empresa de marketing esportivo, deverá expor:

- Tipo de veículo que será utilizado: televisão, rádio, jornal, revista, *outdoor*, *sites*, Facebook, Twitter e outros.
- Tempo de veiculação, número de chamadas e inserções e grade de horários de exibição.
- Espaço dedicado aos patrocinadores (tempo e tamanho na TV e mídias digitais e tamanho nas mídias impressas).
- Número de patrocinadores e apoiadores presentes e dinâmica entre eles.
- Quem mais assinará os comerciais, anúncios ou chamadas (promotores, por exemplo, órgãos oficiais, leis de incentivo).
- Prazo de entrega de logotipos, marcas, assinaturas eletrônicas, artes finais ou outro material e formatos de cada um deles.
- Informação sobre quem arcará com os custos de produção.

A inclusão desses elementos numa proposta demonstra a seriedade do trabalho e o grau técnico de uma proposta de patrocínio. Desnecessário dizer que aquilo que for apresentado deve ser cumprido.

O outro lado desta moeda é a visão comercial dos veículos de comunicação. Os valores que eles pagarem pelos direitos dos eventos, de televisionamento, por exemplo, precisam ser repassados ao mercado. Se a emissora não vender cotas publicitárias, ela não terá como bancar o valor pago. Além do montante pago pelos direitos, ainda há que ser considerada a despesa com a produção. E esta, quando feita com o padrão necessário para exibição nacional, pode custar algumas centenas de milhares de reais para um único jogo. Essa despesa também deve ser debitada da conta dos anunciantes.

A Rede Bandeirantes, por exemplo, colocou no mercado seu plano publicitário para a Copa do Mundo de 2014, já no início de 2013. As sete cotas, mais o *top* de 5 segundos, foram ofertados por R$ 384 milhões de reais – cada uma. O que resultará num faturamento de mais de 2,5 bilhões, se vendidas por preço de tabela. Isso significa que os anunciantes terão, de julho de 2013 até o último jogo da Copa, um total de 5.600 inserções na tela da emissora. Embora os direitos da Copa do Mundo no Brasil pertençam à Globo, há uma negociação antiga entre as duas emissoras que permite repassar esses direitos para a emissora paulista.

## 3.9 Como fazer para um evento ser televisionado

Um evento pode ser um acontecimento que desperte o interesse da televisão, independentemente de qualquer ação que seja feita ou não. Na primeira categoria estão eventos como: a nível mundial – Copa do Mundo, Olimpíadas, Copa da UEFA, Champions League e Copa Libertadores da América, entre outros. A nível nacional podem-se listar: Campeonato Brasileiro de Futebol e Copa do Brasil. A nível regional podem-se listar 3 ou 4 competições estaduais de futebol, entre eles o Campeonato Paulista, carioca e gaúcho. Nos Estados Unidos a competição entre as redes de TV é ainda mais acirrada, uma vez que existem varias modalidades esportivas com grande potencial de público. Essas competições estreladas e de imensa audiência têm entre seus campeões os campeonatos da NBA, (basquete), da NFL (futebol americano), MLB (*baseball*), NHL (*hockey*) etc.

Alguns despertam o interesse da mídia internacional e serão alvos de disputas de grandes redes e de empresas de marketing esportivos do mundo todo, como a Copa do Mundo e as Olimpíadas.

Embora o número de emissoras dedicadas ao esporte tenha crescido no mundo (assim como o de emissoras convencionais que transmitem competições e eventos esportivos), isso não significa que elas estejam atrás de todo e qualquer conteúdo que lhes seja oferecido.

A televisão é orientada por duas premissas: audiência e venda de espaços publicitários. O segundo está intimamente atrelado ao segundo. Se o evento em questão pode representar audiência, e uma boa perspectiva de venda de espaços comerciais, então haverá interesse. Nesse caso existem duas hipóteses de negociação. A primeira, quando o evento for realmente um "pão-quente". Nesse caso a emissora cobrirá os custos de produção, e ainda pagará um valor pelos direitos de imagem e transmissão. Na segunda hipótese o evento é atrativo, mas não a ponto de merecer pagar por ele. Neste caso a emissora só se responsabilizará pelos custos de produção e transmissão. O que já significa um investimento de vulto, embora não seja muito reconhecido pelos organizadores de eventos. Neste segundo caso, já há ganho por parte do organizador. Mesmo que ele não receba uma quantia pelos direitos de transmissão, ele estará garantindo visibilidade para a competição; e, portanto, para seus patrocinadores e anunciantes.

Há que se fazer uma ressalva neste caso. Às vezes é mais interessante ter um evento transmitido por uma grande emissora e não receber nenhum pagamento por isso, do que transmitir numa emissora de menor audiência e sem tradição esportiva. Os patrocinadores e anunciantes confirmarão essa afirmativa.

Há ainda outra hipótese. Quando o evento for um pouco interessante, a chance é de que emissora divida os custos de produção com os produtores do evento. E, num contrato de risco, divida a receita de comercialização dos espaços de patrocínio.

Finalmente, a mais desvantajosa para os produtores de eventos, uma vez que não é sua especialidade, é aquela em que eles compram espaço de programação de uma emissora ou rede, produzem o programa e o veiculam. Nesta hipótese eles podem ou não veicular comerciais nos intervalos. O risco é grande, mas às vezes é uma aposta, principalmente quando o esporte ou competição não tem tradição.

Em todos esses casos, é importante lembrar que devem ser observados os contratos de patrocínio para conferir se há exclusividade no setor dos patrocinadores. É comum o patrocinador requerer direito de exclusividade sobre seu segmento de produtos ou serviços. Não permitindo, pois, concorrentes no evento ou nos intervalos de programação da transmissão.

No Brasil, essas regras pouco valem para o rádio, onde não existe o costume de cobrar pelos direitos de transmissão radiofônica. O Clube dos Treze, entidade que representava os 20 maiores clubes de futebol do Brasil, ensaiou tratativas nesse sentido, e foi imediatamente criticado. Nos Estados Unidos esta é uma prática comum.

Outro fato que não pode ser desconsiderado quando da transmissão de evento ao vivo é a organização no que se refere a horários. Um evento esportivo tem a obrigação de ser bem administrado e organizado. Quando envolver televisionamento *real time*, esse compromisso adquire uma relevância ainda maior. Caso o evento não esteja pronto para ter início no horário estipulado, ele corre grande risco de ser cancelado da programação, ou ser apresentado incompleto. Essa, por exemplo, é uma das razões que o tênis não é transmitido por emissoras de programação generalista. As emissoras de TV aberta como Band, Globo, Record, SBT têm uma grade de programação que não permite que um evento tenha chance de acabar em dois *sets* de meia hora cada um, ou de estender-se ao longo de três *sets* de uma hora cada. A grade de programação seria tão comprometida que lesaria a imagem da emissora.

Já ficou patente a necessidade e as razões pelas quais um evento esportivo precisa ser televisionado. Também é fácil de compreender por que cresce o interesse dos patrocinadores em apoiar um evento que vai ao ar pelas emissoras de TV. A questão fundamental é a capacidade de atrair público e os índices de audiência. A Copa das

Confederações, no Brasil, em 2013, é um exemplo de sucesso. A matéria a seguir foi publicada no jornal *Meio & Mensagem* em junho de 2013, durante a Copa.

> *"Copa das Confederações puxa audiência da TV*
>
> Desempenho na primeira fase da competição supera os resultados do evento na África do Sul, em 2009
>
> FERNANDO MURAD, Meio e Mensagem

Foto: Rafael Ribeiro/CBF.

> *Estreia da seleção diante do Japão foi vista por 26 milhões de pessoas pela Globo, segunda maior audiência de eventos esportivos na TV em 2013.*
>
> Questionamentos sobre atrasos e custos dos estádios à parte, a FIFA comemora o desempenho na TV dos jogos da fase de grupos da Copa das Confederações. Dados da entidade máxima do futebol informam que quase 30 milhões de brasileiros assistiram à estreia da seleção diante do Japão (sábado, 15), sendo 26 milhões pela Globo – segunda maior audiência de eventos esportivos na TV em 2013 –, e três milhões pela Band. A Fuji TV transmitiu a partida para 5,1 milhões de pessoas, número cinco vezes maior que a média no Japão da fase de grupos da Copa das Confederações de 2009. O confronto entre Itália e México (domingo, 16) foi visto por 9,3 milhões de pessoas pela RAI Uno, a maior audiência da TV italiana para um evento esportivo neste ano. A partida entre Espanha e Uruguai, exibida

*pela Telecinco, foi vista por 5,6 milhões de telespectadores, com grande audiência da noite na televisão espanhola."*

Ao final da Copa das Confederações veio a notícia do sucesso do evento. A final da competição conquistou a maior audiência em jogos de futebol em 2013. Esta matéria publicada na Meio & Mensagem logo após o encerramento da Copa das Confederações evidencia o sucesso do evento para as emissoras que transmitiram a final. Segue a matéria publicada no dia 1º de julho de 2013.

*"Vitória brasileira em campo e no Ibope*
*Conquista da Copa das Confederações em cima da badalada seleção espanhola é responsável pela maior audiência do futebol em 2013.*
*Bárbara Sacchitiello*
*O narrador Galvão Bueno ao lado de Ronaldo, que participou da Copa das Confederações como comentarista* Crédito: Divulgação/TV Globo
*Aos gritos de "O Campeão voltou", ecoados por mais de 70 mil vozes no estádio do Maracanã, a seleção brasileira derrotou a Espanha nesse domingo, 30, conquistou o título da Copa das Confederações e reacendeu a possibilidade da torcida sonhar com um bom desempenho em campo na Copa do Mundo do próximo ano.*

*Para as emissoras de TV que transmitiram o evento, a Copa das Confederações foi encarada como um treino preparatório para o Mundial de 2014, que também será realizado no Brasil. Se for considerada a audiência da final, então, pode-se dizer que a primeira parte do desafio foi cumprida com sucesso. Somando os números do Ibope da Globo e da Bandeirantes (as duas detentoras dos direitos de transmissão do torneio da Fifa) o último jogo da Copa das Confederações rendeu uma média de 44 pontos.*

*Somente a Globo conseguiu uma audiência média de 34 pontos – a maior registrada em uma transmissão de um jogo de futebol em 2013. Para a Band, a vitória da seleção brasileira rendeu uma média de 10 pontos e 16% de share, marcando a maior audiência desta edição da Copa das Confederações.*

*Para a Bandeirantes, que também transmitiu a edição de 2009 das Confederações, a vitória do Brasil pelo placar de 3X0 representa a maior média de audiência já registrada pela emissora no torneio. Já na Globo, apesar do recorde do ano registrado nessa final, o recorde de audiência em uma Copa das Confederações aconteceu em 2005, quando a seleção brasileira venceu a Argentina na final. Na ocasião, a emissora marcou uma média de 38,4 de audiência e share de 69,2%."*

Quando o evento for um *hot spot*, ele será transmitido pelo próprio interesse da mídia e do público. Além de ter interesse, como no caso citado acima, da Copa das Confederações, ainda pagará uma alta soma pelos direitos de transmissão. Quando não for assim, as formas de levá-lo ao ar são aquelas enunciadas anteriormente, onde o promotor do evento arca com parte das despesas ou até a totalidade delas. Um evento pode ser muito interessante para quem o produz, afinal há esforço, dedicação e investimento nesse sentido. Mas esse esforço não será necessariamente reconhecido pelas emissoras. Como fazer, então para agregar elementos que atraiam interesse da mídia? Há formas de fazê-lo. Seguem alguns exemplos: (a) convidar um astro para participar; (b) trazer um time ou jogador (se for tênis, por exemplo) que atrairão público e audiência; (c) criar algo inédito ou nunca feito naquele lugar. Um exemplo disso foi a corrida de aviões promovida pela RED BULL. É preciso ser criativo e inventivo de modo a fazer daquele evento um espetáculo com chances reais de atrair a atenção do público *in loco* e dos telespectadores.

## 3.10 Depoimento do autor

Eu já tive a oportunidade e o privilégio de criar e/ou organizar mais de duas centenas de eventos. Assim como já comercializei outro tanto. Muitos desses foram televisionados. Alguns regionalmente, outros nacionalmente e alguns até para outros países. Se montar eventos exige um cuidado quase obsessivo com detalhes, eventos que envolvem televisionamento são ainda mais complexos. A necessidade de cumprimento absoluto de horários (quando são ao vivo), a impossibilidade de improvisação, os custos que são sempre maiores pelo nível de detalhamento, e a participação ativa de executivos e produtores de TV, que invariavelmente interferirão no produto final, fazem desses empreendimentos objetos de *stress*. Os resultados, por outro lado, de eventos televisionados são quase sempre recompensadores. Porque ele não fica restrito ao público que estava atendendo apenas no local; mas a milhares ou milhões de outras pessoas que você não sabe quem são, onde estão e, principalmente, quantas são. Claro que, ao mesmo tempo em que a responsabilidade cresce, a recompensa será igualmente maior.

Fatores como esses acima quase sempre me levaram a buscar a maior cobertura possível. E não apenas para eventos esportivos, mas também políticos e do *show-business*. Porque, no fim do dia, todos querem ter mais público.

O que somente a prática revela é que muitas vezes o valor proposto, embora seja maior, nem sempre será o de melhor resultado. Assim como, algumas vezes, entregar o evento para uma rede de televisão sem qualquer contraprestação pecuniária imediata pode ser melhor do que receber pagamento de outra rede ou emissora.

Às vezes se encontram emissoras neófitas no segmento esportivo, que desejam entrar no ramo, mas sem experiência, sem equipe qualificada, mas com muito dinheiro em caixa. Isso pode parecer, num primeiro momento, quando se está construindo um evento (e precisando de dinheiro) a salvação vinda do céu. Depois, no entanto, quando a transmissão é feita com número insuficiente de câmeras, com pessoal de nível técnico que deixa a desejar e o produto final não vai ao ar no horário marcado, só então você se dá conta de que a outra emissora que havia concordado veicular o evento sem pagar pelos direitos teria sido uma melhor escolha. Além de problemas técnicos você ainda terá que explicar aos patrocinadores e anunciantes que a transmissão não será pela emissora que eles esperavam. E, pior ainda, quando não for ao ar no horário avençado, a chance de rompimento de contrato com seus patrocinadores será enorme.

Tudo isso deve pesar na hora da negociação dos direitos de TV; área de cobertura, experiência no segmento (há grande diferença entre colocar no ar uma orquestra sinfônica e uma partida de vôlei de praia), horário de exibição, Ibope daquele horário, tradição naquele segmento de eventos; narradores e âncoras que apresentarão o programa, quantidade e qualidade dos equipamentos para captação, tempo no ar e grau de comprometimento da rede ou emissora com seu evento. Esses detalhes podem fazer a diferença entre o seu sucesso ou fracasso.

Mas lembre-se que, no final das contas, será melhor uma transmissão de menor qualidade, do que não ter televisionamento algum.

## 3.11 Mídia comercial

A atração de público para um evento se dá de duas formas. Por ele ser tão interessante que o público vai afluir independentemente de chamadas comerciais, ou porque ele foi bem anunciado, e criou expectativa em torno de sua realização. Essa mesma técnica vale para eventos de música, teatro e outros espetáculos. Para eventos políticos, essa afirmação não é 100% verdadeira, uma vez que parcelas significativas (muitas vezes a maior parte) do público compareceram através de "convites especiais".

No primeiro caso, pode-se citar um jogo da seleção brasileira. A mídia editorial fará toda a divulgação necessária quanto à data, local, horário, preços, como chegar, esquema de trânsito, temperatura prevista, serviços no local e em torno dele etc. Os jornais, rádios e televisões se encarregarão de difundir as informações, e criar expectativa em torno da partida de futebol, de forma a envolver o público e levá-lo a comparecer.

Quando não for esse o caso, a divulgação paga será um requisito necessário para atração de público. Para essas ocasiões, as táticas serão as seguintes:

Mídia paga – a mais fácil de obter e ao mesmo tempo a mais cara. O promotor compra um determinado número de chamadas de rádio, televisão, Internet ou anúncios de jornal divulgando e chamando o público para o evento.

Apoio/coprodução – os promotores do evento oferecem a uma empresa de comunicação (rádio, jornal, internet ou TV) a coprodução do evento. Essa parceria pode ser feita com uma participação no resultado da bilheteria, ou em troca de um determinado número de ingressos para serem usados em promoções da empresa. Depende do tamanho do evento e de sua capacidade de atração de público.

Espaço dos patrocinadores – a hipótese menos frequente, mas também utilizada é aquela em que um dos patrocinadores, ao invés de pagar sua parcela de patrocínio, oferece aos promotores do evento um determinado valor em mídia que ele já detém em veículos de comunicação.

## 3.12 Mídia editorial

A forma mais valiosa e almejada por qualquer evento, atleta, equipe etc. É aquele espaço editorial que os veículos dedicam, por moto próprio, a um atleta, equipe, campeonato etc. Ela é mais valiosa do que a comercial, porque parte-se do pressuposto de que se aquele fato é interessante o bastante para interessar ao veículo de comunicação, então deve ser bom. Um exemplo simples, de outro segmento, mas que facilita a compreensão é a resenha de livros da revista *Veja*. Aquela página (ou meia-página) com comentários sobre o livro provocam um interesse significativo do público. Pela mesma razão do que fora dito acima. Se é interessante o suficiente para receber uma página na *Veja*, sua leitura deve valer a pena.

Para atrair a atenção da mídia, mais uma vez, o fato tem que ter valor em si. Isso não significa que um atleta, pelo simples fato de ser um expoente em sua modalidade, atrairá sobre ele toda a atenção da imprensa. Essa regra não é verdadeira. Vide o exemplo das tenistas Anna Kournikova ou Maria Sharapova. Elas não encabeçavam o *ranking* feminino da ATP, a primeira nunca venceu um título dos principais campeonatos mundiais, mas não dava um passo sem ser fotografada. Havia grande chance delas terem mais cobertura de imprensa, do que as irmãs Serena e Vênus Williams. Por quê? Porque elas são muito bonitas, sabem relacionar-se com a mídia, com o público e estavam sempre no lugar certo.

Outra forma é criar fatos ou factoides que interessem a imprensa. Deve ser considerado também o apelo de cada esporte. O interesse por esta ou aquela modalidade esportiva será proporcional à preferência que o público dedica àquela atividade.

## 3.13 Escolha da mídia adequada para o evento

Existem dois momentos em que se deve escolher a mídia para um evento. O primeiro é para anunciar, chamar para um evento que será realizado, a publicidade paga. Depois, quando da realização, propriamente dita, do evento. Elas não precisam, necessariamente, ser as mesmas.

Um cuidado que se deve ter é de adequação de orçamento para divulgação, o que equivale a dizer: investir de acordo com o tamanho, o porte, possibilidade de retorno, a quantidade de público desejado e a área de abrangência geográfica. Para isso é preciso analisar o local do evento, a capacidade de público, o preço dos ingressos etc. É fundamental fazer análise mercadológica comparando os potenciais com as necessidades. Uma vez que se tenha ideia do público e da divulgação necessária, parte-se para escolha dos meios de comunicação que serão utilizados. Isso pode ser desde a distribuição de folhetos nas esquinas e cartazes nos postes da cidade, até uma rede nacional de televisão. Tudo vai depender das necessidades, do orçamento e do efeito que se deseja causar. O importante é fazer a escolha de modo a ter o melhor resultado com o menor orçamento. Se não houver possibilidade de *payback* para o investimento a ser realizado, devem-se repensar os cálculos. O caso mais comum é dos promotores de eventos desejarem ver suas produções na televisão, mesmo que seja um evento fechado, com ingressos disputados e esgotados. Ora, a televisão é sabidamente um veículo caro, com alto poder de penetração, mas nem sempre adequado ou necessário. Quando for esse o caso, pode-se poupar a verba que seria gasta nas chamadas, para usá-la posteriormente, na divulgação do sucesso atingido.

A segunda hipótese de divulgação é aquela em que se deseja mostrar o evento propriamente dito. Para esse fim, sem dúvida, a televisão é o mais aconselhável e cobiçado pelos patrocinadores. Afinal, eles investiram para ter suas marcas, produtos e serviços no maior número possível de aparelhos e com a maior audiência possível. A fim de atingir o melhor resultado, a negociação com as emissoras deverá ser feita com a maior antecedência possível, a fim de que as redes possam incluir o evento em sua grade de programação. Além disso, é bem provável que o evento deverá se adaptar às exigências de horário da emissora, caso exista a possibilidade de transmissão ao vivo – mesmo que sejam apenas *flashes* ao vivo, do local.

A negociação com a emissora de televisão, como já foi dito anteriormente, passará pelo crivo da própria. O interesse de levar ao ar, ou não, é da própria emissora. O promotor do evento, e seus patrocinadores, vão querer vê-lo no ar. Mas para isso é preciso saber se ele despertará o interesse da televisão ou não. A TV necessita saber se o evento atrairá público, audiência e se, portanto, estará apto a conquistar patrocinadores. O promotor do evento deseja veiculá-lo para poder atrair patrocinadores para o próprio evento, valorizando-o comercialmente.

Cheque, portanto, se o evento é de interesse da TV antes de iniciar as visitas de prospecção, tanto junto às emissoras quanto junto aos seus próprios candidatos a patrocínio.

Para isso alguns passos básicos devem ser observados. Entre eles:

- O televisionamento do evento trará melhores resultados financeiros e operacionais para ele?
- O televisionamento agregará imagem para o esporte e para os atletas participantes?
- Este é um evento especial e diferenciado que mereça o interesse da TV, e de seu público?
- Quais as principais características que fazem dele um evento interessante e diferenciado?

- Eventos desse tipo (ou este mesmo) já foram televisionados anteriormente? Se positivo, quais foram as audiências, e o grau de satisfação dos executivos da emissora e de seu público?

Além disso, é preciso ter a liberação de atletas, ligas e demais pessoas que tiverem suas imagens exibidas nas transmissões.

Sempre que se fala de mídia para esportes, a tendência é centrá-la na televisão, porque o maior interesse dos patrocinadores está justamente em estampar suas logomarcas na tela. Não se deve, porém, esquecer dos demais veículos, que são fundamentais para o chamamento de público, como é o caso de rádio e *outdoor*, e da cobertura feita por jornais e revistas.

Uma vez que se tenha em mãos os dados e a segurança dos meios de divulgação anteriores ao fato, durante e pós-evento, deve-se relacioná-los no pacote de venda de patrocínio. É desnecessário dizer que a venda de qualquer patrocínio tem um peso radicalmente diferente se apresentada com ou sem os meios de divulgação assegurados.

## 3.14 Formas de retorno para os patrocinadores

Os promotores de eventos esportivos, as empresas de marketing, os atletas em geral, as equipes de futebol, vôlei, futebol de salão e basquete sabem perfeitamente o que querem, o que necessitam, e quanto estão dispostas a pedir às empresas em troca dos patrocínios. No entanto, nem todos estão familiarizados com a maneira de dar retorno às marcas que estão pretendendo associar aos seus projetos. Como todos já sabem, as empresas desejam investir no marketing esportivo com um único e assertivo escopo: obter retorno de mídia de modo a gerar, no final, incremento nos negócios.

Para que isso aconteça, os pacotes de patrocínio têm que ser inteligentes e saber avaliar o tipo de esporte que está sendo "vendido" para, de acordo com suas capacidades e características, poder propiciar ao patrocinador o melhor retorno possível. Claro que a relação e os tipos de propriedades de marketing que comporão o portfólio de um Campeonato Brasileiro de Vôlei de Praia é diferente do Tour de France de Ciclismo, que é diferente da Admiral's Cup, que é ainda mais diferente da Equipe Olímpica de Natação da Namíbia. Cada um desses objetos de patrocínio tem um apelo, um custo, um território onde vai gerar benefícios, temporalidade, impacto de mídia, e portanto, um retorno específico.

Caberá aos promotores e organizadores saber exatamente o que pode interessar aos patrocinadores, o que lhes dará retorno, a forma e a quantificação desse retorno, e procurar da melhor forma possível encantar seus clientes.

A seguir, serão elencadas algumas das mais importantes e usuais maneiras de retorno àqueles que pagam boa parte do espetáculo.

## 3.15 *Merchandising* e *licensing*

Estes dois segmentos de enorme sucesso mundial do marketing esportivo têm sua parcela de importância no Brasil, e ao mesmo tempo um espaço imenso para crescer. Nenhum dos dois segmentos produz resultados sequer comparáveis com os números americanos ou europeus, mas tem um potencial enorme, uma vez que nunca foram plenamente e tecnicamente explorados.

### *3.15.1* **Merchandising**

Um dos adágios mais repetidos no marketing esportivo é aquele que prega: para cada dólar de ingresso vendido, outros dois têm que ingressar no caixa com a venda de mercadorias no local do evento. Isso funciona muito bem nas arenas, estádios, pistas de corrida e ginásios americanos. Mas ainda não funciona no Brasil. Por que o mercado não comporta? Não – porque nós simplesmente não sabemos, ou não queremos atender o público consumidor, os torcedores e espectadores.

Os exemplos de venda, ou de percentuais de venda, de mercadorias sobre o valor dos ingressos; ou o volume de vendas por espectador presente aos eventos esportivos são muito significativos.

Toda e qualquer operação esportiva tem que dispor de mecanismos que permitam agregar, à venda de ingressos, os resultados de venda de mercadorias. Seja bebida, comida, camisetas comemorativas, bonés ou qualquer outro item que o público daquele evento possa estar disposto a comprar.

Cada esporte tem suas características e seus públicos definidos. Assim como no marketing *lato sensu*, o público-alvo de uma operação esportiva deve ser avaliado antes de montar o *mix* de produtos e serviços que serão colocados à disposição dele. É importante lembrar que o sucesso da operação esportiva vai depender também do sucesso de cada uma dessas células de varejo.

Toda arena, estádio, ginásio ou complexo para *shows* e espetáculos nos EUA têm seu gerente de varejo. Esse executivo tem a função de planejar e executar as políticas de varejo desses locais de forma a propiciar às operações o melhor faturamento possível.

Alguns aspectos que devem ser avaliados antes do desenvolvimento do evento esportivo:

- Pesquisar as categorias de produtos e serviços que o público de eventos dessa natureza costuma e deseja adquirir e consumir.
- Pesquisar se o público que comparecerá ao evento comprará aqueles produtos e em que quantidade.

- Esses produtos e serviços já foram testados em público com as mesmas características desse evento (atentar para condições climáticas e regionais).
- Observar os acordos operacionais e de patrocínio que porventura proíbam determinadas marcas, ou só permitam as marcas de produtos dos patrocinadores.
- Assegurar-se de que os produtos que serão vendidos estarão dentro das exigências legais, e que sua venda não corra o risco de oferecer perigo aos presentes.

Aspectos a serem observados em eventos, ou locais já em operação:

- Qual a demanda prevista para os produtos e serviços oferecidos?
- Fazer um controle de consumo de produtos e serviços que servirá de referência para os próximos eventos.
- Testar, esporadicamente, a introdução de novos produtos e serviços.
- Como promover a compra desses produtos e serviços antes, durante e após o encerramento do evento.
- É possível deslocar pessoal de venda de um determinado produto cuja comercialização ocorra antes do início do evento (ou no intervalo), para produtos e serviços que ocorrem na saída do evento? Exemplo: deslocar pessoal de alimentação (intervalo) para venda de souvenires comemorativos à conquista de um título ao final do evento.
- Treinamento de pessoal para venda dos produtos e serviços que são colocados à disposição do público.
- Acessibilidade aos estoques durante o evento, no caso da venda superar o programado.
- Transporte dos valores arrecadados na operação de venda.
- Como será feita a propaganda dos produtos e serviços colocados à disposição do público.

Essas colocações são válidas para qualquer operação comercial dentro dos locais destinados a competições e eventos esportivos.

As mais evidentes são realmente as operações de alimentação, mas é nas lojas que o valor agregado dos produtos produz maior receita líquida. As operações de A&B (Alimentos e Bebidas) são as de maior venda de itens, mas em sua maioria de baixo valor agregado. Nas lojas de produtos típicos esportivos, ao contrário, o volume de unidades é menor, mas o resultado das operações é superior.

A escolha dos itens que serão colocados à disposição do público é fundamental. Cada esporte produz um tipo de demanda. Cada público manifesta desejos diversos, seja por classe social e econômica, seja por particularidade esportiva (equipamentos específicos de cada esporte), seja por região, diversidade cultural etc. Tudo isso deve ser levado em conta na hora de compor o *mix* de produtos que abastecerão as operações comerciais de cada evento.

Assim, uma arena montada na beira da praia, especificamente para realização de uma competição de vôlei ou natação, exigirá um *mix* de produtos diferente de um torneio hípico numa *carrière* coberta. Da mesma forma os torcedores de futebol no sul do país e no norte usam peças completamente diferentes. O rol de preferências, como é o caso do cachecol, muito vendido no inverno gaúcho, com as cores dos clubes. Certamente essa peça não teria sucesso de vendas junto à torcida do Vitória da Bahia, ou do Sport Club Recife. Razão pela qual não é possível equalizar a compra de materiais para todos os clubes ou estádios, somente porque todos eles trabalham com futebol.

O *merchandising*, ou venda de mercadorias, nos locais onde se desenrolam competições e espetáculos esportivos é um negócio de peso, conforme já foi dito. Mas é necessário reiterar que não basta abrir um varejo qualquer e entupi-lo de produtos, junto a uma arena, ou dentro de um estádio para ter a garantia de sucesso.

A pesquisa é fundamental, assim como as técnicas de varejo e venda são imprescindíveis. Essas operações não são mágicas. Tampouco elas são complicadas como física nuclear. Elas têm a vantagem de ter à disposição, por algumas horas, públicos cativos e interessados nas mesmas coisas; mas são operações de varejo como quaisquer outras, portanto, sujeitas a sucessos e fracassos.

## 3.15.2 *Licensing*

O licenciamento de marcas esportivas por clubes, atletas, ligas, confederações, competições tem se mostrado um dos negócios mais interessantes do marketing esportivo. Licenciamento é quando alguém tem uma marca com poder de impacto e consumo, mas cujo detentor não fabrica produtos ou vende serviços. Como existem muitas empresas que comercializam produtos e serviços, mas não dispõem de marcas tão importantes, como aquelas pertencentes às entidades referidas na primeira linha deste parágrafo, essas empresas usarão, sob licença, essas marcas esportivas.

Nos Estados Unidos e na Europa, onde esta indústria tem florescido desde a década de 80, ela vem demonstrando crescimento ininterrupto desde então.

No Brasil diversos esforços foram feitos nos últimos anos (principalmente desde o início da década de 90 para cá) para impulsionar essa indústria, no que se refere ao futebol, entre outros esportes.

Enquanto os exemplos internacionais são os mais eloquentes possíveis, como o caso do *licensing* dos produtos com a marca da Copa do Mundo, da NBA, da NFL ou das Olimpíadas, no Brasil os resultados ainda são tímidos quando comparados a cifras desse porte.

A razão da indústria do licenciamento no Brasil ainda não atingiu os patamares que o tamanho do mercado permite. As razões são várias. Algumas dependem dos próprios detentores das marcas, outras dos órgãos oficiais. Vamos tomar o caso do futebol (mais uma vez), por exemplo. Se houvesse uma liga, ou se o extinto Clube dos Treze tivesse tido um pouco de proeminência e iniciativa nesse sentido, haveria uma só voz tratando de licenciamento em nome de 20 ou 24 dos clubes mais importantes do Brasil. Isso potencializaria o interesse de centenas de fabricantes. Mas isso nunca aconteceu, porque cada um dos clubes se acha mais importante do que os outros, ou porque alguns deles têm interesses difusos na manutenção de seus próprios intermediários. Outro ponto é a falta de alguns produtos a preços populares. Os próprios fabricantes que lançam camisas a preços exorbitantes estão incentivando a pirataria. No que se refere às autoridades, um ponto crucial é o descontrole da pirataria. Se as secretarias de indústria e comércio das cidades onde os jogos se realizam coibissem a venda de mercadorias piratas em torno dos estádios já seria um grande passo.

Quando as empresas de *licensing* de outros países vêm ao Brasil para conhecer o mercado (sempre muito entusiasmados com uma população de cerca de 200 milhões de consumidores e aficionadas por esporte), e se deparam com duas dezenas de vendedores ambulantes em torno dos estádios, em dias de jogos, sua empolgação evapora em alguns minutos. Logo depois, quando lhes é explicado que todos aqueles vendedores estão negociando produtos piratas, que não pagam *royalties* aos clubes, eles entendem o porquê de o Brasil não figurar entre os países onde o licenciamento não fatura como deveria.

O *licensing* tem um potencial de crescimento extraordinário no Brasil. Assim como várias outras indústrias. Nesse caso o mercado está pronto para consumir, existem centenas de empresas aptas a produzir os bens de consumo cobiçados, e melhor do que tudo isso: existem marcas de renome e desejadas pelo mercado que estão esperando para ser licenciadas. Basta para isso que haja um mínimo de coerção aos fabricantes piratas, e aos vendedores de mercadorias falsificadas ou furtadas.

*Licensing* ou licenciamento, portanto, é o mecanismo pelo qual uma indústria adquire o direito de uso de uma determinada marca, logotipo, *gimmick* ou *slogan* para colocar num produto de sua fabricação em troca do pagamento de *royalties*. Ou ainda na definição de A. J. Sherman (1991), "*licenciamento* é um método contratual de desenvolvimento e exploração de propriedades intelectuais através da transferência do seu direito de uso a terceiros sem com isso transferir a propriedade".

Os dois maiores mercados mundiais de licenciamento são a indústria cinematográfica (com todos seus personagens) e a indústria do esporte.

Vantagens de um programa de *licensing* agressivo:

- Controle de uso da marca do clube a fim de evitar que ela seja usada de forma errada ou indevida.
- Criação e observação de Manual de Uso de Marca de forma a assegurar que todo e qualquer produto ou serviço use a mesma grafia e as cores corretas da escala Pantone.
- Possibilidade de receber um valor mais expressivo de *royalties*.
- Evitar que produtos piratas cheguem ao mercado para atender à demanda reprimida.
- Poder de negociação com o varejo para abrir *corners* com os produtos licenciados.
- Viabilidade de abrir lojas próprias com produtos exclusivos do clube.
- Finalmente, viabilização de expansão do vínculo com a torcida através das lojas e produtos de marca própria.

A NFL, nos EUA, no início da década de 2000, tinha contratos de licenciamento com 350 empresas, que produziam mais de 2.500 produtos com a marca da Liga. Esta lista conta com 164 empresas, que têm no mercado mais de 3.000 produtos com a marca da National Football League à venda. Não é à toa que o faturamento com esse licenciamento atinge 3,25 bilhões de dólares ao ano. Já a NBA licencia sua marca para 109 empresas. E a NFL tem uma lista de 219 empresas licenciadas. Essa é uma das opções (e a mais segura) de entrar no mercado de licenciamento, ou seja, terceirizando a produção e controlando apenas a qualidade dos produtos licenciados, e o recebimento dos *royalties* devidos. Na Inglaterra, por sua vez, os clubes tentaram fazer um licenciamento verticalizado. Eles produziam os próprios bens que ostentavam suas marcas e os comercializavam. Essa fórmula tem a vantagem de assegurar ao clube a receita que ficaria com fabricantes e intermediários, mas por outro lado exige investimentos maiores e os detentores das marcas arcam com os riscos. O clube era responsável por toda uma cadeia de produção e comercialização que não faz parte do *core business* de uma entidade esportiva. Assim como a Disney não produz uma só das réplicas de seus personagens, um clube de futebol, ou liga, ou qualquer outra entidade esportiva, não deve fazer bandeirolas ou relógios com sua marca.

## 3.15.3 O que é um produto licenciado?

Um produto ou serviço objeto de licenciamento é todo aquele bem ao qual se agrega uma marca (sempre de significativo reconhecimento público e com atrativos positivos) a fim de tornar esse produto mais desejado, com maior valor agregado, e identificado com um determinado público-alvo. A rigor todo produto pode ser alvo de licenciamento. Basta que esse produto se identifique com certo mercado potencial, e que os estudos indiquem que, ao agregar a ele uma determinada marca, logotipia, *slogan* ou *gimmick*, ele valerá mais e despertará maior interesse do público.

Nos esportes alguns itens são mais adequados do que outros para o licenciamento. O mais tradicional de todos é a camisa oficial dos clubes de futebol, seguido dos bonés com as cores e logomarcas dos clubes. Isso não significa que os clubes devam ficar restritos a esses itens. Quanto maior for o espectro de produtos licenciados, melhor será para os clubes. O F.C. Barcelona, da Espanha tem mais de 2.200 itens com sua marca. Isso permite ao Barcelona ter uma loja 100% dedicada à torcida, com alto apelo de vendas. As ligas americanas de futebol, *hockey*, *baseball* e basquete têm em suas áreas de *licensing* divisões encarregadas apenas de analisar e aprovar novos produtos.

O que caracteriza um produto como licenciado é a exposição de uma marca de terceiros, como a marca dominante do produto. Essa exposição de marca é regida por contrato específico, que ao outorgar ao fabricante o direito de expor a marca do clube ou do atleta especificará: cores, formas, *letterings*, *gimmicks* etc., que aparecerão nesse produto.

As relações entre os fabricantes e os licenciados devem ser muito próximas. Em alguns casos o público chega a confundir quem faz que papel nessas parcerias. No caso das camisas oficiais dos clubes, as empresas fabricantes, na maioria das situações, agrupam vários direitos e deveres no mesmo ou em vários contratos. Além de serem fornecedores oficiais de material, são ao mesmo tempo patrocinadores e ainda detêm contratos de licenciamento para exploração de determinados produtos com as marcas dos clubes.

Como exemplo de faturamento do mercado esportivo, a tabela que segue lista as sete entidades esportivas, no mundo, que mais faturaram em 2012. Os valores estão expressos em bilhões de dólares.

| | | |
|---|---|---|
| 1º | Major League Baseball | 5,0 bi |
| 2º | The Collegiate Licensing Company* | 4,3 bi |
| 3º | National Football League | 3,2 bi |
| 4º | National Baseball Association | 3,0 bi |
| 5º | Professional Golf Association | 665 mi |
| 6º | Major League Soccer | 420 mi |
| 7º | The Football Association (Inglaterra) | 200 mi |

*The Collegiate Licensing Co. representa um grupo de universidades americanas. Embora os artigos esportivos sejam o carro chefe do programa de licenciamento, nessa cifra também estão incluídos outros produtos.

## 3.16 *Hospitality*

Todos os grandes eventos, principalmente os internacionais, dispõem de estrutura de HCs ou *Hospitality Centers*. Eles variam muito em termos de espaço, estrutura e serviços de um local para outro, mas sempre são importantes para os patrocinadores e *official suppliers* que desejam fazer uso de toda estrutura que o patrocínio lhes garante.

Os HCs são um local onde (geralmente) os patrocinadores farão suas ações de relações públicas com convidados e autoridades. É o local adequado para receber, ver, ser visto e interagir com as pessoas que interessam aos patrocinadores.

Os *Hospitality Centers*, todavia, não são exclusivos dos patrocinadores, apoiadores e *official suppliers*. Nas ocasiões em que a organização dos eventos instala um número superior de espaços para os HCs, eles serão colocados à venda no mercado para empresas (que não conflitam com os patrocinadores) fazer suas ações de RP.

Em alguns esportes os HCs são fundamentais. Eles praticamente foram incorporados ao circo da Fórmula 1, da Indy e da CART. Os autódromos quando são construídos já são planejados para alojar um grande número de HCs para os patrocinadores, e para venda a terceiros. Na Copa do Mundo de Futebol eles têm sido uma tônica desde que a ISL passou a administrar as propriedades de marketing da FIFA, e continua hoje sob a administração da FIFA marketing AG.

No caso das corridas de carros, eles são uma grande fonte de receitas para os promotores. No autódromo de Fontana, na Califórnia, sede de uma das etapas do circuito da CART, os HCs foram construídos numa posição privilegiada. Eles ficam sobre os boxes das equipes. Portanto, entre a pista e a área reservada onde pilotos e mecânicos mantêm 90% de seus equipamentos, permitindo uma visão excepcional da prova e de tudo o que acontece nos bastidores.

Quando não há *Hospitality Centers* para venda a terceiros, eles se constituem num item exclusivo dos patrocinadores. E como tal devem ser anunciados dentro das propriedades colocadas à disposição das empresas. No caso dos estádios brasileiros, ainda muito atrasados em relação a seus pares europeus e americanos, não existem áreas específicas para montagem de HCs. Alguns estádios dispõem de camarotes. Nesse caso eles são usados de forma a propiciar um espaço privilegiado para os patrocinadores. Naqueles estádios que não dispõem nem de uma coisa nem outra, os organizadores devem delimitar uma área de cadeiras especiais, de modo a dar ao patrocinador um espaço mais reservado onde ele poderá receber convidados.

Nos eventos esportivos que não se realizam em estádios, mas sim em arenas montadas especialmente para essas ocasiões, como em campeonatos de vôlei de praia ou mesmo esportes que não ficam concentrados num espaço delimitado, como triatlos, maratonas ou ciclismo, por exemplo, os promotores terão que construir *Hospitality Centers*.

A identificação do HC deve fazer parte dos contratos de patrocínio. E no mesmo contrato deverão estar especificadas as informações que regerão o *Hospitality Centers*. O patrocinador deve saber de antemão o tamanho do espaço e quantas pessoas comporta, se há espaço externo, interno ou ambos, se dispõe de *toilette* (normal ou químico), móveis, ar-condicionado, pontos de energia, água, esgoto, tipo de cobertura e principalmente quanto aos serviços que serão colocados a disposição, ou não. É muito comum os organizadores prometerem mundos e fundos na hora de vender os patrocínios. Prometer que o HC será como um transatlântico ancorado na margem do autódromo, por exemplo. Na hora da vistoria, dias ou horas antes do evento, eles apresentam um palanque com estrutura de metal, sem paredes e com um teto que não protege da chuva ou do sol.

Portanto, esse item, como todos os princípios da boa prática do marketing, deve seguir rigorosamente os preceitos éticos da negociação correta e ética, porque é justamente ali que os mais altos executivos da empresa irão assistir às competições ou exibições, acompanhados de clientes, amigos e autoridades. Não é errado entregar uma estrutura de ferro sem paredes e cobertura de má qualidade. Desde que no contrato esteja explicitamente referido este tipo de estrutura. Às vezes, o evento não comporta nada melhor, ou os valores que os patrocinadores estão dispostos a pagar não permitem nada mais elaborado. Nesse caso esse será o máximo que a organização poderá suprir, mas sempre precedido de um documento que detalha o local.

Plano de Ação para *Hospitality Centers*

- Não permitir que sirvam produtos e serviços concorrentes ao dos patrocinadores dentro dos HCs. Exemplo: se o patrocinador for Brahma, não servir Kaiser.
- Manter estreita comunicação entre o organizador do evento e a empresa encarregada de vender os HCs para evitar colocar concorrentes lado a lado; evitar marcas de concorrentes dos patrocinadores quando estes comprarem HCs.
- Não permitir que empresas não patrocinadoras coloquem suas logomarcas em áreas externas visíveis de seus HCs. Alguns "mais espertos" tentarão expor marcas na fachada dos HCs. Isso deve ser proibido em contrato e, caso ocorra, o *banner*, faixa, ou empena devem ser retirados.
- Contratar um único fornecedor de serviços de alimentação e bebidas para todos os HCs.
- Informar a todos os compradores ou detentores de HCs sobre a empresa encarregada de prover alimentos e bebidas. Cada um fará seus pedidos antecipadamente para que não haja falta de insumos na hora do evento.
- Contratar empresa que confeccionará os meios de acesso (à prova de falsificação). Além dos tradicionais cartões, ingressos ou *crachats*, podem ser pulseiras ou até relógios especiais com chips como em algumas estações de esqui estão usando.
- Contratar uma empresa que se encarregará da montagem de acessórios e de prestar serviços aos patrocinadores, tais como móveis, decoração, iluminação e segurança.
- Manter rígido controle de qualidade sobre os serviços que estarão sendo prestados aos patrocinadores e compradores de HCs.

Os *Hospitality Centers* mexem com o imaginário popular, pois as matérias de revistas serão feitas ali dentro, os VIPs estarão lá acomodados. Isso tudo transmite uma aura de desejo daqueles que estão nos outros setores. Quanto mais isso for divulgado, maior será o impacto e maior será a chance de venda na edição seguinte. Além disso, enquanto no restante do autódromo ou do estádio as pessoas estarão privadas de mordomia, ali provavelmente estarão servindo boas bebidas e boa comida. Tudo isso atrai atenção e desperta o desejo de participar. Por isso a segurança deve ser rígida. Segurança essa da organização do próprio evento; e não daqueles que adquiriram os HCs. Uma das principais finalidades do controle rígido de acessos é para evitar que os donos dos HCs extrapolem os limites de convidados, respeitando, portanto os limites contratados.

É usual haver um contrato em separado para os *Hospitality Centers*. No contrato de patrocínio haverá apenas a menção ao HC, com algumas características gerais, tais como metragem, localização e número de convidados permitidos. Além da citação expressa sobre direitos e deveres relativos ao HC. Todos os detalhes serão tratados em documento separado, que no entanto será parte integrante do contrato principal como anexo. Os demais dados e características da operação poderão estar em documento em separado a fim de não tornar o contrato de patrocínio uma enciclopédia jurídica.

Por fim, é preciso deixar claro que as localizações dos HCs obedecerão ao critério de chegada, ou seja, com exceção daquele (ou daqueles) que for especificado para o patrocinador, todos os demais estarão sujeitos à ordem de venda dos espaços. Quem adquirir antes as cotas de patrocínio, ou os próprios *Hospitality Centers*, vai poder escolher sua localização. A não ser que eles tenham características e preços diferentes. Neste caso o critério será valor e não ordem de compra.

## 3.17 Celebridades

Desde que o mundo é mundo as pessoas gostam de estar próximas, de falar, de serem fotografadas ao lado de personalidades e celebridades. Isso não é uma peculiaridade das pessoas que vão ao programa do Faustão, ou dos frequentadores de vestiários de equipes de futebol. Mesmo celebridades gostam de fotografar ao lado de outras celebridades. Pelé, provavelmente uma das maiores celebridades mundiais de todos os tempos, conta histórias que corroboram essa tese. Nem é necessário ir muito longe, basta ver a coleção de fotos dele com todos os Presidentes dos EUA, desde o governo Kennedy. Se os presidentes da nação mais poderosa do mundo tiravam fotos ao lado de Pelé, o que dizer de simples mortais. Por isso as celebridades também fazem parte dos projetos de patrocínios, porque podem fazer diferença para os convidados e para os patrocinadores.

Não se está falando somente do encontro e da foto do patrocinador ao lado da personalidade, mas da presença desta em eventos, convenções de vendas, inauguração de lojas, reuniões de conselho etc.

A presença de personalidades em determinadas ocasiões pode gerar excepcionais fluxos em lojas (de clubes de futebol, por exemplo) ou incrementar as vendas de uma promoção. Isso não significa presença física unicamente, mas a participação em campanhas de TV ou participação em entrevistas.

Até aqui foi dito o óbvio. Isto é, como a presença de personalidades do mundo esportivo agrega valor a eventos, nas ações de vendas, de relações públicas, nas ações benemerentes e filantrópicas, nas campanhas comunitárias e tantas outras. O que não foi dito, no entanto, é que muitas vezes esse *plus* é colocado no projeto de patrocínio, mas muitas vezes haverá dificuldade de entregá-lo.

A participação de celebridades é uma forma de endosso público de um produto, um serviço ou uma ação, seja de vendas, seja filantrópica. Todos sabem disso. Basta assistir à televisão uma noite para ver algum astro ou estrela de novelas fazendo um comercial. Num caso desses, em que a personalidade é detentora dos direitos sobre sua imagem, ele a negocia com a agência de publicidade, que vai fazer um determinado comercial. Se ele entender que aquele produto ou serviço tem características e qualidades às quais ele possa associar sua imagem, ele contrata. Ao associar sua imagem a esse produto ele estará endossando-o; ou seja, ele estará dizendo aos consumidores que ele acredita naquele produto ou serviço. E que o público pode comprá-lo.

No caso do futebol, no entanto, ocorre uma situação peculiar. Acontece, frequentemente, de o patrocinador receber a promessa de atuação de toda equipe/time em prol das campanhas de marketing comercial e institucional da empresa. Como boa parte dos atletas não transferiu seus direitos de imagem para os clubes, ou muitas vezes seus contratos sequer permitem que os clubes usem sua imagem, em ações extraclube, essas ações ficam prejudicadas. Elas só acontecerão se houver a boa vontade dos atletas. E isso raramente (ou nunca) ocorre.

O que fazer então?

Quanto aos atletas: esses negociam contratos de patrocínio sem maiores problemas, uma vez que são donos e controladores de sua própria imagem. Eles devem ter o cuidado de escolher os produtos e serviços que estão endossando, a fim de que uma má empresa ou setor conflitante com o esporte não prejudique sua imagem, seus patrocínios e futuras oportunidades de negócios. O exemplo clássico é o do ex-jogador de futebol, campeão da Copa do Mundo de 70, Gerson, que fazia comercial para uma marca de cigarros. Pode ter-lhe rendido algum valor na época, mas prejudicou sua imagem para sempre.

Os atletas devem ter consciência de que, ao contratarem um patrocínio, estarão associando definitivamente sua imagem àquele serviço ou produto. Numa relação profissional o atleta passa a vestir a marca como sendo seu fiel representante. Um jogador famoso de tênis ou futebol não pode ir à praia calçando qualquer outra marca de sandálias se ele for patrocinado pelas Havaianas. Ele tem que estar de Havaianas. Se ele esqueceu as sandálias em casa, e um amigo oferece outra marca, ele não pode aceitar. Mesmo que tenha que caminhar descalço sobre areia quente. É assim que os negócios de imagem funcionam.

Quando um atleta é patrocinado por uma marca de refrigerantes, não pode beber outra. Isso não é exclusivo do mundo dos esportes. No *show business* é igual. Michael Jackson, quando veio ao Brasil em 1993, fez dois *shows* com bilheteria esgotada no Morumbi. A *tournée* mundial era patrocinada pela Pepsi. No entanto, ao visitar um parque de diversões próximo a São Paulo, ele foi flagrado bebendo Coca-Cola. Esse foi um dos pontos mais explorados pela imprensa na ocasião, e ficou muito chato para a Pepsi. O atleta tem que ter, portanto, cuidado e preservar seu parceiro. Patrocinador feliz continua a investir. Se ele foi maltratado e passado para trás, adeus contrato.

Os exemplos positivos devem ser lembrados. No ano 1997 a Diadora, que apoiara o início da carreira do tenista Guga Kuerten, teve um sucesso absoluto em retorno, porque quando ele se sagrou campeão em Roland Garros, na França, Guga continuava com a marca que lhe deu apoio no início da carreira. O Banco do Brasil, por sua vez, que investiu R$ 1 milhão no Guga, no ano 2000, teve um retorno mensurado de mídia que chegou a 64 milhões de reais. Qual outro investimento em marketing que permite um retorno nessas proporções? Nenhum!

O patrocínio de astros esportivos pode ser uma faca de dois gumes, quando não for bem escolhido. Por outro lado, quando o patrocinador fizer uma análise criteriosa do atleta, como desportista, como indivíduo, seus hábitos, história familiar, *background* e comportamento, dificilmente ele vai errar. Nesses casos, o patrocínio não será uma aposta e sim um investimento como deve ser.

Isso não significa que, apesar de se observar todos esses critérios não se cometam erros. Os dois mais notórios da história recente do esporte ocorreram com o golfista Tiger Woods e o ciclista Lance Armstrong. O primeiro, que ao longo dos anos se tornou o atleta com os maiores e mais rentáveis contratos de patrocínio do mundo, perdeu todos os patrocinadores ao ter sua vida de escândalos amorosos revelada. O segundo, o ídolo mundial por ter vencido um câncer e mesmo assim ter continuado a competir e a vencer, acabou flagrado em exames *antidoping* que revelaram toda uma história de consumo de substâncias controladas. O mais chocante, no que se refere a Armstrong, foi o fato de ele ter fundado uma entidade, a Livestrong Foundation, que dava apoio a pacientes de câncer; e depois fraudar sua própria imagem e tudo o que ele havia construído. Quando foi descoberto que usava substâncias proibidas ele não só perdeu os sete títulos que havia conquistado do Tour de France, como foi banido de competições oficiais de qualquer esporte para o resto da vida.

Tiger Woods perdeu seus patrocínios quando veio à tona todo o escândalo com as várias mulheres com quem ele mantinha relações enquanto era casado. Armstrong teve problemas ainda maiores. Os patrocinadores, além de romperem os contratos, ainda o estão processando na intenção de receber de volta os valores que foram investidos nele.

*Os clubes/equipes*: esse tópico se aplica prioritariamente aos clubes de futebol. Serve também para as equipes de vôlei, futebol de salão e basquete. Mas, como a preferência nacional em torno do futebol coloca-o como o esporte número 1, com 80% da preferência popular, torna-se natural que os exemplos acabem incidindo mais sobre essa modalidade esportiva.

É benéfico e útil para um clube poder incluir nos contratos, dos planos de patrocínio, a participação de seus atletas e celebridades do passado. Os patrocinadores desejam dispor de atletas para suas mais diversas ações comerciais e institucionais. O clube para tanto deve se prevenir a fim de poder assegurar ao patrocinador ou eventuais patrocinadores, a presença, e ou a imagem de seus astros.

Isso pode ser feito de duas formas. A primeira é incluindo uma cláusula em todos os contratos que assinar com novos atletas, onde eles se comprometem a: participar de ações institucionais e comerciais do clube, ou de seus patrocinadores; não contratar individualmente com empresas, marcas ou produtos conflitantes ou concorrentes com aquelas que patrocinam o clube; usar de seus melhores esforços para promover as marcas, produtos e serviços dos patrocinadores do clube. Embora isso pareça uma obviedade, muitos clubes, seja de pequeno, seja de grande porte, ainda não se asseguram desses direitos quando firmam contratos com jogadores.

Nas agremiações onde isso foi implantado, apesar da intransigência de alguns dirigentes, que imaginavam que nenhum atleta fosse aceitar, foi de contratação simples e surte os melhores efeitos para ambas as partes.

O atleta, ao contrário do que ocorria anos atrás, não vê mais no patrocinador um elemento estranho ao clube e ao futebol. Há alguns anos, quando os salários ainda eram estabelecidos dentro da realidade nacional (e não europeia, como é hoje), os clubes tinham nos patrocinadores empresas, que em troca de valores abaixo do que deveriam ser pagos, exploravam a imagem dos clubes. Hoje essa realidade é diferente por todos os lados. Os patrocinadores sabem perfeitamente o bom negócio que é associar sua marca a um clube de futebol. Eles sabem que nenhum outro meio publicitário, ou ação de marketing, lhes propiciará o retorno obtido com o investimento no futebol. Os clubes, por sua vez, cheios de dívidas, e com despesas crescentes, não podem mais prescindir dos patrocinadores. Muitos dos clubes, que realizaram negociações importantes, e obtiveram contratos significativos, fazem questão de encantar seus parceiros, a fim de assegurar a continuidade das relações. Os atletas captaram bem essa realidade e sabem que grande parte de seus salários é mantida por esses contratos de patrocínio. Tanto o atleta quanto o clube não podem mais, portanto, dar--se ao luxo de tratar mal seus patrocinadores. Essa é a realidade de mercado hoje. E a perspectiva é de que melhore ainda mais, na medida em que crescer o entendimento de empresas e agências de publicidade dos benefícios que podem ser auferidos da vinculação de marcas ao esporte.

## 3.18 Festas oficiais

As festas e recepções oferecidas por entidades, federações, confederações e clubes se constituem noutra grande oportunidade de fazer com que as marcas dos patrocinadores sejam evidenciadas. Essas ocasiões sempre são oportunidades diferençadas de marketing de relacionamento, porque têm a participação de pessoas especiais para a mídia. É nas festas oficiais que os promotores, atletas, dirigentes, patrocinadores, jornalistas, formadores de opinião e convidados se relacionarão descontraidamente. Todo homem de negócios sabe que as recepções são um ótimo local para montar redes de relações (*networking*). É nessas ocasiões que se conhecem novas pessoas e se têm oportunidades de falar para um expressivo número de indivíduos que podem interessar.

As festas oficiais precisam ser muito badaladas. Os organizadores devem se certificar que estão convidando as pessoas de interesse dos patrocinadores, para que esses possam aproveitar a ocasião para expor suas empresas, seus produtos e serviços e ter retorno de mídia para o investimento que está sendo feito.

Existem empresas especializadas em montar eventos oficiais, mas mesmo elas têm que ser instruídas sobre o motivo e o propósito do evento. Quem deve ter destaque, quem fala, quem discursa, em que ordem, vídeos a serem exibidos, material, *folders*, pequenos presentes a serem distribuídos, e todos os detalhes que se somam para que o evento seja um sucesso.

## 3.19 Publicidade no local do evento

O mundo do patrocínio esportivo gira em torno da capacidade de agentes esportivos proporcionarem (sejam eles atletas, equipes ou eventos), através da exposição dos logotipos ou *slogans* dos patrocinadores, o reconhecimento de suas marcas, produtos e serviços.

Uma mensagem, de acordo com Batra, Myers e Aaker, pode provocar uma série de efeitos sobre as pessoas que a recebem ou sobre um determinado público. Entre eles, de forma especial, destacam-se:

- criar reconhecimento;
- comunicar atributos e benefícios;
- desenvolver ou mudar uma imagem ou conceito;

- associar uma marca a emoções e sentimentos; e
- provocar reações de comportamento.

O esporte, por si só, tem o poder de comunicar e de transmitir quase as mesmas mensagens e com as mesmas propriedades. Em alguns dos casos com mais intensidade que a publicidade tradicional, como no caso da capacidade desses de aliar às marcas, de forma positiva, emoções e sentimentos. Aliás, se é justamente isso que a publicidade está buscando nos anos 2010, trazer emoção à publicidade, o esporte é o caminho para isso.

A foto a seguir mostra um espaço da Emirates, na Copa da África do Sul. Além de sua presença mos painéis dentro dos gramados, eles ainda buscaram explorar outros espaços no entorno dos estádios.

**Fonte:** Foto do autor.

Tanto os organizadores como os agentes e os patrocinadores devem prestar muita atenção para este item do pacote esportivo. A exposição das marcas dos patrocinadores, fornecedores e apoiadores, além das marcas do próprio evento nos locais onde as competições ou apresentações ocorrerão.

Esses espaços devem seguir algumas regras básicas, conforme será tratado a seguir:

- Verificar se existem regulamentos para uso de marcas e publicidade nos espaços que serão vendidos, como no caso do limite de espaço para os patrocinadores nas camisas de futebol ou a recente liberação de publicidade nas camisas dos juízes de futebol.

- Verificar a legislação sobre publicidade em locais dedicados ao esporte e regras para patrocínios esportivos. Exemplo: a proibição de publicidade de cigarros e assemelhados no esporte brasileiro, assim como bebidas de alta graduação alcoólica, e de qualquer tipo de bebida alcoólica (inclusive cerveja) em estádios de futebol.

- Observar rigidamente as divisões de espaços entre os diversos patrocinadores. Atentar para o privilégio que patrocinadores têm sobre *official suppliers* e estes sobre apoiadores. Observar a hierarquia entre as diversas categorias de investidores. Cuidar para que patrocinadores de mesma importância não recebam mais espaço publicitário que outros, ou em melhores localizações.

- Estabelecer regras claras para divisão de espaços entre os diversos patrocinadores. Se patrocinadores de mesmo nível têm que dividir espaços semelhantes, uma alternativa é sortear quem ocupará cada um dos espaços para evitar privilégios. Esses sorteios devem ser feitos na presença dos patrocinadores ou de seus representantes.

- Estabelecer e observar o tamanho das faixas, *back-drops*, cartazes, *banners*, *front-lights*, *back-lights* e qualquer outra maneira de anúncios que venham a ser expostos nas atividades relacionadas com o patrocínio. As medidas devem ser previamente estabelecidas no plano de patrocínio.

- Relacionar toda e qualquer espécie de propriedade que será alvo de publicidade. Isso deve ser feito por duas razões; primeiro para que nada fique sem ser comercializado; segundo para que ao ceder algo que não havia sido anteriormente listado não se privilegie um patrocinador em detrimento de outro.

  Além dos locais tradicionais (esses não são comumente esquecidos), como o *back-drop* atrás do local de entrevistas ou as placas postadas ao longo dos gramados de futebol, não se deve esquecer outros menos lembrados como os tickets e ingressos. Essas pequenas peças, além de ficarem horas ou dias em poder dos espectadores, muitas vezes ainda são guardadas como *souvenirs*. Ou ainda os guardanapos de papel e os copos de plástico. A VONPAR/Coca-Cola quando adquiriu os direitos de *naming rights* do Campeonato Gaúcho de Futebol (2011 e 2012) criou mais de 20 peças para marcar sua presença na competição. Muitas dessas peças nunca haviam sido vistas em ações de futebol, muito menos em conjunto. No capítulo *naming rights* esse *case* será melhor desenvolvido.

Segue um exemplo de *back-drop*. Este que segue foi usado na Final da Copa Libertadores Toyota.

**Fonte:** Foto do autor.

O importante, quando da elaboração do plano de marketing de uma ação esportiva, é ter em mente que muito do *recall* da marca estará alicerçado nesses espaços publicitários, e em sua faculdade de serem notados pelo público. Seja o público presente ao evento, seja aquele que tiver acesso apenas pela mídia.

# 4 ENTENDENDO O PATROCINADOR

## 4.1 Introdução

Quando se fala em entender o patrocinador, isso significa compreender sua linha de comunicação, seu foco de mercado, seu público-alvo, os territórios em que atua, qual o objetivo das campanhas publicitárias, como estão as vendas e quais as estratégias para fazê-las crescer. Enfim, saber quais as táticas e estratégias de marketing de uma determinada empresa para entender de que forma o esporte pode se agregar a ela e torná-la mais eficaz. Se não entendermos as características, necessidades e os objetivos de uma empresa, duas coisas podem acontecer: primeira – oferecer o produto esportivo errado, que em nada se coaduna com a marca e com os objetivos mercadológicos do negócio. Nesse caso não haverá sucesso na venda do patrocínio. Na segunda hipótese, o patrocínio é vendido, num golpe de sorte, apesar do desconhecimento do proponente sobre a empresa patrocinadora, e o resultado é pífio. Na primeira hipótese o proponente venderá uma nova edição do evento esportivo. Já na segunda, a chance será nula.

Estudar, se inteirar, discutir sobre uma marca, produto ou empresa é fundamental antes de fazer qualquer proposta. Nos casos em que houver precipitação (muito comuns), e a visita de prospecção for feita sem que o proponente tenha tido tempo de fazer seu dever de casa e coletar as informações necessárias, o melhor a fazer é parar ao se deparar com informações conflitantes entre os objetivos da empresa e o projeto oferecido. Essa situação também é comum. E nesse caso o melhor a dizer (no momento em que perceber que há conflito de interesses ou estratégias), diante das informações apreendidas, é que você entendeu por bem não apresentar o projeto, até que ele seja readequado. Esse *way out*, essa saída, será melhor do que apresentar algo que só vai fazer todos perderem tempo e você, a credibilidade.

Além disso, é de bom tom saber se o patrocinador já participou de outros negócios de marketing esportivo, seja como patrocinador, seja como apoiador ou *official supplier*. O que ele teve de exposição, e de retorno com essas ações. Dessa forma você buscará com sua proposta a superação dos índices anteriormente atingidos. Para tanto, terá que oferecer algo melhor, mais adequado, com melhor custo benefício, mais propriedades e melhor exposição.

A regra, portanto, é simples. Conheça o máximo possível da empresa para quem a proposta de patrocínio está sendo feita. Quanto mais se conhecer, e mais adequada se perceber ser aquela proposta para a empresa, maiores serão as chances de vender o patrocínio.

## 4.2 O que o patrocinador deseja?

Os patrocinadores estão atrás de quatro elementos básicos de retorno.

1. Uso do patrocínio como meio de incremento de vendas;
2. Meio de promover a exposição de um produto ou serviço;
3. Promoção institucional da marca; e
4. Criar uma relação emocional com a marca.

No primeiro caso, o objetivo não deixa dúvidas, porque está explícito no conceito. São para aqueles casos em que o próprio contrato de patrocínio está vinculado a uma participação efetiva nos locais de eventos. Ou seja, além da exposição de marca haverá comercialização dos produtos. É o caso da Coca-Cola, que patrocina um evento de tênis, por exemplo, em que prevê a venda de um número "x" de latas de refrigerante. Quando lhe é apresentada a proposta, ela imediatamente calcula a capacidade de consumo do público estimado. Só assim ela poderá saber se há uma relação de retorno *consumo* versus *patrocínio*.

No segundo caso, o patrocinador quer promover, lançar, dar publicidade a um produto ou serviço. Isso será feito através dos cartazes, *banners*, *outdoors* etc. no local e na mídia chamando para o evento e na exposição editorial, nas transmissões e fotos de jornal. Dessa forma o produto ou serviço gozará do prestígio, e da imagem do esporte agregando-lhe valor. A exposição no momento específico do evento é promocional. O resultado esperado, no entanto, é que aquela promoção, aquela exposição, acabe por proporcionar incremento de vendas.

Já no terceiro caso, o objetivo do patrocínio é de fortalecimento da marca, incremento de valor da marca. Como se sabe, o aumento do *top of mind* e do *share of mind* de uma marca traduz-se, em última análise, no respectivo crescimento de vendas, seja a curto, médio ou longo prazo (dependendo do segmento).

E, finalmente, o quarto meio de retorno. O envolvimento emocional com a marca. O grande meio de diferenciar uma marca das demais. O elemento desejado e almejado, tanto pelos empresários quanto por suas agências de publicidade. O componente que fará com que uma marca se sobressaia no coração e na mente dos consumidores, tornando-a especial.

## 4.3   Quem decide o patrocínio?

Alguns profissionais e muitos *trainees* do segmento de marketing esportivo ainda acreditam em filantropia. É necessário dizer a todos eles que os filantropos já morreram há muito tempo. As definições sobre patrocínios, sobre participar de uma competição ou ser o *official supplier* de uma nova arena ou a decisão de ser um apoiador de uma equipe de vôlei é feita de forma tão racional e objetiva quanto a escolha do canal e programa em que um comercial da Visa ou do Mastercard serão veiculados. Não há espaço para improviso ou apostas. O que leva à escolha por uma empresa deste ou daquele canal, deste ou daquele horário? A capacidade de retorno em relação ao valor investido. Portanto, é preciso dar uma notícia àqueles que buscam patrocínios de forma empírica. A época do dinheiro fácil e do investimento sem retorno acabou. Ou o plano oferecido é consistente, e demonstra claramente a que veio, e de que forma se dará o retorno sobre o investimento, ou não deve nem ser apresentado.

O mercado unificou de alguma forma os executivos e empresários que tomam decisões nesse setor. Todos eles, desde as grandes corporações até o armazém da esquina, querem saber de que forma eles terão vantagens competitivas sobre os concorrentes. De que forma o esporte pode lhes agregar valor. De que modo eles poderão fazer com que essa escolha, dentre outras tantas opções de mídia e promoções, lhes trará mais vantagem por real investido. A verba das empresas é inelástica. O orçamento é feito no ano anterior e o gerente ou diretor de marketing sabe o quanto ele terá para investir ao longo do ano seguinte. Tanto a área de marketing, quanto a área comercial (muitas vezes unificada), precisam envidar seus melhores esforços para produzir resultados. Cada um tem suas metas a cumprir. A menos que alguém lhes prove que o investimento num uniforme de clube trará melhores resultados do que colocar aquela verba na Globo, na Band ou no SBT, a verba ficará com a televisão (para usar um exemplo de mídia).

Aquela visita onde lá pelas tantas o representante do clube ou do atleta diz "nós precisamos da sua ajuda" está fadada ao fracasso. Primeiro porque as empresas, a cada ano que passa, precisam fazer valer cada tostão das verbas promocionais, de publicidade e marketing. Não sobra, portanto, espaço para ajudar o triatleta filho do amigo do gerente. Segundo, porque as empresas sabem do que necessitam, e do que lhes pode ser útil dentro do planejamento de marketing e estratégico. Algumas empresas estatais ainda fogem a esta regra. E os resultados não serão cobrados dos gerentes e diretores no final do ano. Mas mesmo essas instituições estão começando a olhar com mais critério para seus investimentos.

Os patrocinadores querem saber, portanto, de que forma o esporte pode auxiliá-los a atingir seus objetivos e não o contrário.

É preciso ser franco. Quando um executivo de uma empresa qualquer decide "colaborar" com a equipe olímpica de um país, mesmo desenvolvendo sua campanha publicitária de forma a demonstrar como sua empresa se importa com o sucesso olímpico da nação, a real preocupação é com retorno que a equipe olímpica trará para a empresa. De que forma esse investimento poderá ser benéfico para a empresa.

Uma empresa compra patrocínio de um esporte, de um atleta ou de um time porque seus consumidores são fãs daquele objeto esportivo. Não é porque a empresa ou diretor de marketing gosta do esporte. Isso até pode servir de introdução numa conversa, ou para marcar uma primeira reunião. Mas, na hora da decisão, o que vai pesar é a compatibilidade entre público consumidor dos produtos ou serviços da empresa e quem são os fãs do esporte. Em outras palavras, se há coadunação entre o público consumidor, o mercado da empresa e o perfil dos torcedores daquela modalidade olímpica.

No Brasil a maioria das decisões sobre patrocínios (não apenas esportivos) é tomada pelos executivos das empresas, seja ele o Presidente, o Diretor ou Gerente de Marketing. Muitas vezes isso depende da importância da decisão, e do quanto vai comprometer o orçamento de marketing do ano.

Nos Estados Unidos e na Europa, as decisões são divididas entre as empresas e as agências de publicidade. Nesses casos as propostas são apresentadas ao atendente das contas que, em reunião com seus colegas de agência, decidirão se tal proposta deve ou não ser apresentada ao cliente.

Ainda existe um terceiro caso que vem evoluindo recentemente. A Agência de Marketing Esportivo encarregada de receber, analisar, triar e encaminhar as propostas em nome da empresa prospectada. Nesse caso ela atua nos moldes de uma agência de publicidade, mas trata exclusivamente de assuntos ligados ao esporte. Por serem especialistas no assunto, eles sabem quais resultados podem ser auferidos com o patrocínio proposto, quanto pode ser pago por ele, o que negociar exatamente, que benefícios podem ser auferidos e os cuidados a serem tomados nos contratos, de forma a garantir para seu cliente (o patrocinador) de que tudo o que foi negociado verbalmente está incluído no contrato; e que resultados poderão ser auferidos daquele investimento.

Lamentavelmente, no Brasil, as propostas apresentadas às agências de publicidade têm poucas chances de prosperarem. Por que as agências ainda não descobriram o filão do marketing esportivo? Primeiro porque elas, na grande maioria dos casos, são pagas sobre percentuais de mídia investidos e não sobre os resultados de vendas auferidos pelas empresas. Se fossem pelos resultados e não sobre o montante aplicado (juntamente com as bonificações de volume – BVs), elas optariam, em muitos casos, pelos patrocínios esportivos. Segundo porque as agências ainda não descobriram que os investimentos em marketing esportivo devem vir obrigatoriamente atrelados a campanhas de mídia, nesse caso trazendo resultados também para as agências.

## Caso prático

Consultado, um diretor de marketing de uma grande empresa de material esportivo respondeu por que a empresa escolhe um determinado evento ou esporte para investir.

Segundo esse executivo, os esportes e atletas têm que transmitir uma imagem que esteja afinada com os princípios da marca, que vêm a ser:

- Paixão pelo esporte
- Desejo de vitória
- Espírito esportivo/*fair play*
- Carisma
- Não ter medo de arriscar
- Ser humano, cometer erros e se emocionar
- Nunca desistir
- Ser exemplo de juventude, saúde e sucesso
- Ser o melhor no que faz
- Ser inesquecível

Esse mesmo executivo referiu que sua empresa recebe mais de 600 propostas de patrocínio por ano e que apenas umas 20 são aprovadas. Ora, se uma empresa tem chance de escolher apenas 20 entre um universo de 600 propostas de atletas, clubes e competições, a chance de escolher o melhor e o de melhor resultado é grande. Por outro lado, faz com que a pressão sobre aqueles que levam suas propostas à empresa seja muito grande para que os trabalhos e oportunidades que apresentam sejam realmente bons.

Corroborando com o que fora tratado algumas páginas atrás, esse executivo ainda referiu a forma como o retorno é medido. As variáveis são três:

- Exposição adequada da marca (em linha com o posicionamento)
- *Recall* do público-alvo
- Volume de vendas

Finalmente, quando perguntado sobre a possibilidade de ser traçado um paralelo entre a indústria do patrocínio esportivo no Brasil e nos Estados Unidos, ele respondeu:

> "De uma forma bem resumida, a diferença que existe entre a indústria do patrocínio esportivo no Brasil e nos Estados Unidos, se resume em um único ponto: infra-estrutura. Temos potencial de talentos iguais ou até maiores do que os EUA. O que nos falta é profissionalismo para investir e gerenciar os ativos que temos. Isto tem uma relação direta com o valor dos patrocínios nos EUA e no Brasil. Profissionalismo gera profissionalismo."

## 4.4 Questões fundamentais para o patrocinador

Ao apresentar uma proposta de patrocínio esportivo, o agente ou representante do clube, ou até mesmo o atleta em pessoa, deve estar pronto para responder a algumas questões-chave. Um bom executivo de marketing vai saber esmiuçar o projeto e buscar as informações que interessam à empresa. Como as preocupações nem sempre são coincidentes, do patrocinador e do patrocinado, é preciso estar apto a responder a essas questões pontuais. Na maior parte dos casos, as perguntas vão começar pelo advérbio *quanto*.

1. Qual o *status* do patrocínio proposto?
   Haverá outros patrocinadores?
   Qual o grau de importância entre o que está sendo proposto e os demais?
2. Quanto custa o patrocínio?
   De que forma ele será pago?
   O valor do patrocínio está ligado à *performance* da equipe ou do atleta?
   Quanto desse valor está atrelado às vitórias e quanto é *fee* garantido?
3. Qual a exposição do patrocinador?
   O patrocinador pode dar o nome ao troféu?
   O patrocinador pode dar o nome ao campeonato?
   O patrocinador faz a entrega oficial dos troféus?
   Que propriedades fazem parte do projeto?
4. Qual a exposição de televisão?
   Em que canais serão exibidos os jogos?

Quais os horários e qual a audiência média desses horários?

Os demais canais têm acesso às imagens?

Quem controla as imagens?

O patrocinador tem direito de inserir comerciais na transmissão?

O patrocinador tem direito ao uso de imagens dos jogos para seus comerciais ou ações promocionais?

5. O patrocinador tem direito de dizer que é patrocinador oficial e usar essa expressão, assim como a marca do evento?

Os atletas farão menção ao patrocinador e usarão seus produtos e/ou serviços?

De quantos e quais atletas o patrocinador pode dispor para ações promocionais ou publicidade de sua marca?

6. As peças de *press-release* mencionarão o patrocinador? Trarão sua marca?

O patrocinador tem direito de ver o material de *press-release* antes da distribuição?

7. A quantas peças de publicidade estática, e de que tamanho o patrocinador tem direito?

Quem fica encarregado da confecção?

Quem fica encarregado da colocação?

A quem e quando devem ser entregues as peças publicitárias?

Quem determina os locais de exibição?

Alguma restrição quanto a cores?

8. Haverá publicidade eletrônica (painéis e ou telão) no local do evento?

Quem faz a arte eletrônica?

Qual o tempo de exposição?

Todos terão a mesma exposição?

Segue foto de painel eletrônico na Copa da África do Sul, em 2010. É interessante observar que a exposição ocorre, neste modelo de painel, em ambas as faces.

**Fonte:** Foto do autor.

9. Como será a participação do patrocinador nas mídias digitais?

    Ele pode colocar um *link* para seu *site*?

    Ele pode criar peças específicas para o *site* do evento?

    Ele tem o direito de que suas peças entrem automaticamente quando o *site* for aberto? Qual a duração?

    Pode haver um *link* para a venda de produtos e serviços?

10. O patrocinador tem direito a vender e colocar espaço para venda de seus produtos e serviços no(s) local(locais) onde se realizam os eventos?

    Haverá espaços comuns a todos os patrocinadores e fornecedores ou serão exclusivos?

    A organização do evento será responsável pela instalação dos espaços?

    Quais as medidas e localização dos espaços?

11. Quantos e quais atletas estarão à disposição do patrocinador para fins publicitários?

    Qual o tempo e número de vezes que o patrocinador poderá fazer uso desses atletas?

    Esses atletas sabem que deverão endossar os produtos (ou serviços) do patrocinador?

    Algum deles faz ou fez publicidade para produtos concorrentes do patrocinador?

    Os atletas poderão usar bonés, camisetas ou moletons com a marca do patrocinador?

12. O patrocinador terá direito a um espaço de hospitalidade?

    Quem monta os *Hospitality Centers*?

    Em caso de não haver um *Hospitality Center* exclusivo do patrocinador, ele pode dispor de quantos lugares no HC oficial?

    Além do HC, o patrocinador terá direito a quantos ingressos (e de que tipo) para os eventos?

13. O patrocinador terá direito a quantos pontos de venda de seus produtos/serviços no local do evento?

    O patrocinador poderá colocar pessoas fardadas com suas logomarcas para distribuir amostras e folhetos de seus produtos/serviços?

    O patrocinador pode vender produtos/serviços no local?

    O patrocinador tem direito a lista de endereços e *e-mails* do público para ações diversas?

14. O contrato assegura que o patrocinador não tem nenhuma espécie de responsabilidade sobre acidentes, ferimentos ou mortes no local ou em consequência do evento?

15. Qual a expectativa de retorno?

16. Qual a expectativa de público nas transmissões pela TV?

17. Qual a expectativa de público no local do evento?

18. Existem relatórios sobre esses três últimos itens de eventos anteriores?

19. Quais são as experiências anteriores da empresa organizadora do evento? Que eventos ela já criou?

20. Enumere alguns clientes da empresa promotora do evento.

Muitas das questões e pontos abordados no questionário acima, na verdade, não devem nem ao mesmo ser questionados pelo candidato à patrocínio. Elas já devem estar respondidas no corpo do projeto. O próprio projeto deve conter o maior número possível de informações, de forma a dar consistência ao plano e segurança ao patrocinador. De qualquer forma, caso essas informações não tenham sido incluídas no plano de venda, elas poderão ser questionadas pela pessoa a quem o plano estiver sendo apresentado. Assim, a lista de perguntas e colocações acima deve servir de base para instruir o projeto. Se uma boa parte ou a maior parte dessas questões forem apresentadas previamente ao *prospect*, ele terá mais segurança e confiança, facilitando, portanto, a venda.

## 4.5 Proteção ao patrocinador

Embora seja óbvio dizer, quando uma empresa de um segmento patrocina um evento, concorrentes serão vetados. Se o refrigerante "C" for o patrocinador, o refrigerante "P" não poderá participar daquele evento, por exemplo. Também se deve procurar eliminar ao máximo o *ambush marketing*, ou marketing de emboscada. Em grandes eventos, como nas Olimpíadas, Copa do Mundo, Super Bowl, entre outros, o cuidado é extremo. No caso da Copa do Mundo, por exemplo, três anos antes da competição acontecer no Brasil, escritórios de advocacia já foram contratados para tentar eliminar essa prática. Nos jogos de Pequim, em 2008, foram retirados das ruas da capital 30.000 anúncios. A restrição ao uso de símbolos olímpicos foi severa. Tudo isso para proteger os patrocinadores que, de certa forma, pagam boa parte do evento. O mesmo deverá ocorrer no Brasil em 2014 e 2016. Em ambos os casos, tanto a FIFA como o COI firmam acordos com o país (no caso da Copa), ou da cidade, no caso do Rio de Janeiro, de forma a coibir toda e qualquer publicidade que não atenda aos parâmetros instituídos para os jogos.

## 4.6 Oportunidade e *timing*

As empresas fazem orçamentos e programações de suas atividades de um ano para o outro. Normalmente, no Brasil, o planejamento das verbas de marketing é montado até três meses antes do início do ano contábil. Uma vez estruturados esses planejamentos, fica mais difícil inserir um projeto ou um patrocínio que não tenha sido previamente considerado. Por isso o *timing* é muito importante. Saber em que momento do ano apresentar os patrocínios é fundamental. Principalmente aqueles de maior monta que representarão uma eventual mudança significativa no planejamento. Pequenos projetos de custo baixo (cada empresa tem um entendimento do que é custo elevando ou baixo) até tem chances de aprovação e encaixe. Isso depende do interesse, da oportunidade e da convergência entre o proposto e o planejamento estratégico da empresa.

Por outro lado, estar atento aos acontecimentos de mercado é tão importante quanto o *timing*. Às vezes, uma notícia de jornal ou de revista especializada, uma entrevista de um executivo, ou uma palestra dizendo, por exemplo, que a empresa vai se expandir para um determinado mercado é uma dica importantíssima. Expansão de negócios significa, normalmente, necessidade de promoções, de interação com novos públicos e consumidores. O marketing esportivo, dadas suas características, é um excelente caminho para ações de tomada de conquista de novos mercados. E no que se refere a criar oportunidades de reconhecimento de marca e de relação institucional com comunidades, ele é uma ferramenta sem igual.

Às vezes o contrário também acontece. A notícia de que uma empresa encontra-se em dificuldades, e não está atingindo seus objetivos, também pode ser uma boa oportunidade para a proposição de uma ação envolvendo marketing esportivo.

## 4.7 Longevidade da relação

Como em qualquer ramo, no marketing esportivo a longevidade da relação pressupõe que os resultados foram bons para ambas as partes. Manter, conservar um cliente, é muito mais barato do que conquistar um novo, porque a maioria das parcerias de patrocínios no Brasil não tem históricos longevos, salvo raras exceções, como foi o caso da Petrobras com o Flamengo.

Essa afirmação permite várias interpretações.

Sem qualquer ordem de importância entre as considerações, pode-se dizer que elas são desfeitas porque mudou o comando da empresa, e os novos executivos não são entusiastas do marketing esportivo; porque os resultados não foram os esperados; porque a relação entre as partes não foi tratada com o cuidado que merecia; porque a empresa patrocinadora atingiu os resultados almejados e resolveu partir em busca de outros caminhos; porque a empresa teve seu orçamento de marketing reduzido; o novo planejamento não comportava mais manter o patrocínio etc. etc. Poder-se-iam enumerar dezenas de razões, aqui, pelas quais uma parceria pode ser rompida. Mas esse não é o caso.

A questão crucial aqui é uma só: no que depender do patrocinado ou do agente de marketing incumbido da relação entre as partes, uma parceria não pode cair por terra. E cabe a eles fazer todo o possível para mantê-la viva.

A Fifa costuma manter as relações com os patrocinadores por anos a fio. A maioria de seus relacionamentos é duradoura e profícua para ambas as partes. Coca-Cola, Fuji Film, Gillette e JVC, por exemplo, patrocinaram Copas do Mundo de Futebol por mais de 20 anos. Coca-Cola é parceira da Fifa há mais de 30 anos. Algumas empresas deixam essa relação porque seus negócios foram vendidos, do contrário teriam permanecido patrocinadores.

Um dos exemplos de relacionamento duradouro mais importantes da história do marketing esportivo brasileiro foi o da Parmalat com o Palmeiras, que durou sete anos, de 1992 a 1998. Provavelmente uma das relações de melhor custo × benefício do esporte nacional. Os resultados foram excelentes para ambos, empresa e clube.

Um exemplo consolidado e de sucesso é o da multinacional Gillette. A matéria que segue foi publicada na *Máquina do Esporte*.

> ### "Gillette – há um século em esporte
> 
> A aposta da Gillette no esporte começou em 1910, quando a marca veiculou anúncios com imagens de jogadores de beisebol norte-americanos para divulgar uma linha de barbeadores. Em 1944, a empresa ampliou o número de modalidades e partiu para boxe e basquete. Para isso criou a campanha "Cavalcade of Sports". Quase 30 anos depois, em 1970, a Gillette esteve na Copa do Mundo de futebol e também investiu em críquete, Fórmula 1 e rúgbi. A partir de 2000, intensificou a

presença no mundo esportivo com patrocínios a atletas, como o jogador de futebol inglês David Beckham. O astro protagonizou campanhas publicitárias em 150 países por três anos, e só rompeu com a Gillette em 2008, quando rejeitou oferta de renovação pelo valor de aproximadamente US$ 5,5 milhões. Com a recusa, surgiu espaço para o time de atletas denominado "Gillette Champions", composto por Tiger Woods (golfe), Roger Federer (tênis); Kaká e Thierry Henry (futebol). Ao que tudo indica, entretanto, a estratégia de formar um pequeno grupo de embaixadores deve perder força e dar espaço a apostas em modalidades ligadas aos Jogos Olímpicos. O contrato de Kaká, último integrante do quarteto com vínculo com à empresa, terminou em dezembro, e não havia confirmação sobre uma possível extensão. A Gillette trabalhou durante 2010 com o jogador brasileiro em ações pontuais e eventos. Não houve comentários sobre a renovação. A alegação oficial é que a companhia tem política interna de não divulgar futuros.

A seguir seguem alguns dos principais movimentos da Gillette junto aos esportes:

### 1910
Cria anúncio impresso com imagens de jogadores de beisebol (Honus Wagner) para divulgar a linha "Gillette Safety Razor".

### 1944
Lança a campanha "Gillette Cavalcade of Sports", com a presença de famosos boxeadores, jogadores de basquete e de beisebol.

### 1970
Inicia patrocínios de grande porte, como a Copa do Mundo de futebol, seleções de rúgbi, Copa Gillette de Críquete e corridas de Fórmula 1.

### 2002
Fecha um acordo de 15 anos com a New England Patriots, time na NFL, e compra os *naming rights* do Gillette Stadium, em New England.

### 2004
Contrata David Beckmam para campanhas promocionais e publicitárias. O contrato dura três anos e leva ações para cerca de 150 países.

### 2006
Passa a apostar no brasileiro Kaká, eleito o melhor do mundo, como novo protagonista da campanha Gillette Mach 3, para atrair o público jovem.

### 2007
Contrata Tiger Woods golfista, Roger Federer, tenista, e Thierry Henry, jogador de futebol, para serem embaixadores mundiais da marca.

### 2008
Patrocina o Brasil o Super Surf, torneio disputado em Santa Catarina, que contou com a presença dos melhores surfistas do país na época.

### 2008
De olho em nicho da elite, cria em parceria com a Confederação Brasileira de Golfe (CBG) e a Koch Tavares o torneio Gillette Golf Cup.

**2009**
Fecha com a NFL e passa a ser um produto oficial da liga de futebol americano.
**2010**
Patrocina o Aberto do Brasil de Tênis, após fechar com a Koch Tavares, agência de marketing esportivo que gerencia o torneio na Bahia.
**2010**
Patrocina equipe da Confederação Brasileira de Tênis (CBT) na Copa Davis e também Thomas Bellucci, melhor tenista do país na atualidade."

## 4.8 Quantificando resultados

### 4.8.1 Introdução

Foram justamente a evolução e modernização desta disciplina ou técnica que deram um impulso profissional ao marketing e ao patrocínio esportivo. Quanto mais apuradas forem as técnicas de quantificação de resultados empregados, por um objeto de patrocínio esportivo, maior será a precisão de análise de acertos e resultados do investimento.

A quantificação de resultados é o processo pelo qual um atleta, equipe, entidade esportiva, ou mesmo uma instalação dedicada aos esportes, medem os resultados do patrocínio de modo a auxiliar as partes interessadas a verificar de forma mais precisa os benefícios auferidos.

Cada centavo investido numa ação de patrocínio esportivo deverá gerar retorno, como em qualquer outro segmento do marketing. Esse retorno pode ser medido em vendas efetivadas, a partir da ação de marketing; do crescimento do reconhecimento da marca; ou do retorno em espaços publicitários, editoriais e citações dos nomes dos patrocinadores na mídia.

Cada uma dessas formas de retorno citadas depende de um tipo específico de análise quantitativa. Umas mais simples, outras de mais difícil e cara aferição. Como o que interessa ao patrocínio esportivo é garantir retorno aos patrocinadores, buscar meios de mensuração se torna parte do processo.

Essa afirmação leva a um comentário fora de contexto, mas imprescindível, nesse momento. O marketing esportivo tem entre suas missões a geração de resultados para os patrocinadores. Para que isso aconteça, no entanto, é fundamental que as ações sejam pertinentes, técnicas, fundamentadas e bem estudadas. Esperar resultados positivos ou até grandiosos de projetos mal desenvolvidos é tão inócuo quanto esperar resultados de venda de máquinas agrícolas, a partir de um anúncio na *Revista da Mônica*. O marketing e o patrocínio esportivo são disciplinas técnicas como o são a publicidade e a propaganda. Cada veículo de mídia é adequado para um tipo específico e determinado de produtos e serviços. Cabe ao diretor de mídia de uma agência sugerir ou rejeitar certos meios e veículos, assim como cabe à agência de marketing esportivo sugerir ou rejeitar projetos de patrocínios.

Os investidores precisam, portanto, ter meios de medir, de forma acurada, a efetividade de seus investimentos. Assim os executivos encarregados dos patrocínios estarão atentos para buscar provas que lhes assegurem a mensuração dos resultados, seja na forma de incremento de vendas, de reconhecimento de marca, mídia espontânea etc.

Muito do controle e mensuração dos resultados se dá por comparação. Os profissionais de marketing, nos Estados Unidos, têm defendido a tese (verdadeira) de que os resultados obtidos com publicidade nas quadras ou gramados são mais efetivos, do que os anúncios de 30 segundos veiculados nos intervalos, ou espaços que antecedem e sucedem um jogo importante. Uma recente análise promovida, nos EUA, medindo o retorno dos espaços de mídia dedicados a publicidade, nas quadras das partidas da NBA, demonstrou que esses espaços publicitários (placas nas quadras) davam um retorno quatro vezes maior aos anunciantes do que os comerciais veiculados durante as partidas.

Essa conta é feita de forma muito simples e técnica. Ela, no entanto, não representa a totalidade da verdade. Agregado ao valor puro e simples da medição de tempo que uma placa fica exposta na TV, durante a partida, *versus* o valor cobrado por comerciais de 30 segundos, no mesmo horário, devem-se somar conceitos menos tangíveis, mas não menos importantes. As mensagens publicitárias vistas ou ouvidas ao longo de uma partida ou nas reportagens após os jogos têm vantagens significativas sobre os comerciais. Algumas das vantagens são: o telespectador não faz *zapping* durante o jogo. Ele recebe o impacto publicitário de forma mais natural durante a partida, em comparação ao comercial veiculado no espaço comercial. Ele tende a ligar as imagens dos anunciantes presentes às quadras, e nos gramados, aos clubes, times e atletas, de forma positiva. Como se uma coisa fizesse parte da outra. E, finalmente, cada vez que um jogo for televisionado novamente, a cada *replay*, ou alvo de reportagem, lá estará a marca do anunciante. O comercial que foi veiculado no intervalo não. Cada vez que se assistem as imagens da Copa do Mundo de 1970, 1994 e 2002, lá estão os anunciantes novamente. Para saber quem foram os anunciantes nos intervalos das partidas, bem, talvez seja possível descobrir no arquivo das emissoras.

Outro exemplo, este dentro do setor de *naming rights*, diz respeito ao nome do antigo estádio Phoenix Suns, o América West's. Essa empresa investiu apenas US$ 26 milhões no patrocínio do estádio pelo período de 30 anos. Menos de 1 milhão de dólares por ano, portanto. Como o seu nome é citado ao longo do ano um certo número de vezes que equivale a cerca de 5 milhões de dólares/ano (computado um ano normal em que não há partidas de *play-off* no estádio), calcula-se que ao final do contrato (valores indexados) a América West's terá recebido um total de US$ 150 milhões de publicidade em troca de seu investimento. Um lucro de US$ 124 milhões de dólares. Ou, em outras palavras, para atingir o mesmo público, ela teria que ter investido 5,77 vezes mais em mídia.

Um exemplo mais próximo da nossa realidade, e de resultado mais efetivo e bonito, ao mesmo tempo. O Banco do Brasil, ao patrocinar o tenista Gustavo Kuerten, investiu US$ 1,0 milhão no ano de 2001. O retorno publicitário, no entanto, ultrapassou a barreira dos 20 milhões de dólares (Fonte: Banco do Brasil). Numa conta simples e óbvia, para produzir o mesmo resultado publicitário o banco precisaria ter investido 20 vezes mais em mídia.

### 4.8.2 Como calcular?

Até agora só foram trazidos conceitos e resultados. Mas qual a base científica para afirmar que esse resultado existe na prática?

Os números são facilmente comprováveis. Basta que sejam usados os processos em voga no mercado, para depois de muitas contas e muitas fórmulas chegar aos resultados de mensuração. Já os resultados anteriormente mencionados de boa vontade (*goodwill*) em relação à marca, de atenção durante o jogo, de intenção de compra, de simpatia pela empresa por estar contribuindo com o esporte etc. (embora também possam ser quantificados) são feitos pelos métodos tradicionais de pesquisa.

Os resultados de crescimento de venda, esses podem ser comprovados diretamente pelas empresas, quando forem computados dados de venda em determinados períodos e regiões. Mas esses são mais do que usuais, não constituindo, portanto, objeto de preocupação para o presente trabalho.

Existem no mercado empresas de pesquisa especializadas na quantificação de retorno de patrocínios. Essa tecnologia é relativamente nova e, embora a técnica já pudesse ter sido empregada há vários anos, a metodologia é que não havia sido desenvolvida a contento.

Hoje empresas como a SIS – Sponsorship Information Services (Inglaterra), Informídia (adquirida pelo Ibope em 2013) (Brasil) e SRI – Sponsorship Research International (Estados Unidos), S-Comm (Suécia) entre outras, monitoram centenas de contratos de patrocínio ao redor do mundo, com a missão de conferir o retorno desses investimentos.

Essas empresas têm por objetivo, segundo a SiS Ltd., fornecer as seguintes informações aos contratantes:

a) Volume de cobertura na mídia impressa e eletrônica.
b) Os níveis alcançados de exposição dos patrocinadores.
c) O valor de mídia obtido com esta exposição.

## 4.8.3 Metodologia

A metodologia que será descrita a seguir é a utilizada pela SiS (Sponsorship Information Services Ltd.) para os principais clubes de futebol brasileiros e aceita mundialmente como um padrão de avaliação.

Inicialmente a empresa grava todos os noticiários, programas esportivos (já previamente listados) e exibições de jogos ao vivo e *replays* em que apareçam imagens dos times em análise. "A exposição é considerada como válida caso 75% da marca da esquerda para direita (sentido leitura) esteja visível por pelo menos um segundo."

"O cálculo do valor de mídia do patrocínio é baseado nas tabelas de preços dos programas que geraram a exposição. Pesos são também aplicados para considerar os impactos relativos das fontes geradoras de exposição. Os pesos utilizados são demonstrados logo a seguir. Esses pesos são baseados em um padrão histórico da SiS, para a comparação de diferentes esportes. Entretanto, a natureza do evento também é levada em consideração para a determinação desses pesos" (SIS, International Research).

A última frase da explicação da metodologia empregada pela SiS merece um esclarecimento maior. O que eles querem dizer é que determinados eventos, dada a sua grandiosidade e importância, podem receber um peso maior do que outros, porque serão assistidos por um número superior de telespectadores; audiência esta que estará mais ligada no jogo por ser, por exemplo, uma final de campeonato, ou qualquer outra situação desse tipo. A esses eventos o peso atribuído deverá ser maior, porque maior será o interesse do público, assim como o número de espectadores.

Como é a equação do valor de mídia eletrônica do patrocínio:

*Valor de Mídia = segundos de exposição × Tabela de preços (30") × Pesos*

| Fontes | Pesos |
|---|---|
| Placas | 0,1 |
| Uniforme | 0,2 |
| Backdrop | 0,4 |
| Outras | 0,1 |

No que se refere à mídia impressa a forma é similar, mas de mais fácil execução e análise.

Ainda segundo a SiS o método de cálculo é o seguinte:

O valor de mídia impressa é baseado na tabela de preços para um anúncio de ¼ de página P&B, e pesos de acordo com o tipo de exposição. Os pesos usados pela empresa mencionada são os seguintes:

| Fontes | Pesos |
|---|---|
| Foto P&B capa | 0,67 |
| Foto cor capa | 1,0 |
| Foto P&B esportes | 0,33 |
| Foto cor esportes | 0,5 |
| Foto P&B outros | 0,5 |
| Foto cor outros | 0,67 |

| Impacto | Pesos |
|---|---|
| Alto | 2 |
| Médio | 1,5 |
| Baixo | 1 |

Como é calculada a equação do valor de mídia impressa de patrocínio:

Valor de Mídia = tabela de ¼ × peso fontes × peso impacto × centimetragem

Já a visibilidade da marca é calculada segundo o percentual do tempo total de cobertura no qual a marca dos patrocinadores está na tela.

A equação para determinar a visibilidade da marca é a seguinte:

Visibilidade da marca = exposição/cobertura

As fórmulas e métodos descritos acima são utilizados pela empresa SiS. Existem outros, tão consagrados quanto este, e que ao final do processo chegam a resultados semelhantes.

Além do resultado em cifras, a empresa de pesquisa deverá fornecer também um sumário executivo, onde serão comentados os resultados, desde os números referentes aos patrocinadores, fornecedores de material esportivo e anunciantes. Também serão demonstrados os crescimentos ou decréscimos de exposição dos patrocinadores, equipes ou atletas.

Além desses comentários, ainda são inseridas recomendações para potencializar a exposição das logomarcas dos patrocinadores e fornecedores oficiais.

Com base nesse levantamento de valores de mídia impressa e eletrônica, os patrocinadores poderão facilmente quantificar o retorno no investimento realizado.

Outro método desenvolvido, e altamente aceito, é aquele utilizado e aperfeiçoado pela Informídia, uma empresa brasileira com sede em São Paulo, hoje fazendo parte do Grupo Ibope.

Para televisão:

A tela é esquadrinhada em 100 segmentos. A imagem pesquisada/auditada é toda medida, através de um programa de computador. A partir daí, verifica-se quantos desses quadros são preenchidos pela marca, e por quanto tempo (períodos acima de um segundo). Ao final da transmissão são somados todos esses espaços e seu tempo de exposição. Esse coeficiente é multiplicado pelo valor de um comercial de 30 segundos (sobre 30) naquele horário específico da programação.

A coleta de imagens é eletrônica. E a identificação da marca só é registrada se ela atender a duas condições básicas: nitidez e leitura perfeita, além de duração igual ou superior a um segundo.

Também é levada em consideração a pureza da imagem, ou seja, se a imagem do patrocinador ou a imagem auditada apareceu na tela sozinha, ou em conjunção com outras marcas.

A valoração da marca usará como base a tabela comercial da emissora no mesmo horário e no mesmo dia em que ocorreu a transmissão do evento, onde estava inserida a marca auditada.

Glossário do relatório da Informídia:

Espaço – indica o espaço ocupado na tela.

Pureza – indica o quanto a marca ocupou a mesma tela durante suas aparições no vídeo.

Tempo – indica o tempo de exposição da marca em relação ao tempo total do jogo.

Aparições – indica o número de vezes que a marca apareceu em relação ao total de aparições do jogo.

Visibilidade – indica a visibilidade total da marca ponderando-se o espaço, pureza, tempo e aparições. Quanto maior a visibilidade, maior o índice.

Ao final da auditoria de imagens, a empresa fornece um relatório completo onde constam informações com os resultados de exposição de cada marca × espaço.

Cada um desses espaços é rigorosamente auditado e o número de aparições é computado a fim de emitir o relatório, do qual constará o valor em Reais proporcionais àquela partida e às peças publicitárias auditadas; como por exemplo:

*Camisa – frente – Marca A*

*Camisa – costas – Marca B*

*Camisa – manga – Marca C*

*Calção – Marca D*

Outdoor *da arquibancada*

Outdoor *acesso A*

Outdoor *acesso B*

O mesmo relatório ainda traz um consolidado por anunciante presente no estádio; ou local onde a partida se realizou, do qual constam: o número de aparições relativos a cada um dos anunciantes e os valores correspondentes. Esse relatório permite inclusive que os administradores dos estádios ou arenas vejam o quanto valem os espaços físicos de publicidade, que são vendidos nas linhas do campo. Um espaço excelente para anunciantes que garantem presença maciça nas telas de TV.

Cada exercício de patrocínio busca um resultado diverso dos demais. A decisão de patrocinar um atleta, um time ou uma liga, para ficar apenas nesses casos, deve ser técnica, como já foi dito inúmeras vezes. E considerando o objetivo a ser alcançado. Algumas vezes o intuito do patrocinador será apenas o de exposição na mídia. Outras vezes esse componente não estará sequer listado entre os retornos desejados, e será apenas mencionado no relatório de avaliação – se acontecer. Por isso é preciso insistir que a forma de comprovar a eficiência de uma ação de patrocínio depende dos resultados estabelecidos e traçados para aquela ação específica.

## *4.8.4 Retorno institucional/emocional*

Nem todas as formas de retorno precisam ser medidas e colocadas em gráficos Excell. Há outras formas de retorno que, em razão dos interesses dos anunciantes e patrocinadores, podem ser ainda mais interessantes. Entre elas:

Emocional – quando o patrocinador deseja criar um envolvimento emocional com um determinado público. Ele quer ser visto como a entidade que estabelece um vínculo emocional com o objeto da ação, e isso deve se refletir junto ao público e aos torcedores. A melhor maneira de medir o resultado é através de pesquisas de campo e qualitativas.

Institucional – quando uma determinada marca, empresa ou mesmo governo deseja fortalecer a imagem da instituição em questão. Essa instituição não busca retorno em curto prazo, seja em vendas ou *market share*. Ela busca o fortalecimento de sua imagem. Mais uma vez essa avaliação é feita através de pesquisas de campo e qualitativas.

Afetivo – o patrocinador busca estabelecer uma relação de afeto e *goodwill* com o público. Esse objetivo é especialmente interessante quando a marca sofre um revés em razão de algum problema, como, por exemplo, um vazamento tóxico.

De relacionamento – este está se transformando num dos grandes filões do marketing esportivo. Ele é uma daquelas fórmulas cujo retorno não se mede através dos jornais ou da televisão. Tudo o que vier nesse campo é um *plus*. Os resultados nas ações de relacionamento, através do marketing esportivo, são medidos caso a caso. Se o patrocinador (um banco, por exemplo) opta pela criação de um torneio de golfe entre seus correntistas e/ou *prospects*, ele será medido pelo encantamento dos clientes com a ação, e pelo número de novas contas abertas entre os participantes após o torneio.

Novos negócios – mais uma vez a medição do retorno será feita em razão dos negócios realizados durante e após a ação de marketing esportivo. É preciso ficar muito claro que a empresa promotora ou encarregada do marketing esportivo tem que ser muito bem brifada sobre o objetivo, a fim de que ela possa desenvolver estratégias e táticas que possibilitem atingir esse fim. Se a medição do resultado da ação de patrocínio esportivo for medida pelo número, ou volume dos novos negócios realizados, é preciso que isso fique muito claro desde o início. A quantificação do resultado será a contabilização dos novos negócios durante um determinado período de tempo, ou apenas durante a realização do evento, se for o caso.

Venda – essa quantificação é muito fácil de ser estabelecida. Basta ver o número de artigos ou serviços que foram vendidos após o início da ação de marketing esportivo. Essa avaliação deve levar em conta o período iniciado com o patrocínio, e se estender por um período após o término da ação face o efeito residual. A Copa do Mundo acaba, mas as camisas do país vencedor continuarão a ser vendidas durante muito tempo, mesmo após o término dos jogos.

Desbravamento – outra operação que o marketing esportivo desenvolve com eficiência é o desbravamento de novos mercados. Quando uma empresa não atua em determinado mercado, mas tem a intenção de explorá-lo dentro de um tempo determinado, ou mesmo de se tornar global, o patrocínio esportivo é uma grande ferramenta. A forma de avaliar seu resultado é através de pesquisa de reconhecimento.

### 4.8.5 Uso prático da auditagem de mídia

A razão de auditar e quantificar o somatório de espaços de mídia impressa, televisiva e de Internet é saber qual foi o retorno do investimento.

Com base nos levantamentos de tempo e espaço multiplicados pelos seus valores comerciais, o patrocinador saberá o resultado econômico financeiro do investimento. É claro que ele não levará em conta apenas a cifra pura e simples para determinar se o investimento foi bom ou não. Existem vários outros fatores a considerar. Mas para análise e comprovação, digamos contábil, do investimento (a célebre *accountability* que as agências e anunciantes tanto gostam), o número frio, expresso nesses relatórios, será fundamental.

O montante do resultado apurado será cotejado junto ao valor do investimento para avaliação deste último. Normalmente as empresas patrocinadoras estabelecem um coeficiente entre investimento e retorno em mídia que determinará, pelos padrões daquele patrocinador, se o investimento valeu a pena ou não. Esse coeficiente muda muito de empresa para empresa, de esporte para esporte, atleta para atleta e, é claro, em razão de montante investido. Ninguém pode esperar ter o mesmo retorno de investimentos realizados em situações diferentes. O retorno não se dá automaticamente. Não significa que ao investir R$ 1 milhão o patrocinador terá R$ 20 milhões de retorno, faça chuva ou faça sol. Pra atingir cifras dessa magnitude, o patrocinador, sua agência e a instituição esportiva terão que trabalhar para ter o retorno desejado. Isso não significa que outras empresas possam, sem mais nem menos, estabelecer coeficientes da ordem de 20 vezes de retorno sobre o investimento, apenas porque casos emblemáticos tiveram e têm sucessos dessa ordem. Se fosse sempre assim, ninguém mais faria publicidade tradicional.

## 4.9 Análise do resultado

Tudo o que foi escrito até aqui sempre foi coerente com um conceito: profissionalismo. Esse item mais uma vez corrobora a tese de que o tratamento técnico e profissional da matéria é que faz o sucesso, e a consequente continuidade do negócio. Prover, portanto, o patrocinador com dados que o façam ver o real valor do investimento, e de seu retorno para a empresa, é essencial.

Cada patrocínio, cada modalidade esportiva, cada evento terá aspectos diferentes a analisar, medir e conferir. Esses aspectos serão mais bem explicados no Capítulo 13. Mas o importante é ter em mente, a partir dos objetivos do patrocinador, ao associar seu nome e sua marca ao evento, qual a melhor forma de medir os resultados. Como analisá-los e de que forma fazer com que essas informações cheguem ao patrocinador, para que ele tenha elementos que lhe permitam saber se o investimento teve o retorno esperado.

# 5 GESTÃO DO PATROCÍNIO ESPORTIVO

## 5.1 Conceito

O esporte cada vez mais se mostra uma atividade complexa. Um grande evento esportivo é uma das atividades mais interessantes em termos de detalhes, e como tal deve ser tratado. O patrocínio esportivo é parte do *show*. E muitas vezes é o impulsionador desse espetáculo. Se for feito um exame nu e cru de um evento do porte das Olimpíadas ou da Copa do Mundo, se verá que o jogo, a competição dentro da quadra, transformou-se apenas no elemento agregador do espetáculo. Tratando-se da Copa do Mundo de Futebol, um exemplo muito adequado ao tema, vê-se que os preparativos começaram, no Brasil, seis anos antes da competição propriamente dita. A construção de estádios, as obras de infraestrutura urbana, treinamento de recursos humanos, criação de empregos, relações públicas globais, relações diplomáticas etc. etc. A lista é infindável, até que se iniciem os jogos. A realização de algumas dezenas de partidas, por si só, é fácil. O Brasil faz milhares delas todos os anos em seus campeonatos nacionais e regionais. Não seria problema montar uma competição envolvendo 32 seleções internacionais em 64 jogos. Mas a grandiosidade que ela assume, muito em razão do marketing da própria competição e do país sede, faz dela um intrincado e complexo evento.

A vida moderna aproxima cada vez mais o homem dos esportes, seja pelo prazer ou necessidade de praticá-los, seja simplesmente ao assistir pela TV, ou discutindo com os amigos e buscando se manter por dentro do assunto.

Um grande evento esportivo transformou-se num acontecimento ímpar dos povos modernos. As reuniões de dezenas de milhares de pessoas em torno de um gramado (ou quadra) são a moderna representação da Ágora Grega, do Coliseu Romano, das batalhas de todos os tempos, ou das grandes festas que envolviam as comunidades inteiras das vilas e povoados. Os eventos são as celebrações de colheita, de vida, de paz, de comemoração das vitórias em guerras e também do mercado da praça ao qual todos convergiam uma vez por semana, para saberem das novidades, para vender e comprar, para verem e serem vistos.

O esporte é a celebração de um ritual, é uma catarse popular, é a hora, o local e momento para chorar e gritar a derrota, bradar e brindar o grito de gol – esporte é a exacerbação de uma experiência de vida – que deve, de preferência, ser vivida com mais alguns milhares de pessoas semelhantes a você.

As 3.170.856 de pessoas que compareceram aos 64 jogos da Copa da África do Sul, em 2010, estavam irmanadas em torno de algo que superava divergências nacionais, de cor, religião e graus de desenvolvimento. Durante aquele mês esses milhões de pessoas que compareceram aos jogos estavam imbuídas de um só espírito: torcedores.

Essas características, que tendem a se reforçar com o tempo, fazem do esporte um elemento único na cultura de um povo moderno. Essas características deverão se potencializar nas próximas décadas, porque o homem cada vez mais perde a chance de extravasar seus sentimentos. Ele tem cada vez menos chances de se expressar fisicamente. E ao mesmo tempo recebe milhares de informações, num fluxo crescente de fora para dentro, enquanto esse fluxo é decrescente de dentro para fora. Um grito de gol bradado junto com outras 50.000 pessoas jamais será superado por 50.000 *posts* no Facebook, nem terá o apelo tribal e primevo do brado emocionado.

Além do aspecto emocional e social, ainda se soma a isso o aspecto físico, que exige mais e mais atividade para uma vida saudável, enquanto as atribuições do dia a dia tendem a reduzir o tempo e os acessos para a prática esportiva.

O que toda essa pretensa explicação sociofilosófica tem a ver com Gestão de Patrocínio Esportivo? Nada. E tudo ao mesmo tempo. Nada porque os esportes continuarão a existir através dos séculos, independentemente da boa gestão. E tudo porque, quanto melhor forem administrados o esporte, o evento esportivo e os patrocínios, melhor será o resultado para os desportistas, para os fãs e espectadores. E se o conjunto for mais bem administrado resultará num esporte melhor. E, consequentemente, um caminho para uma vida mais saudável física, social e emocional.

## 5.2 Desenho do plano de patrocínio

O Plano de Patrocínio Esportivo será o guia que regerá o trabalho de patrocínio. (Não confundir com o projeto de venda de patrocínio.) Ele deve ser desenvolvido imediatamente após a assinatura do contrato de patrocínio levando em conta dois critérios básicos:

1. O contrato – este instrumento vai regrar a relação entre as partes. Tanto patrocinador quanto patrocinado deverão seguir o que ele expressar. No contrato deverão estar expressas as regras do jogo; o que pode e o que não pode ser feito; os direitos e deveres de cada parte.
2. Os interesses e estratégias de marketing do patrocinador – uma vez que o patrocínio foi contratado com um objetivo explícito pela empresa, seja ele de dar maior reconhecimento à marca, de incrementar suas vendas, de criar relação de simpatia com determinados públicos institucionais ou comerciais, entre outros tantos, ele deverá ser estruturado e adequado para atender esses objetivos.

Tomadas por base essas duas premissas; contrato e estratégia/objetivos do patrocinador, o plano de patrocínio deve ser constituído de modo a nortear e detalhar sua execução. O patrocinado deve tomar conhecimento desse plano (explicando todos os detalhes) a fim de poder auxiliar na busca dos resultados.

Do plano de patrocínio deverão constar todos os pormenores que ajudarão na obtenção dos resultados. Dele farão parte:

1. Plano de mídia de suporte;
2. Estratégia de Relações Públicas e Imprensa;
3. Uso de espaços reservados;
4. *Design* e uso de marcas nos uniformes e nos locais das competições;
5. Publicidade estática;
6. Uso dos *Hospitality Centers*;
7. Distribuição de convites;
8. Ações de *merchandising*;
9. Política de *licensing* e *merchandising*;
10. Encontros e eventos de relacionamento e autógrafos de atletas;
11. Participação, por exemplo, de ações pontuais como a visita de atletas a uma convenção da empresa;
12. Uso de produtos e/ou serviços do patrocinador pelos atletas e dirigentes;
13. Estabelecimento de elos entre empresa e objeto do patrocínio;
14. Designação dos administradores do patrocínio e do executivo que será o elo de ligação entre as partes;
15. Celebrações e comemorações.

Administrar todos esses itens é essencial, não somente porque isso faz parte das boas técnicas de administração de patrocínio esportivo, mas porque sua perfeita execução influirá sobremaneira no sucesso daquilo que foi planejado.

## 5.3 Endosso de atletas

A participação dos atletas nos contratos de patrocínio se dá de duas formas mais usuais: a primeira quando o próprio atleta é patrocinado por uma empresa ou entidade governamental; a segunda é quando o atleta (ou atletas) integra um clube ou equipe. Em ambos os casos os contratos devem prever e regrar as obrigações de parte a parte de forma a permitir que sejam corretamente geridas.

O patrocínio de um atleta leva normalmente a uma retribuição contratual. Isso significa dizer que esse atleta estará endossando a empresa patrocinadora ou seus produtos e serviços. O atleta dá suporte, endossa, coloca sua imagem a serviço da marca patrocinadora. Ele conecta sua imagem pessoal de forma que seus fãs associem sua imagem à marca, ao produto ou serviço que ele publiciza naquela circunstância.

O Rei Pelé endossou por muitos anos a marca Golden Cross e o complexo de vitaminas Vitasay. Neymar, hoje, empresta sua imagem para uma dezena de produtos que vão de televisores Panasonic a Guaraná Antártica, Nextel, Nike e cuecas Lupo. A imagem disso é tão forte que nós estamos dando espaço a essas marcas e sua vinculação com a imagem de Neymar num livro técnico. Esse tipo de endosso é muito poderoso porque transfere a importância, a imagem e o carisma do ídolo para a marca endossada.

Essa forma de publicidade é largamente utilizada no mundo todo. Os contratos de patrocínio de alguns atletas internacionalmente conhecidos, não apenas do futebol, mas do golfe, basquete e tênis (para citar alguns), atingem cifras milionárias. Em todos esses casos as empresas não estão contratando os atletas porque eles são bonitos e charmosos. Alguns inclusive não são nem uma coisa nem outra. Mas são ídolos. E na qualidade de pessoas altamente reconhecidas e idolatradas eles têm o poder de transferência de determinadas qualidades para as marcas anunciadas. Além disso, eles chamam atenção do público saturado de mensagens publicitárias.

A campanha da Gillette fez mais do que simplesmente usar grandes nomes do esporte numa campanha publicitária. Ela criou eventos promocionais que repercutiram na mídia dando um retorno excepcional à marca. Abaixo matéria da Máquina do Esporte.

Um desses fenômenos é Tiger Woods, o maior jogador de golfe do mundo. Ao final da sua última partida na qualidade de amador ele assinou um contrato com a Nike no valor de US$ 40 milhões, pelo prazo de 5 anos. Além desse ele assinou outro com a Titleist, uma marca de bolas e tacos de golfe, por 20 milhões de dólares (pelo prazo de 5 anos) para ser o porta-voz da empresa. Ele ainda firmou na mesma época contratos com a empresa suíça de relógios Rolex, por 2 milhões de dólares/ano, e com a American Express, por 3 milhões de dólares/ano. Porque essas empresas pagam valores que somados, no caso de Tiger Woods, chegavam em 1998 a US$ 28 milhões por ano? Por que pagaram a ele valores que fizeram dele nos anos 2000 o primeiro atleta do mundo a amealhar uma fortuna de mais de 1 bilhão de dólares? Porque ele transmitia um punhado de características positivas que eram imediatamente associadas e transmitidas aos produtos que ele endossava. Ele é um rapaz que venceu pelo próprio esforço. Campeão de todos os torneios de que participa; com cara de bom moço; educado, bonito, esguio, rico e que luta por seus ideais. O que mais uma empresa como Nike, Titleist, Rolex e American Express podiam querer? Os clientes que lerem as mensagens de Woods nas revistas dizendo que só usa Rolex e que seu cartão é American Express vão se imaginar vitoriosos e cheios de sucesso como ele se comprarem um Rolex com um American Express. Claro que há um certo exagero nessa afirmação. Mas é assim que as coisas funcionam e é por isso que as empresas pagam milhões pelo endosso desses atletas. E é também por essas mesmas razões que elas cancelam seus contratos com atletas dessa estirpe quando sua imagem é comprometida. No momento em que eles deixam de imprimir essa imagem às marcas que os patrocinam, seus contratos são suspensos. Porque eles só valem às empresas enquanto os conceitos positivos inerentes a esses atletas agregarem valor às marcas.

"Não basta patrocinar, tem que inserir o torneio na mídia e fazer com que a marca tenha fácil identificação por meio do esporte"

Fabricia Navarro, diretora de atendimento da Koch Tavares

**Fonte:** Máquina do Esporte, 2012.

Os exemplos nesse campo são concretos. Hoje em dia os grandes nomes do esporte ganham tanto ou mais em patrocínios e associação de seus nomes a marcas do que ganham de salários nos clubes onde jogam.

## 5.4 Centros de hospitalidade

A Fifa edita a cada grande competição um guia com os formatos dos seus Centros de Hospitalidade. Quando os interessados recebem o *folder*, sabem o que irão encontrar em cada um desses espaços.

No caso da Copa do Mundo, esses espaços se dividem em três categorias: *Private Suite*, *Shared Suite* e *Executive Hospitality*. Já os pacotes de hospitalidade são cinco: *The Big Five Series*, *The Gauteng Series* (na África do Sul), *The Venue Series*, *The Final Round Series* e *The Team Specific*, para aquelas pessoas que querem seguir todos os jogos de uma determinada seleção.

O resultado de uma pesquisa realizada com as empresas que compõem a lista das 1.000 maiores empresas americanas da revista *Forbes*, sobre as razões que levam uma empresa a investir em patrocínio esportivo, apontou os Centros de Hospitalidade (HCs) em quinto lugar, numa lista de nove motivos.

Os Centros de Hospitalidade, ou *Hospitality Centers*, são um elemento importante de marketing de relacionamento. As empresas americanas e europeias fazem grande uso desses espaços em eventos esportivos, estádios, arenas, pistas de corrida e todo tipo de complexo esportivo. Os Centros de Hospitalidade variam de pequenos espaços, como camarotes, até áreas imensas com centenas de metros quadrados, dependendo das necessidades e intenções dos patrocinadores. Nos HCs, como são usualmente chamados, as empresas recebem executivos, amigos, clientes, *prospects* e autoridades. São locais excelentes para fechar negócios, fazer *lobby*, impressionar a clientela ou apenas para se distrair e relaxar entre amigos. Dentre os patrocinadores da Seleção Brasileira de Futebol, alguns deles fazem uso desses espaços com muita sabedoria; em especial o Banco Itaú.

Uma vez que o HC funciona como um posto avançado da empresa patrocinadora, sua organização tem que ser impecável, sem se tornar obsessiva ou constrangedora.

O Centro de Hospitalidade deve sempre ser decorado com as marcas da empresa e de seus produtos, para deixar claro que eles estão assistindo ao evento graças àquela instituição. Ficam duas sensações subliminares entre os convidados: a de privilégio por fazer parte daquele grupo especial e de gratidão por haver sido convidado.

Os HCs normalmente são organizados de forma a oferecer conforto, alimentos e bebidas, lavabos e brindes àquele grupo especial de pessoas. Basta ver o Camarote da Brahma no Carnaval Carioca.

Nos grandes eventos, os patrocinadores terão à sua disposição espaços onde poderão montar seus HCs. Neles os atletas serão recebidos para sessões de autógrafos e fotografias, frequentemente farão uso desses locais para entrevistas coletivas, que podem ser agendadas nos HCs, ao invés de salas de imprensa. Enfim, o Centro de Hospitalidade é um local onde os patrocinadores e seus convidados podem e devem se sentir especiais. Um local onde o evento vem até eles.

Normalmente a administração dos HCs será entregue a uma única empresa que dará assistência a todos os Centros de Hospitalidade de um evento ou estádio. Com isso eles poderão minimizar custos e maximizar a qualidade. Isso não significa que o serviço ou instalações devam ser os mesmos. Cada um contrata o "recheio" que entender mais adequado aos seus propósitos.

Ao adquirir um HC, uma empresa deve ter em mente alguns pontos relativos à sua administração, a fim de não incorrer em constrangimentos na hora do evento.

Pontos a serem observados pelo contratante:

- Número de pessoas autorizadas a ingressar no local.
- Quem fornece serviços de segurança?
- Quem fornece os serviços de *catering*?
- Como e quando pode ser feita a escolha dos alimentos e bebidas servidos pelo serviço de *catering*?
- Haverá recepcionistas para cada HC?
- Quando e como pode ser feita a decoração do local?
- Haverá ar condicionado?
- Como serão os indicativos de cada um dos HCs (quando houver vários)?
- Quantas vagas de estacionamento servirão ao HC?
- Os convidados disporão de serviço de transporte?
- Haverá um local para reunião do grupo fora do evento antes do deslocamento?
- Os assentos (quando num estádio, por exemplo, poderão ser decorados, vestidos com as cores do patrocinador)?
- Os convidados poderão usar camisetas fornecidas pelo patrocinador? Há restrição de cores?

Nos Estados Unidos e Inglaterra existem empresas especializadas em montar, vender e atender Centros de Hospitalidades. Algumas dessas empresas detêm os direitos sobre os HCs de campeonatos inteiros, não importando onde eles aconteçam. A Regency Productions (uma empresa do Grupo Hyatt) fornece os serviços de hospitalidade para as finais do Super Bowl – campeonato da NFL. Segundo Mark Donovan, executivo da Regency, "os HCs são o lugar perfeito para oportunidades de marketing de relacionamento". E são mesmo. Primeiro porque as pessoas gostam de ser convidadas para eventos esportivos. Segundo porque as pessoas gostam de ser convidadas para os HCs em razão do privilégio que isso aponta. Lá, descontraídas, as pessoas ficam muito mais à vontade para fazer negócios do que se estivessem trancadas em escritórios. Essa é a razão principal de as empresas americanas investirem tanto na compra de Centros de Hospitalidade pelo país e pelo mundo afora. E, afinal, elas não estão entre as 1.000 da *Forbes* de graça.

## HC do Fedex Field

**Fonte:** Washington Redskins, FedEx Field, 2013.

## 5.5 Condições climáticas

As condições climáticas são uma das grandes dores de cabeça de qualquer evento esportivo. Ou porque choveu em demasia, e alagou o gramado, ou choveu de menos e o rio não mais permite realizar a competição de *rafting*. Nevou muito pouco e as pistas estão carecas, ou nevou em demasia e os espectadores estão impedidos de chegar ao *resort* de esqui. Tem muito sol e isso afasta o público, ou não tem sol e o público desistiu de vir.

O clima sempre terá associação direta com os eventos esportivos. Alguns esportes e eventos mais do que outros. Geralmente é preciso se adaptar às condições climáticas do lugar, e ao invés de lutar contra o tempo, entrar em acordo com ele. O segundo esporte mais importante do Rio Grande do Sul é o Futebol de Salão. A razão é simples. No inverno frio e chuvoso é preciso praticar esportes em locais protegidos. Da mesma forma com que o vôlei de praia é mais praticado no Rio de Janeiro, por exemplo, do que em Punta Del Este, no Uruguay.

As condições climáticas interferem muito num evento, sejam elas a temperatura, sol ou chuva. Cuidar e antecipar esses detalhes é vital para o sucesso de um jogo importante ou para um evento. Mesmo que ele seja em local fechado, o tempo interferirá. A interferência em local fechado pode ser quanto à disposição das pessoas saírem de casa em caso de muita chuva, por exemplo. Portanto, faça tudo o que puder ser antecipado em termos de preparativos e cuidados para ter um plano "B"em caso de tempo adverso.

## 5.6 Segurança

Este item sempre foi uma preocupação de todos os organizadores de eventos esportivos, e a tendência é de crescimento. Depois dos Jogos Olímpicos de Munique em 1972, quando ocorreu o atentado contra a equipe israelense, ele se tornou ainda mais preocupante. Mais tarde, em Atlanta em 1996, aconteceu um novo (embora menor) atentado até hoje não esclarecido. Isso fez com que os organizadores passassem a ser ainda mais prevenidos e cautelosos. Em 2013, na chegada da Maratona de Boston, duas bombas de fabricação caseira explodiram matando e ferindo espectadores junto à linha de chegada. Os terroristas foram descobertos em seguida, mas a imagem do evento já estava manchada. Nos Jogos Olímpicos de Sidney (em 2000), os cuidados com a segurança foram muito intensos. Mas certamente, após o maior atentado terrorista da história, embora completamente desvinculado do mundo esportivo, em 11 de setembro de 2001, em Nova Iorque, o mundo não seria mais o mesmo. Inclusive nos eventos esportivos. As preocupações e cuidados com segurança foram reforçadas desde então. Na Copa da África do Sul as precauções estenderam-se para além dos estádios. Na entrada dos *shopping centers*, por exemplo, bolsas, mochilas e sacolas eram revistadas para prevenir incidentes dentro desses locais de concentração de público.

Mesmo que a preocupação esteja desvinculada de atos terroristas, a simples presença de milhares de pessoas num mesmo local já é um problema de segurança. Quando se diz segurança, não se está fazendo referência apenas a bombas ou um terrorista armado de metralhadora, mas a todas as questões inerentes a um local que congregue um número considerável de pessoas. Principalmente quando parte desse contingente for formado por crianças. As atenções com a segurança devem incluir:

- Furtos e assaltos
- Furtos de veículos
- Incêndio

- Brigadas de incêndio
- Excesso de lotação
- Saídas de emergência
- Sinalização (visual e sonora)
- Presença de fogos de artifício e rojões
- Iluminação de emergência
- Portas corta-fogo
- Ambulâncias
- Plano de evacuação
- Policiamento ostensivo e infiltrado
- Orientadores
- Circuitos internos de TV para acompanhar os torcedores
- Sistema de identificação facial para alertar sobre tumultuadores
- Arcos com detectores de metais
- Sistemas para checagem de bolsas e mochilas
- Cães farejadores

Todos estes itens devem fazer parte do plano de gestão de um evento esportivo. A gestão do patrocínio esportivo e da relação do patrocinador com o evento, ou com a atividade esportiva, será muito mais fácil e proveitosa se o patrocinador for informado dos procedimentos usuais e emergenciais dos administradores do evento ou do esporte. Afinal ninguém quer patrocinar um esporte ou um evento que possa passar por um momento mais delicado. Não é necessário submeter todos os procedimentos aos patrocinadores e anunciantes. Longe disso. Mas apenas dar conhecimento a eles de que essa preocupação faz parte do rol de ações da organização do evento. E como tal está coberta de cuidados.

## 5.7 Transporte

Em alguns países onde a cultura automobilística é ainda mais intensa do que a nossa, a exemplo dos EUA, a impressão mais forte que um espectador guardará de um evento esportivo, após o esporte propriamente dito, será sobre as facilidades e/ou dificuldades para chegar com o carro ao local do evento e para sair dele. Como o transporte público, principalmente no que se refere a trens e metrôs, é deficiente em nosso país, faz-se necessária a organização atenta deste quesito.

A preocupação com a administração dos meios de transporte para propiciar o maior conforto possível aos espectadores de um evento esportivo deveria ser uma questão crucial para qualquer promotor de *shows*, espetáculos, jogos e torneios, entre outros.

Um dos aspectos que mais encantam os turistas brasileiros quando visitam a Disney World de carro (esse exemplo é válido porque mais brasileiros vão à Disney do que frequentam eventos esportivos nos EUA) é a maneira como os carros são conduzidos aos estacionamentos. Isso permite ao pessoal que administra os estacionamentos dizer o local exato da localização do automóvel, caso o turista não lembre onde estacionou. Basta lembrar a que horas você chegou ao parque, ou ter guardado seu ticket de entrada no *resort* (ele tem a hora impressa digitalmente). O horário de chegada ao parque permite aos administradores do estacionamento saber em que fila e setor seu carro está. O cuidado com o transporte e, portanto, com o estacionamento, assim como com os veículos dos visitantes, chega a tal ponto, que eles mantêm um ex-arrombador de carros de plantão (funcionário do parque) para abrir seu veículo, caso a chave tenha sido esquecida no seu interior.

A administração de um evento esportivo também deve estar atenta ao transporte de grupos de especial interesse do acontecimento.

Atenção especial deve ser dedicada a:

- Atletas
- Convidados VIP
- Imprensa
- Área de patrocinadores e seus convidados
- Árbitros

Aos *atletas* por questões óbvias. Se os atletas não tiverem acesso ao local de treino ou do evento, o objetivo da ação não será alcançado. Algumas precauções devem ser tomadas quando houver o indicativo de qualquer tipo de problema, tais como de segurança ou excesso de fãs barrando as entradas em busca de autógrafos. Durante a Copa das Confederações (2013) em algumas cidades-sede dos jogos no Brasil, aconteceram manifestações inflamadas nas ruas. Nesses casos o ideal é concentrar a chegada dos atletas num local fora dos complexos onde ocorrem os jogos, ou treinos, e trazê-los todos num mesmo ônibus cercados de medidas de segurança. O ônibus sempre é mais seguro, mas deve ser checada com antecedência a possibilidade de manobra, e até de altura no caminho, e no local onde ele deverá deixar e buscar os atletas. Há uma operação que parece óbvia, mas nem sempre é observada. Por ocasião do teste de percursos, feito antecipadamente, deve ser lembrado que o dia do teste e o dia do evento têm um detalhe completamente distinto. No primeiro não tem público. No segundo pode ter dezenas de milhares de pessoas. Houve uma ocasião, numa final da Libertadores da América Toyota, no estádio Olímpico, em Porto Alegre, em que o encarregado de escolher o roteiro do ônibus em que viriam patrocinadores e a cúpula da Conmebol não atentou para este detalhe. Por conseguinte, o ônibus ficou preso no meio da massa de torcedores. Como o motorista forçou a passagem aconteceu algo ainda pior. Ele bloqueou, também, a passagem de torcedores, causando um princípio de tumulto. Nada disso teria ocorrido se houvesse uma checagem minuciosa do roteiro.

Os *convidados VIPs* deverão receber um tratamento diferençado. Porque é justamente nesses pequenos detalhes que essas pessoas se sentem mais importantes do que as outras. Marcar um local (com estacionamento reservado) fora do espaço do evento é uma atitude adequada. Transportá-los em carros especiais, ou vans, ou mesmo de ônibus (onde estarão sendo servidos ou entregues mimos dos patrocinadores) até o local do evento é o melhor caminho a seguir. Se o local permitir a chegada dessas pessoas por conta própria, com seus próprios carros, então mandam-se, antecipadamente, as credenciais para carros junto com mapas detalhados de como chegar ao estacionamento VIP, previamente reservado.

À *imprensa* deve ser dedicada atenção especial. Afinal os organizadores querem e precisam dela para divulgar o evento e seus patrocinadores. Para tanto o ideal é reservar local diferençado de estacionamento a fim de facilitar seu transporte até o local. Não se deve esquecer que em grandes eventos eles necessitam de espaço para estacionar os caminhões de transmissão de TV próximos às arenas ou ginásios. Além disso, eles precisam se deslocar eficientemente após a realização do evento para poderem voltar às redações (isso tende a se tornar cada vez mais necessário uma vez que a maioria das fotos, matérias e textos são enviados por meios eletrônicos).

O transporte para as áreas *de patrocinadores e seus convidados* deve receber tratamento parecido com aqueles dispensados aos convidados VIP, devendo os administradores saber como dosar as atenções dispensadas a um e a outro grupo de forma que em ambos os casos as pessoas se sintam especiais, e aquelas que são realmente VIPs se sintam ainda mais especiais do que as outras.

## 5.8 Alimentos e bebidas

Um dos sucessos das modernas arenas é justamente a preocupação quase obsessiva com esse item – referido na linguagem hoteleira como A&B. Não é à toa que essa sigla seja composta justamente (além de serem as iniciais de Alimentos e Bebidas) pelas duas primeiras letras do alfabeto. Porque elas devem estar na primeira linha dos quesitos a serem bem administrados. A ligação do sucesso de um evento esportivo com alimentos e bebidas não é exclusiva do esporte. Ela é atávica à espécie humana. Desde a pré-história sobreviviam os grupos mais aptos a obterem, ou terem, acesso à comida e a água. Também não é à toa que todas as festas, desde as familiares até o lançamento de um novo modelo de *tablet*, sejam regadas a bebidas e comida. No esporte essa associação talvez seja ainda mais forte, porque faz parte do espetáculo sentar para ver a corrida de Fórmula 1, ou a partida de basquete, com um copo de cerveja ou refrigerante numa mão e um cachorro-quente na outra. É neste ponto que o Brasil está mais para pré-história do que para modernidade. Talvez ainda se encontre em algum estádio brasileiro um sanduíche de brontossauro para vender. E talvez o local de venda desse sanduíche não tenha sido limpo desde que o último homem de Neanderthal foi extinto.

Nos ginásios, arenas e estádios americanos o valor arrecadado com a venda de A&B supera o valor arrecadado com os ingressos. Mas para isso algumas condições básicas devem ser atendidas.

O cachorro-quente deve ser quente e a bebida gelada. E nunca ao contrário, como a maioria dos operadores de bares de estádios imagina.

Os acessos aos bares, lanchonetes e restaurantes deve ser fácil e ágil. Todas as operações de alimentação devem ser impecavelmente limpas. O princípio de manutenção de limpeza é o mesmo dos metrôs. Se ele estiver limpo as pessoas se ressentirão em sujá-los. As pessoas pensam que, se estiver sujo, mais um pouco não fará diferença.

Finalmente, deve haver um número de locais de oferta de alimentos e bebidas compatível com o público, com sortimento tal que atenda a necessidade e vontade dos compradores. A crítica em razão da demora no atendimento nos intervalos dos jogos de futebol, por exemplo, sempre vai acontecer. Por uma simples razão. Não existe operação que permita atender 50.000 pessoas em 15 minutos. Mas aquelas que forem atendidas antes, durante e depois do jogo têm que sair de lá com vontade de voltar outro dia para comer aquele lanche especial.

## 5.9 Espaços para pessoas com dificuldades de locomoção

Independentemente de essa questão ser regrada por leis federais, estaduais e municipais, que variam de local para local, essa deve ser uma preocupação dos administradores esportivos. O esporte é uma atividade de lazer, e como tal deve ser propiciada às pessoas com deficiências de locomoção, a fim de lhes possibilitar fácil acesso, na entrada e na saída do espetáculo. Além de boa visualização do mesmo. Esse é um público que deve ser muito bem tratado – sempre.

## 5.10 Publicidade

O patrocinador investe sua verba para obter retorno. As formas de obter esse retorno já foram tratadas em vários outros capítulos. Mas a administração e o gerenciamento da publicidade merecem atenção especial dos gestores do processo.

A publicidade dos patrocinadores deve receber garantias de que será vista, acessada e ouvida (se for o caso). Para isso ela deve ser disposta da melhor forma possível. Uma vez instalados painéis, inseridas as mensagens nos *sites*, publicados os *posts* etc., confira um a um. Cheque se tudo está conforme combinado. Se houver uma discrepância entre o que foi contratado e o que está sendo veiculado, que seja para melhor. Que traga uma vantagem para o anunciante, e nunca o contrário.

Quando for publicidade nos locais dos eventos, propriamente ditos, confira a visualização a partir do ponto de vista das cabines de imprensa, e dos ângulos onde as câmeras de televisão serão postadas.

O mapa abaixo faz parte de projetos de propostas de espaços publicitários para comercialização em estádios. Normalmente a preferência se dá por ordem de compra. Alguns anunciantes preferem suas marcas junto às goleiras, outros preferem próximo do centro do campo. A empresa que estiver comercializando os espaços tem que garantir aos compradores que a posição escolhida e contratada será aquela de exibição. Observe-se que todos os painéis são estáticos.

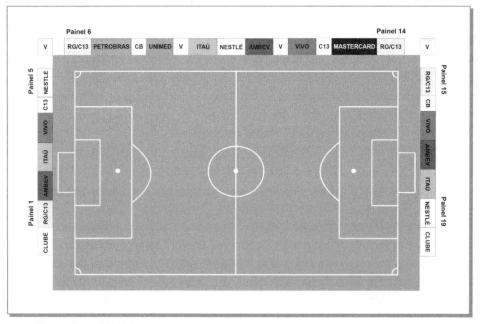

**Fonte:** Projeto Futebol 2009, Rede Globo.

O mapa de placas e de publicidade que segue, além dos painéis placas estáticos atrás das goleiras, ainda traz a demarcação do local e da área abrangida pelo painel eletrônico. No caso da venda de espaço no painel eletrônico, a proposta deverá trazer informações relativas ao número de vezes em que a imagem do anunciante será exposta e o tempo de exposição.

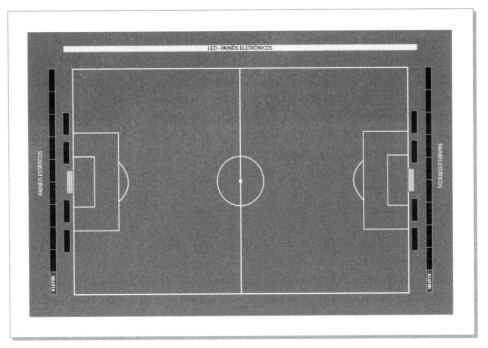

**Fonte:** Projeto Futebol 2009, *Rede Globo*.

Limpe o local de publicidade que não esteja em acordo com o evento. Cuide para que não haja colisão de patrocinadores no local. A cada jogo da Seleção Brasileira, quando os estádios e arenas são requisitados pela CBF, toda a publicidade que havia no local é coberta ou apagada. Somente a publicidade dos patrocinadores e apoiadores da Seleção pode aparecer.

Evite, mesmo sendo uma medida antipática, que torcidas organizadas cubram as placas e painéis dos patrocinadores com faixas e mensagens. Os patrocinadores estão pagando pela visualização e/ou transmissão de sua marca naquele cartaz. O torcedor pagou somente para assistir e vibrar com o jogo. Ele não pagou para fazer propaganda do bar do seu Zé da Esquina. Lembre-se de que sempre que houver uma faixa de propaganda no meio da torcida é bem provável que aquele pessoal tenha recebido dinheiro ou favores para desenrolar aquela faixa. Quem tem que receber dinheiro pela propaganda exibida no local da prática esportiva é o atleta, o estádio, ou o espetáculo.

Garanta a exibição das mensagens publicitárias dos patrocinadores e anunciantes. Essa é uma importante missão do gestor do evento.

Na foto abaixo pode-se observar a publicidade dentro de um estádio onde é utilizado o painel luminoso com LEDs. Muito mais efetivo por duas razões: o movimento das peças publicitárias atrai a atenção; e as cores vivas.

**Fonte:** Foto do autor.

## 5.11 Mídia

A mídia compõe uma das pontas mais importantes da figura geométrica que dá forma ao esporte.

O patrocinador precisa do esporte para divulgar sua marca, seus produtos e serviços. O esporte precisa do patrocinador para se fortalecer e crescer. A mídia precisa do esporte como um de seus mais importantes conteúdos (senão o maior). Um esporte mais forte (com melhores patrocínios e mais rico, portanto) resulta em melhores condições de exibir melhores espetáculos; que atrairão mais audiência e mais faturamento para rádios, TVs, jornais, revistas e Internet.

A simbiose, a interconectividade das partes, é mais do que evidente. E o trabalho em conjunto entre os veículos de mídia e os organizadores de eventos e de entidades esportivas é fundamental para o sucesso de ambos.

Entendido esse aspecto, cabe ao promotor, organizador, gerenciador do esporte e do evento esportivo propiciar à mídia as melhores condições de trabalho. Para isso devem ser disponibilizadas salas para entrevistas, para envio de matérias, telefones, *wi-fi*, cabines etc.

Em alguns locais os organizadores vão mais longe e providenciam serviços de *catering* para os jornalistas. O que é muito bem recebido por todos.

## 5.12 *Tickets* e acessos

O ingresso abaixo, frente e verso, foi o ingresso oficial do Campeonato Gaúcho Coca-Cola de 2012. Além de vários itens de segurança, que não permitiram uma só falsificação durante toda a competição, ainda trazia a marca do patrocinador. Nesta edição (assim como já o fora em 2011), a Coca-Cola detinha o *Title Sponsor* do Campeonato. Por essa razão, sua marca estava na frente do ingresso e no verso. Reparem que no verso a marca aparece duas vezes. Isso se dá para que o torcedor fique com uma parte dele, depois de destacar o canhoto. E com isso possa guardar ou colecionar uma lembrança do jogo; e consequentemente do *Title Sponsor*.

**Fonte:** Foto do autor sobre ingressos oficiais do Campeonato Gaúcho, 2012.

Um ingresso é somente um pedacinho de papel, ou um cartãozinho plástico, mas pode determinar o sucesso ou fracasso de um evento.

Quanto maior o evento, maior cuidado se deve ter com a distribuição dos *tickets* para venda. Não importa o tamanho do evento. Sempre se terá que calcular o melhor preço para cada um dos diferentes tipos de assentos. Em qualquer situação se deverá atentar para facilitar o recebimento dos *tickets* e o acesso das pessoas aos seus lugares.

Se todos os organizadores de eventos esportivos (e de outras modalidades também) soubessem que as pessoas que estão comprando os ingressos estão na verdade pagando por algumas horas de diversão, eles cuidariam muito mais dos detalhes para não frustrar os espectadores. Quem desembolsa R$ 20,00 ou R$ 500,00 por um ingresso gastou aquilo que podia dispor em troca daquela diversão. Os R$ 20,00 ou R$ 500,00 são tão importantes para o primeiro espectador quanto o são para o segundo, que pagou 25 vezes mais. Portanto, dispensar atenção e cuidados a ambos é uma obrigação do gestor do evento.

O primeiro passo do processo de venda de ingressos está na determinação dos preços. Como eles são parte importante, e na maioria das vezes vital, para o sucesso financeiro do negócio, a deliberação sobre os preços dos *tickets* é fundamental. E essa decisão não deve ser tomada na base do "eu acho adequado...". A resolução sobre os valores tem que ter por base uma série de insumos. Entre eles:

- Qualidade do espetáculo
- Ineditismo
- Valores de eventos semelhantes
- Proximidade temporal de outros eventos
- Capacidade do local × custos de produção
- Momento do mês em que se realiza
- Facilidades de compra, tanto por meios eletrônicos quanto em locais físicos
- Meios de pagamento; serão aceitos cartões de crédito?
- Preços que atendam vários segmentos de público
- Promoções, sorteios entre os adquirentes de ingressos

Devem-se criar alternativas entre ingressos mais baratos e outros mais caros para poder atingir diferentes públicos. Também existirão raras ocasiões onde o faturamento proveniente dos ingressos será menos relevante que a lotação da casa. Como numa partida decisiva, por exemplo, em que a presença da torcida pode influenciar no resultado. Nesse caso os preços deverão ser rebaixados, tomando o cuidado prévio de não criar situações de embaraço do tipo vender um camarote por $ 100, quando o camarote ao lado pagou $ 1.000.000 pela temporada. Isso significa dizer que alguns setores deverão ser "poupados" dos cortes de preços.

Na impressão deverão constar as marcas dos patrocinadores, a menos que tenha sido contratado de forma diferente.

Uma vez impressos os tickets, *caberá* aos gerenciadores do evento decidir sobre o processo de distribuição dos mesmos. Eles não devem ficar confinados a uma área da cidade. Se for um evento nacional, como é o Grande Prêmio Brasil de Fórmula 1, o sistema de distribuição precisará de um parceiro com presença, senão em todo o país, ao menos nas áreas onde se realizarão a maioria das vendas. Para os demais lugares deve ser criada uma alternativa por Internet. Hoje existem empresas de venda e distribuição de abrangência nacional que cumprem muito bem essa missão.

Muitos desses problemas de distribuição estão diminuindo na medida em que o acesso e a credibilidade das vendas, via comércio eletrônico, aumentaram.

O Grêmio, de Porto Alegre, há muitos anos desenvolveu uma rede de postos de venda de ingressos que se afastavam da capital percorrendo as cidades em que a torcida era mais importante. Assim, ele só tinha que divulgar nos jornais onde os torcedores podiam encontrar os ingressos, sem que tivessem que se deslocar até o estádio. Isso aumentava o conforto, diminuía gastos dos torcedores, gastos operacionais do clube (um menor número de bilheterias e bilheteiros se fazia necessário), e incrementava o número de torcedores no estádio. Esses pontos de venda eram lotéricas, lojas de artigos esportivos e até farmácias. Todos eles deveriam devolver o encalhe até "X" horas antes do início do evento, para fins de contabilização.

Os organizadores devem ter um controle total do andamento das vendas. Com isso eles podem melhor distribuir os torcedores pelo local do evento ou até, em alguns casos, típicos do futebol brasileiro, onde às vezes o público é reduzidíssimo, concentrar todos os espectadores numa mesma área eliminando custos de abrir todo o estádio.

Quando o assunto é ingresso, duas coisas vêm à mente dos organizadores de eventos esportivos (embora isso também não seja um privilégio exclusivo desses): falsificação e cambistas. O primeiro problema é ainda maior do que o segundo. Os organizadores devem contratar os melhores processos de impressão e autenticação para evitar fraudes. Às vezes a falsificação é perpetrada pela própria empresa encarregada de imprimir ou confeccionar os ingressos, tornando o processo de controle muito mais difícil. Como o foi num jogo da Seleção Brasileira no sul do Brasil há alguns anos atrás. Os organizadores determinaram, por razões de segurança, que o número de ingressos seria menor que a capacidade do estádio. Na hora do jogo foram surpreendidos por centenas de torcedores impossibilitados de entrar. O estádio não apenas lotou (o que não era para acontecer), como não teve capacidade para receber todos os torcedores que tinham ingressos na mão. Embora a Federação Estadual de Futebol tenha olimpicamente devolvido o dinheiro daqueles que não puderam ter acesso ao estádio, ela ainda foi processada por alguns torcedores que se sentiram lesados. Os organizadores ficaram estarrecidos sabendo que mesmo após o estádio estar quase lotado ingressos ainda estavam sendo confeccionados.

Portanto, todos os cuidados ainda serão poucos com a falsificação de ingressos. Quando são ingressos em papel, a tecnologia tem que ser a mais sofisticada possível. Muitas vezes a falsificação só pode ser detectada com o uso de infravermelho ou elementos de segurança colocados nas peças e invisíveis a olho nu.

Os cambistas, por sua vez, não são um problema tão grande. Basta vontade e determinação para evitá-los, uma vez que a maioria dos ingressos vendida por cambistas sai das próprias bilheterias dos eventos. O bilheteiro entrega uma certa quantidade de ingressos a um amigo cambista que os vende por um valor substancialmente maior. Alguns minutos antes do início do evento, o cambista devolve os ingressos à bilheteria, evitando assim ficar com o encalhe e, portanto, com o prejuízo. Quem tem prejuízo, no final, é o promotor do evento que ficou com os ingressos nas bilheterias. É um processo artesanal e baseado na falta de controles internos, portanto, facilmente evitável – quando for desejado.

Os estádios, arenas e ginásios nos Estados Unidos desenvolveram vários métodos para prevenir e identificar fraudes de confecção, venda, distribuição e acesso de *tickets* falsos. Isso é importante não apenas para o sucesso financeiro do negócio, mas também para que todos os envolvidos no processo saibam que existem controles severos.

## 5.13 Acessos

Os acessos são outro ponto nevrálgico. Eles têm que ser estabelecidos de acordo com a expectativa de público, de forma a permitir que as pessoas cheguem aos seus assentos com o maior conforto e segurança possível. O número de acessos na hora da saída deverá ser sempre maior do que o número de acessos previstos para a chegada. A razão é óbvia. Entre a abertura dos portões e o início do espetáculo podem se passar horas. Mas, ao final, todos querem sair ao mesmo tempo.

Nos acessos de chegada devem ser previstos vários processos. Primeiro os de segurança, estabelecidos em conjunto com a polícia militar e civil. Em seguida os processos de checagem de ingressos para prevenir fraudes. Quando houver distribuição de brindes, folheteria, *tickets* para sorteios etc., também é nesse ponto que se concentrarão os distribuidores. Nesses casos muita atenção para que a distribuição de brindes não atrase o fluxo de entrada no local. O ideal é que a distribuição seja feita após as catracas.

Um dos detalhes sobre os estádios na Coreia e no Japão (Copa de 2002) que os jornalistas brasileiros faziam referência, com frequência, dizia respeito aos meios de acesso para entrar e sair dos complexos. Isso aumenta a segurança e o conforto. Além disso, dá mais mobilidade aos espectadores para que possam ter acesso mais rápido e fácil aos bares, restaurantes e toaletes. As novas arenas construídas na África do Sul, para a Copa de 2010, como a de Cape Town, e a de Durban, ficarão como exemplos de eficiência nesse quesito. O mesmo já não se pode dizer do estádio Ellis Park, em Johanesburgo, que foi apenas remodelado para a competição.

## 5.14 Conclusão

A boa gestão do patrocínio esportivo é, em última análise, a gestão do esporte e do evento esportivo como um todo. Para a gestão do patrocínio esportivo funcionar a contento, a gestão do esporte ou do evento devem ser impecáveis.

Só há uma forma do patrocinador se tornar um cliente feliz e ansioso por participar da próxima temporada ou do próximo evento. Ter atendidas suas expectativas com relação àquilo que lhe foi vendido. Portanto, atender e exceder as expectativas devem ser a meta do gestor do esporte, do evento e do patrocínio esportivo.

# 6 COMO PROSPECTAR E ESTABELECER PREÇOS PARA OS PATROCINADORES

## 6.1 Prospectando e elegendo patrocinadores

Este é um dos temas mais interessantes dentro do marketing e do patrocínio esportivo. A falta de técnica, e de conhecimento, dessa matéria contribuiu tremendamente para a falta de sucesso de desportistas, clubes, entidades e equipes. Por quê? A resposta é simples. Porque buscar, prospectar, eleger, escolher um patrocinador não é algo que se faça como quem decide qual canal de televisão vai assistir. A aproximação e prospecção dependem de trabalho prévio, de pesquisa, de conhecimento sobre o objeto da venda, sobre a empresa que receberá a proposta, afinidade entre o objeto do patrocínio e a estratégia de comunicação da empresa, e por último, mas não menos importante, depende da qualidade do material empregado para ilustrar a venda. Quando se faz referência à qualidade do material não se está citando o tipo de papel ou PowerPoint, mas sim as informações que vão contidas no material.

A tentação de narrar casos exóticos desses anos de vivência no mercado é imensa. Se, por um lado, sua exposição depreciaria o assunto aqui tratado, por outro reforçaria a tese de que trabalhar esse assunto, com pessoas de fora do contexto, sem experiência e sem conhecimento de mercado, só serve para frustrar as partes, e dar a impressão às empresas de que o patrocínio esportivo no Brasil carece de seriedade e competência. Este capítulo tentará mostrar como deve ser o trabalho de prospecção e escolha de candidatos a patrocinador, das diferentes modalidades esportivas, eventos, times, associações, entidades representativas etc.

## 6.2 Como selecionar candidatos a patrocinador

A bibliografia sobre prospecção e escolha de patrocinadores começa invariavelmente pelo processo de venda, desde os primeiros passos, com a definição exata do que será oferecido, até os preços e possíveis descontos. Isso será visto rapidamente no próximo tópico, uma vez que já foi tratado mais amiúde noutros dois capítulos (Pacotes de Patrocínio e Estabelecendo Preços para os Patrocínios). Neste tópico serão abordados os princípios da seleção de empresas a serem prospectadas.

Vamos partir do suposto de que o candidato a patrocínio, ou a empresa de marketing esportivo encarregada da prospecção e venda, já tenha seu projeto em mãos. Isso significa dizer que todas as informações porventura requeridas pelo futuro patrocinador já foram coletadas, e estão prontas para serem acessadas e fornecidas à empresa. Portanto, essas informações e detalhes menores já são de conhecimento dos profissionais encarregados de ir ao mercado. Isso é importante porque o trabalho de prospecção parte justamente do conhecimento do objeto do patrocínio.

Com base em informações, como as que seguem, é que será estabelecido o perfil da empresa a ser visitada. Vejamos o que é ideal saber sobre o objeto do patrocínio.

1. Importância daquele esporte específico – em que ponto da preferência nacional ele se situa.
2. Quais as características demográficas do esporte?
   2.1. Que idades ele atinge? Qual o público-alvo?
   2.2. Quais as faixas socioeconômicas a que ele se destina?
   2.3. Em que regiões, cidades ele está mais presente?
   2.4. Qual a sua importância dentro da região onde o patrocínio está sendo oferecido?
   2.5. Ele é um esporte sazonal ou é praticado o ano todo?
   2.6. Os equipamentos necessários para sua prática são sofisticados ou de simples manejo e aquisição?
   2.7. Exibe algum grau de risco?
   2.8. Está na moda?
   2.9. Já é moda em outros países e está em ascensão no Brasil?
   2.10. Ele reflete alguma tendência do momento?
   2.11. Seus ídolos são reconhecidos pelo público pretendido?
   2.12. Seus ídolos casam com o perfil da empresa prospectada?
3. Mídia
   3.1. Qual o interesse na mídia no esporte?
   3.2. Como a mídia tem tratado a modalidade?
   3.3. Quais espaços têm sido reservados à modalidade esportiva?

3.4. As matérias editoriais têm sido positivas, negativas ou neutras?
3.5. Quais as chances de repercussão do patrocínio?
3.6. Se for renovação, qual a avaliação financeira dos espaços de mídia dedicados ao patrocinado?
3.7. Quais as mídias que dão mais atenção à modalidade?
3.8. Qual a importância (Ibope) dos veículos que dão mais espaço à modalidade?
4. Preços
    4.1. Os valores solicitados estão dentro da razoabilidade do mercado?
    4.2. Propriedades de marketing semelhantes têm recebido patrocínios na mesma faixa?
    4.3. No que, em especial, este patrocínio é melhor do que os outros?
    4.4. Os alvos da prospecção têm capacidade de investimento para essa proposta?
    4.5. Os valores sugeridos, se comparados com mídias tradicionais, são investimentos mais caros ou mais baratos?
5. Evento
    5.1. Qual o local de realização?
    5.2. Aberto, fechado, protegido da chuva?
    5.3. Instalações próprias para a realização do evento?
    5.4. Há facilidade de transporte? Os acessos são fáceis?
    5.5. Qual a previsão de público?
    5.6. A estrutura permite instalação de operações de venda de A&B?
    5.7. O local é seguro?
    5.8. Oferece boas condições de trabalho para a mídia?
    5.9. Já ocorreram eventos semelhantes no local? Qual o resultado?
    5.10. O horário é adequado? Ele não restringe o público?

Enfim, todas as informações que possam ajudar no processo de escolha das poucas empresas que terão o perfil adequado a acolher o objeto do patrocínio. A lista não se encerra nos quesitos acima. Cada modalidade de esporte ou tipo de evento suscitará questões próprias.

De posse desta análise do objeto, de seu perfil e de seu mercado, a agência de marketing esportivo deverá cruzar as informações com o perfil das empresas-alvo da prospecção a fim de identificar quais se adequam na negociação.

Ao invés de uma longa explicação de como isso pode e deve ser feito, é mais fácil exemplificar, a fim de tornar o processo mais óbvio.

Se o objeto do patrocínio for um esporte popular, de abrangência nacional, com milhões de praticantes, em sua maioria com médio e baixo poder aquisitivo, a que tipo de patrocinador ele se destinará? Certamente não é para uma marca de bolsas sofisticadas com lojas em Londres, Paris, Nova York e São Paulo. Embora essa resposta pareça tola, ela não é. Sempre terá um amigo, ou um dirigente que vai propor que essa empresa seja visitada, porque ele tem um amigo lá que pode "dar uma força". Alguns chamarão isso de excesso de ironia do autor. Mas aqueles que estão familiarizados com o mercado sabem que não se trata de uma excepcionalidade, mas sim de regra. As razões para esse tipo de proposta ou indicação podem ser duas: a mais comum é por total falta de conhecimento de mercado; a segunda é porque o dirigente quer mostrar para o amigo da loja que ele é importante no clube. E a visita de prospecção lhe dará reconhecimento e prestígio. Ao menos é o que lhe parece. Traduzindo o exemplo prático. Há que existir sintonia, adequação entre o objeto da venda e o *prospect*. O candidato a patrocinador tem que receber a apresentação e pensar: "Uau! Isso tem a nossa cara." Ele pode não comprar, por uma série de razões, como falta de verba, incompatibilidade entre orçamento e valor do patrocínio, e mais uma centena de razões. O que ele não pode é pensar: "De onde tiraram a ideia de que isso se encaixava no nosso perfil de mercado?" Esta última situação desmerece o produto e, mais do que isso, fragiliza e desmoraliza aqueles que estão apresentando a proposta.

Se por outro lado o esporte for mais elitista, praticado em grandes centros, por pessoas de muito bom padrão econômico e social, a prospecção não deverá recair sobre empresas que vendem produtos e serviços populares e de larga distribuição. Em outras palavras: caninha não patrocina golfe.

Existem algumas regras que devem ser fielmente observadas para o sucesso da venda do patrocínio. A empresa encarregada dessa prospecção deverá pesquisar para saber de que forma o esporte pode ser uma ferramenta efetiva para suprir uma necessidade do candidato a patrocinador.

1. Harmonia entre as partes – ambos, modalidade esportiva e patrocinador, devem ter o mesmo público. Atingir o mesmo mercado. Exemplo: uma empresa de combustíveis patrocinando eventos de automobilismo.

2. Afinidade regional – o esporte deve ser praticado e/ou assistido no local de interesse da empresa patrocinadora.

    Dois exemplos para este caso: a montadora General Motors, ao patrocinar Grêmio e Internacional, de Porto Alegre (este *case* está abordado no capítulo seguinte). Esse patrocínio foi firmado no momento em que a indústria se instalava no RS. A Fiat, ao patrocinar Atlético-MG e Cruzeiro, ambos de Belo Horizonte, MG, sede de sua fábrica. No caso da GM, os dados apresentados no capítulo seguinte comprovam o acerto da estratégia adotada, tendo por resultado o crescimento do *market share* da montadora, em um espaço de tempo mais curto do que o previsto.

3. Solução de problemas – a empresa pode ter um problema pontual, num determinado local, ou junto a certa comunidade. O patrocínio de uma modalidade esportiva, de um evento, ou de um atleta ligado a esta comunidade pode ser o meio para solucionar o problema.
4. Falta de identificação com um determinado mercado – essa questão é muito comum. O produto ou serviço de uma empresa não penetra num certo mercado. O esporte pode ser o meio ideal para abrir esse espaço.

    Como exemplo deste caso podemos citar a Pepsi, há vários anos, ao firmar parceria com o Corinthians. A empresa entendeu que, caso conquistasse uma parcela de torcedores do clube, teria um aumento expressivo de *market share*. Os números de participação de mercado do refrigerante cresceram e aumentou a venda, na época em 20%.
5. Necessidade de melhorar a imagem – se e quando uma empresa apresentar problemas de imagem, seja porque agrediu o meio ambiente, por exemplo, ou outra causa qualquer, o esporte pode ser usado como uma excepcional ferramenta de mudança e aprimoramento de imagem.

Excetuando o primeiro caso (que é o mais fácil de ser identificado), todos os outros dependem de informações de mercado. Informações essas que só estão disponíveis para poucas pessoas, e para empresas que se relacionam com agências de relações públicas, assessorias de imprensa, agências de publicidade e com as próprias empresas. Quando detectada uma situação como as expostas de 2 a 5, oferecer a solução esportiva adequada é um grande passo em direção à contratação de um patrocínio.

## 6.3 Depoimento do autor

Durante o tempo em que eu venho desenvolvendo projetos de venda de patrocínios e de espaços publicitários para todos os esportes, tamanhos de clubes e modalidades de eventos, eu já me deparei com as situações mais constrangedoras possíveis. As mais comuns são a de supervalorização das propriedades. Inúmeras vezes eu presenciei representantes de clubes, atletas, entidades e eventos sugerirem que o valor de uma cota era superior ao custo do evento como um todo. Que uma cota "valia" 1 milhão, quando o valor correto não passaria de 50 mil. Ou de sugerirem levar o projeto à empresa tal, de uma grande amigo, porque ele certamente iria ajudar. Como explicar que ninguém ajuda e que a tal empresa do amigo tem um nicho de mercado com interesses opostos àqueles em tela. Ou pedirem uma cópia do projeto para apresentar para um comprador potencial. E no dia seguinte, esse comprador potencial lhe ligar para saber se você não sabe nada de marketing, porque ele jamais compraria algo tão fora da sua realidade. Eu já passei por todas essas situações e outras piores. Portanto, muitas vezes, não é o profissionalismo do homem de marketing esportivo que vai livrá-lo de situações embaraçosas, porque elas serão criadas para você por terceiros, por mais que se tente ser técnico e competente.

## 6.4 Como passar da prospecção à negociação

Algumas regras para seguir com o processo de patrocínio, uma vez identificada a empresa a ser visitada.

1.  Além das informações elencadas de 1 a 5, do item anterior, ou seja: o profundo conhecimento das características, oportunidades e fraquezas do "produto" a ser oferecido ao candidato a patrocinador, a agência de marketing esportivo deverá listar todos os itens que serão colocados à disposição do patrocinador, para que ele possa avaliar a oportunidade de negócio.
2.  Crie uma lista de preços para o pacote de patrocínio, e para cada um dos itens acessórios, caso o patrocinador não deseje todo o pacote, ou, queira agregar outros elementos.
3.  Estabeleça políticas de desconto. E atenha-se a elas.
4.  Conheça os custos dos elementos ofertados para saber, na hora da venda, se as propriedades que estão sendo vendidas não são as mais caras, e com isso a lucratividade do pacote vai cair em razão das despesas para entregar o que está sendo vendido.
5.  Tenha em mente a lista de compradores (já contratados e em negociação) para certificar-se de que não haverá concorrentes disputando espaço.
6.  Venda as propriedades mais importantes primeiro. Se for um clube de futebol, por exemplo, comece pelo patrocinador máster (camisa), e pelo patrocinador (ou *official supplier*) de material esportivo. Deixe a marca por último.
7.  Use o prestígio de patrocinadores importantes já negociados como *benchmark* para vender para os novos *prospects*.
8.  Nunca espere pelo fechamento de qualquer contrato para só então, depois de receber um não, sair a oferecer a mesma propriedade para outros *prospects*. A proposta deve ser apresentada a várias empresas, mesmo que concorrentes ao mesmo tempo. Não há tempo para esperar pela análise e resposta de uma, para oferecer para a seguinte. Mesmo que sejam concorrentes. Não espere pela resposta do Bradesco para depois oferecer para o Itaú e para o Santander.
9.  Os executivos dessas empresas se conhecem e se falam, seja em reuniões sociais informais, seja para troca efetiva de informações. Portanto, não faça ofertas, propostas ou negociações díspares uma das outras, porque outras

empresas ou agências de publicidade ficarão sabendo, e isso vai manchar a imagem, e prejudicar atuais e futuras negociações.

10. Lembre-se da regra mais sagrada de todas: esteja pronto para entregar solenemente tudo o que foi oferecido. Se possível, entregue um pouco mais. Nesse caso, anuncie e demonstre que está entregando além do que foi contratado.

## 6.5 Foco nos fãs

A principal questão da prospecção é estabelecer o que os fãs de um esporte, de um clube ou atleta têm em comum com a empresa identificada. Isso estabelecido, vá em frente para fazer a proposta correta. Estabelecer essa ligação é fundamental. Quando os fãs daquela modalidade de esporte vivem em mundos totalmente diferentes do mercado onde a empresa atua ou visa atuar, não há por que haver negócio. Os fãs devem ser vistos, não como plateia do patrocinador, mas como mercado, clientes e compradores de produtos e serviços. Uma empresa estará visando a uma parcela da legião de fãs de um objeto de patrocínio esportivo porque vê naquela ação uma oportunidade de melhorar sua imagem naquele grupo, ver crescer seu *share of mind*, o reconhecimento de sua marca, sua exposição na mídia, e finalmente, no resultado de todos os elementos anteriores: crescimento de intenção de venda e crescimento de venda. Estabelecer e conhecer quantos são; como vivem; o que gostam e o que fazem os fãs do esporte (ou do atleta) que está sendo oferecido é fundamental para convencer o candidato a patrocinador de que essa ação promocional resultará em maior faturamento.

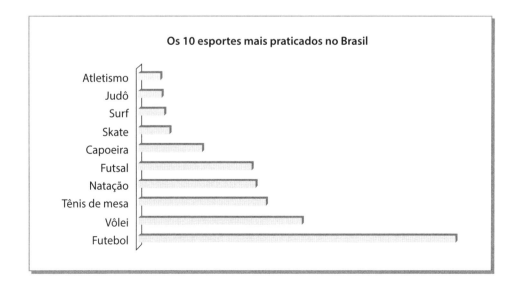

## 6.6 Foco geográfico

Da mesma forma que o perfil do torcedor é vital para identificar o patrocinador adequado, essa regra se aplica também para a região de atuação da empresa em relação ao local onde o esporte é praticado e/ou assistido.

Na verdade, a questão geográfica, ou como é dito em marketing, quando se faz menção aos quatro Ps, *place*, é um elemento vital. Ele deve ser visto e analisado de três maneiras:

a) local da prática do esporte;
b) área de abrangência de cobertura e exibição pela mídia; e
c) local de interesse comercial e/ou institucional do patrocinador.

Vejamos cada um deles em separado:

*Local da prática do esporte:* o local onde o esporte é efetivamente praticado exerce uma grande influência sobre seu resultado. Esportes que são praticados em locais de fácil acesso, e de fácil visualização pelo público, têm muito mais chance de obter patrocínio do que esportes praticados em locais isolados. Os esportes urbanos e praticados em ginásios, estádios e clubes (abertos para o público durante as competições) têm muito mais chances de captar investimentos do que aqueles que cujas competições ou práticas do dia a dia são em locais isolados. O esporte de difícil acesso (ou quase nenhum acesso) por parte do público só obtém patrocínio se o desportista ou a equipe de desportistas tiver obtido, com prévia antecedência, a garantia de cobertura de bons veículos de mídia. Isso é de uma obviedade contundente. Se o esporte for alpinismo, por exemplo, e não houver cobertura intensa de mídia sobre a escalada, ninguém vai ficar sabendo que o alpinista está escalando alguma montanha. Nesse caso, portanto, as marcas dos patrocinadores terão uma "divulgação secreta". Algumas empresas inclusive se negam até a receber propostas de esportes desse tipo. Patrocinadores esportivos consagrados como McDonald's e Safeway (maior cadeia de supermercados dos EUA) se recusam a receber propostas de esportes com essas características, por saberem das dificuldades de obterem retorno com as ações de patrocínio. O caso citado foi o do alpinismo, um dos mais isolados, mas o mesmo se aplica para o iatismo, *cross-country* e outros. O caso do iatismo é clássico. Se não houver uma prévia e garantida cobertura de televisão, ele se torna um esporte cujos únicos espectadores a saberem o que está acontecendo são os próprios competidores e a "comissão de regatas". Não há qualquer preconceito em relação a esses esportes de menor visualização. Ao contrário. São esportes tão ou mais interessantes do que muitos outros que reúnem milhares de espectadores. O fato é que o distanciamento do público, e a dificuldade de acesso da mídia, fazem deles esportes menos vendáveis.

Isso deve ser levado em conta, portanto, na hora de prospectar patrocinadores. A decisão não deve ser a de não buscar patrocínios. Ao contrário. Um esporte bonito sempre encontrará alguém interessado. O que deve ser feito, nesses casos, é assegurar-se antecipadamente que os meios de comunicação estarão lá para reportar cada metro galgado, ou cada milha náutica velejada.

*Área de abrangência de cobertura e exibição pela mídia* – como vimos no item anterior, a afluência de público para prestigiar um esporte é muito importante para sua comercialização. Muitas vezes, ainda mais importante do que a presença de público é a transmissão desse esporte ou evento esportivo. Vamos tomar por base, mais uma vez, o futebol. Os milhões pagos, todos os anos, pelos patrocinadores presentes nas camisas dos 20 clubes, que disputam o brasileirão, não o fazem exclusivamente em função do público presente aos estádios. Claro que o público *in loco* conta. Mas quantos milhares ou milhões de pessoas estarão assistindo pela televisão ou pelos *sites*? Quantos milhões de pessoas verão a marca desses patrocinadores na manhã seguinte na capa dos jornais? Esse público, que não se vê presente ao estádio, mas que pode ser contabilizado pelos relatórios de audiência, é ainda mais importante do que aqueles que foram ao estádio. Esses dados devem constar dos projetos. Conhecer (e demonstrar) a cobertura que o evento terá e qual o público esperado nas faixas horárias da exibição, e quanto custaria exibir comerciais nesses horários etc.

*Local de interesse comercial e/ou institucional do patrocinador* – para o mau entendedor uma frase completa não basta. O contrário do que foi dito anteriormente não é verdadeiro. Ou seja, não basta ser um esporte que reúna grande concentração de público e espectadores para garantir patrocínios. Ele deve ser coincidente com o interesse geográfico comercial e/ou institucional do candidato a patrocinador. Isso significa que um patrocínio só deve ser oferecido a uma empresa quando a área de abrangência geográfica de interesse do patrocinador coincidir com as do evento. As ações de promoção, divulgação e exposição precisam combinar com o local onde ocorrerá o fato esportivo. O vento tem que ser, necessariamente, um alavancador de possibilidades de negócios. Criar e executar ações para promoção institucional só valerão a pena se o público do evento, do esporte, for o mesmo que a empresa espera atingir. Não interessa a uma empresa que tem sua sede, seu público, seus formadores de opinião, seus clientes e consumidores no norte do país patrocinar uma competição de *rafting* na serra catarinense. Ou a uma empresa regional do Paraná patrocinar o Festival de Parintins. Mais uma vez é preciso dizer que, embora essa afirmativa seja dogmática, o mercado recebe propostas (diariamente) que contrariam essa assertiva.

Buscar, portanto, oferecer esportes ou eventos cuja influência geográfica coincida com os interesses dos patrocinadores deve ser uma regra de mercado. Não se pode esquecer, por outro lado, que às vezes uma empresa pode estar prospectando negócios ou tencionando expandir sua área de atuação por outras cidades, estados ou mesmo países. E para divulgar uma marca, ou fazer uma ação de divulgação prévia, nada melhor do que o marketing esportivo.

## 6.7 Fãs são clientes

Uma das grandes preocupações quando uma empresa estuda patrocinar um esporte, e principalmente um clube de futebol, é o resultado inverso que essa ação provocará nos fãs ou torcedores dos outros times. Se o fã é um consumidor em potencial, se o torcedor é um cliente fiel, patrocinar um determinado clube não vai inibir o consumo pelos torcedores e fãs dos demais clubes. A resposta é sim. Um percentual mínimo quase insignificante deixará de consumir os produtos e serviços do patrocinador do rival. Entretanto, o que é agregado de novos consumidores, em razão do patrocínio, é tão superior que o *delta X* dessa equação garante resultados positivos sempre.

A comprovação dessa equação é fácil de entender e já foi largamente pesquisada. Os fãs do esporte ou do time patrocinado agregarão consumo do produto ou serviço. Isso se dá em razão do reconhecimento pelo suporte ao clube, atleta ou esporte. Porque a divulgação da marca em ambientes diversos da publicidade tradicional também atrai mais a atenção. Porque a exposição da marca em locais e momentos que fogem aos espaços tradicionais também chama mais a atenção, como, por exemplo, a seção de esportes dos jornais. Os que não são fãs do esporte, ou time patrocinado, serão impactados pela mídia, pela imagem positiva, que empresas patrocinadoras transmitem aos mais diversos públicos, e não apenas aos fãs.

O gráfico a seguir mostra o acréscimo de intenção de compras de produtos e serviços oferecidos por patrocinadores em quatro países.

**Quando um determinado time passa a ser patrocinado por uma marca, o que acontece com sua intenção de compra desta marca?**

|  | Aumenta | Igual | Diminui | Resultado |
|---|---|---|---|---|
| França | 18% | 79% | 3% | + 15 |
| Brasil | 40% | 58% | 2% | + 38 |
| Coreia do Sul | 63% | 29% | 1% | + 62 |
| China | 73% | 15% | 2% | + 71 |

**Fonte:** SRi.

Já a pesquisa que segue, conforme matéria publicada na *Meio e Mensagem* de 20 de março de 2013, projeta números ainda mais fortes no sentido de evidenciar como os torcedores de um clube não preterem as marcas que patrocinam clubes rivais. Segue a matéria.

> *"Torcidas não rejeitam patrocinador rival*
>
> ***Pesquisa da Stochos aponta que 99,6% dos fãs de futebol não deixariam de comprar um produto ou serviço por ser da empresa patrocinadora do rival***
>
> *A rivalidade das torcidas nas arquibancadas dos estádios de futebol é ferrenha. Mas quando o assunto é consumo, a paixão pelo clube não leva o consumidor a preterir as marcas parceiras dos times concorrentes. Pelo menos é o que aponta uma pesquisa realizada pela Stochos Sports & Entertainment.*
>
> *Segundo o levantamento, 99,6% dos torcedores de futebol não deixariam de comprar um produto ou serviço por ser da empresa patrocinadora da equipe rival. Por outro lado, 3,4% têm rejeição aos parceiros dos clubes adversários, sendo que 41% deles preterem somente o fornecedor de material esportivo do rival."*

A pesquisa ouviu 8.000 pessoas (70% homens e 30% mulheres), das classes A, B, C e D, a partir dos 16 anos.

## 6.8 A relação comprador × vendedor

Este livro não pretende ser um manual de vendas. No entanto, algumas premissas têm que ser exploradas, como por exemplo: a relação comprador (patrocinador ou anunciante) e vendedor (objeto do patrocínio, representada pela empresa de marketing esportivo) pressupõe uma estreita afinidade de confiança, respeito às regras, seriedade e a certeza de que aquilo que for negociado será entregue.

O objeto da venda, no caso em tela, o patrocínio esportivo, nem sempre é bem compreendido, e de difícil avaliação e fiscalização. Portanto, essa é uma negociação baseada no entendimento e na confiança mútua. Relação esta que deverá permanecer por todo o processo de patrocínio e mesmo após o término da relação comercial. Nem se mencionam os contratos, que são leis entre as partes, a questão é anterior aos instrumentos que regram direitos e deveres entre as partes. O que se está querendo deixar patente é a necessidade de cumprimento das regras, sem nem mesmo ter que consultar os contratos.

## 6.9 A venda passo a passo

A seguir, serão enumerados alguns pontos básicos a serem seguidos para o melhor aproveitamento do processo de vendas. Os sete itens que seguem não esgotam o assunto. Também haverá casos e momentos especiais que fugirão das regras elementares. Os principais tópicos são:

1. Marque as reuniões com as pessoas que estão habilitadas e empoderadas para decidir sobre o negócio. Lembre-se de que é muito mais fácil dizer não

(qualquer um tem poder para isso), do que dizer sim. Você deve tentar falar com a pessoa com poderes para dizer o "sim".

2. Ouça atentamente todas as colocações e informações que a pessoa a quem você está tentando vender tiver a dizer. Ele vai dar elementos para consolidar sua proposta ou, ao contrário, lhe mostrará que as partes não se encaixam. Nesse caso, reconheça você mesmo que o projeto sendo proposto não cabe para àquela empresa. Não espere que ele lhe diga. Mostre que você captou a mensagem e se adiante. Isso contará pontos na próxima vez que você for a esta empresa.

3. Deixe agendado um novo encontro para dar sequência à negociação, enquanto estiver com a pessoa certa. Não espere que seja enviando um *e-mail*, que talvez nunca venha.

4. Quando fizer a proposta esteja certo de estar ofertando algo único. Entenda as necessidades do comprador e sugira elementos que só você pode oferecer.

5. Apresente a proposta como se fosse um primeiro rascunho. Deixe claro que ela não é final, e que ela pode ser adaptada às necessidades da empresa ao longo da negociação. Na próxima reunião esteja certo de trazer uma proposta feita sob medida. Propostas sob medida têm mais facilidade de aceitação do que propostas genéricas.

6. Quando tiver chegado a termos que reflitam os desejos e necessidades de ambas as partes, assine um acordo que contenha tudo o que fora previamente combinado.

7. Entregue tudo o que foi prometido, mesmo que no momento final, na hora do aperto de mãos, os dois lembraram-se de colocar mais um detalhe entre as propriedades que integrarão o pacote de patrocínio ou publicidade.

## 6.10 Conclusão sobre prospecção de patrocinadores

O Brasil tem um sem-número de esportes e centenas de milhares de desportistas que poderiam usufruir patrocínios. Felizmente o Brasil também tem dezenas de milhares de empresas que poderiam investir em esportes e atletas. Infelizmente essas duas partes pouco se conhecem. De um lado, dos desportistas, falta o conhecimento e os instrumentos para prospectar e vender patrocínios. Do lado das empresas, também falta conhecimento dos atrativos, assim como sobre os resultados positivos que patrocinar atletas e esportes podem render para a marca, para as vendas, para os negócios e para o país.

Do aperfeiçoamento dos métodos e das informações, de ambos os lados, surgirão novos caminhos que trabalharão pela aproximação das partes. Dessa aproximação virá o início de um caminho olímpico para o Brasil, e de um povo mais rico em todos os sentidos.

## 6.11 Estabelecendo preços para os patrocinadores

O marketing esportivo deixou de ser uma matéria empírica há bastante tempo. A razão técnica dessa mudança de comportamento é a capacidade, hoje existente, de precificação. Cada ação, evento, atleta, clube, competição, comitê, entidade, arena, praça esportiva, e assim por diante, pode encontrar caminhos técnicos para estabelecer os preços de suas propriedades. Desde a pequena marca no peito da camisa do tenista que disputa Wimbledon, até os *naming rights* de uma arena. Se publicidade nesses espaços esportivos for utilizada como elemento de divulgação de marcas, empresas, produtos, serviços, e até de religiões, haverá um critério para se chegar ao preço dela.

Estabelecer preços para patrocínios esportivos é uma atividade metodológica, baseada em resultados mensuráveis. Através dessa mensuração o candidato a patrocínio (ou a empresa contratada por ele) estabelecerá uma cifra, cujo valor terá uma retribuição na forma de divulgação comercial ou institucional. Essa retribuição, ou resultado, deverá ser em proporção tal que o patrocinador perceba que o investimento proporcionou um saldo positivo. Patrocínio esportivo não é despesa. É investimento. Ele não custa nada. Ele é a retribuição pelo serviço/exposição que o patrocinado está prestando ao patrocinador.

Desde que as primeiras ações de patrocínios esportivos foram implementadas, até os dias de hoje, as fórmulas de precificação mudaram muito. Inicialmente elas nem existiam. Eram empíricas. Os atletas pediam uma "ajuda" a pessoas físicas ou jurídicas em troca de algum tipo de retorno. Diga-se de passagem que essa recompensa prometida pelos atletas (times etc.) raramente produzia os efeitos desejados. Esse retorno podia ser desde um agradecimento no jantar anual do clube, até um desfile depois da competição com uma faixa pendurada no carro que conduzia os atletas. Para essas ações, é claro que não havia nenhum caráter científico ou técnico. Patrocínios exatamente iguais podiam ser vendidos por importâncias diferentes. Bastava que um atleta tivesse melhor desempenho, não nas quadras, mas como vendedor, e tivesse acesso à porta certa onde bater. Essa situação perdurou por décadas. Pode-se dizer que até recentemente os valores, mesmo para grandes transações no Brasil, ainda eram conduzidos pelo tradicional "chutômetro" (um neologismo), ou "guesstimate" (gíria americana).

Hoje não há mais espaço para estimativas amadoras. O patrocinador quer saber o preço que lhe será sendo cobrado. E porque o vendedor acredita que aquele patrocínio, por aquela quantia, lhe dará o retorno prometido.

Uma proposta competente de patrocínio vai trazer em seu bojo a justificativa do preço estabelecido, e o retorno que poderá ser amealhado com a ação. É necessário esclarecer que por retorno entende-se o espaço de exposição de marca, seja institucional, seja comercial.

Não faz muitos anos, mesmo patrocínios de grandes clubes de futebol no Brasil tinham seus valores estabelecidos ou pelo método comparativo (se tal time conseguiu "X" o nosso vale "2X"), ou por métodos pseudotécnicos (como, por exemplo, tomando por base o tempo de 90 minutos, de exposição de um jogo na TV, e multiplicando esses 90 minutos pelo valor de comerciais de 30 segundos). Exemplo: se um comercial de 30 segundos no horário de exibição do jogo, naquele canal, custar R$ 100.000; a retribuição oferecida pela exposição daquele televisionamento, à marca do patrocinador, valerá R$ 18.000.000. Segundo o clube. Nada mais insano. Esses cálculos, sem pé nem cabeça, levavam os clubes a pretender valores desmedidos. Por outro lado, as empresas, cujos departamentos de marketing tinham entendimentos 100% díspares desses cálculos, jogavam as propostas lá para baixo. A falta de sincronia era total.

O marketing esportivo evoluiu; o patrocínio esportivo transformou-se numa grande indústria internacional, os investimentos somam dezenas de bilhões de dólares a cada ano; e, logicamente, os métodos de precificação tornaram-se mais complexos, mais técnicos, mais apurados e orientados ao mercado.

Convém mencionar a abertura de uma palestra proferida por John Barr, Diretor da Eastman Kodak Company, a alunos de uma universidade sobre patrocínio esportivo. John Barr começou da seguinte maneira: "Fui convidado a falar como a Kodak usa patrocínios para impulsionar suas vendas. Eu vou fazer isso, mas antes eu gostaria de falar de forma geral sobre patrocínios – o que é, de que forma ele trabalha e como a Kodak tira vantagem dele." "O patrocínio esportivo feito por empresas é uma das grandes fontes de financiamento para muitos dos eventos, porque muitas empresas descobriram que o patrocínio esportivo pode ser uma ferramenta muito poderosa de marketing. A questão é: como nós podemos maximizar a efetividade do patrocínio para ambas as partes, empresas e esportes?"

"Para ser efetivo e eficiente, o patrocínio, de qualquer evento, deve servir aos interesses de quatro grupos distintos":

- Ele deve servir ao interesse dos negócios da empresa que o está patrocinando.
- Ele deve servir aos melhores interesses do evento e de seus participantes.
- Ele deve ter um impacto positivo sobre os consumidores diretos do patrocinador, bem como de seus vendedores e concessionários.
- Ele deve beneficiar os consumidores que compram os produtos dos patrocinadores.

Continua John Barr. "Patrocínio não é filantropia." "Para ser efetivo ele deve servir os interesses de negócios das empresas que patrocinam. Isso até pode soar meio duro, mas na verdade é assim mesmo. Hoje em dia, neste ambiente altamente competitivo e consciente de custos, as empresas devem ver um retorno positivo para seus dólares. Na base, o pensamento é um só: patrocínio deve incrementar as vendas. Do ponto de vista dos organizadores de eventos, isso, provavelmente, é uma coisa boa também. Acima de tudo, qual empresa estaria mais propensa a fazer patrocínio, uma companhia que prevê um aumento de vendas, ou uma companhia que encara patrocínio como caridade ou um simples exercício de polimento de imagem?"

Esse texto de John Barr é, e será, 100% pertinente, hoje, e pelas próximas décadas, enquanto houver esportes e empresas dispostas a patrociná-los. Atente-se para a frieza precisa da colocação: "neste ambiente altamente competitivo e consciente de custos, as empresas devem ver um retorno positivo para seus dólares. Na base, o pensamento é um só: patrocínio deve incrementar as vendas", Ele traduz de forma concisa e pontual o que este livro vem pregando ao longo de vários capítulos: patrocínio é investimento. E como tal deve dar retorno.

## 6.12 Considerações sobre mercado e público

Antes de definir e explicar os métodos em voga sobre precificação, é necessário esclarecer que os esportes ou competições têm diferenças entre si. Isso é mais do que óbvio para pessoas de marketing, mas por incrível que pareça é uma incógnita para a maioria das pessoas. E, como leigos se aventuram todos os dias na direção de clubes e entidades, será preciso bater nesta tecla ao longo de todo texto. Certamente todo profissional de marketing esportivo já se deparou com colocações absurdas de "entendidos". Eles volta e meia trazem ideias "geniais" sobre os valores excepcionais pelos quais vão vender o patrocínio do clube para uma empresa que não tinha, e jamais vai ter qualquer afinidade com aquele esporte. Por isso não basta precificar, mas entender o esporte, a competição, os atletas envolvidos, enfim, o meio ambiente em que a negociação se processará. Desse entendimento resultarão as bases sobre as quais o preço será estabelecido. O ambiente é a base para o processo de patrocínio esportivo, e não apenas para a precificação. Entender os anseios e necessidades das empresas para as quais serão feitas as propostas, e, de outro lado, entender o poder de penetração e divulgação do esporte, do atleta e do evento, são quesitos mínimos para se chegar a um valor razoável. Preços supervalorizados ou subvalorizados serão igualmente ruins para a negociação, e para as partes. Pedir um preço fora de mercado pode (se alto demais), obstacularizar a negociação e possivelmente outras propostas futuras. Um preço muito baixo pode levar à desconsideração do objeto do patrocínio.

O mercado é que tem o poder de estabelecer, senão todas, a maioria das correlações de preço × interesse × capacidade de absorção × momento econômico ×

capacidade de compra × capacidade de entrega etc. O mercado, desde que o mundo é mundo, sofre alterações em razão da economia do país. E isso afeta preços, interesse dos patrocinadores e anunciantes e capacidade de absorção de produtos e serviços. Essa equação pode fazer, por um lado, que certas empresas optem por ser mais agressivas, em momentos difíceis, ou se retraírem.

Dito isso, faz-se necessário enumerar alguns pontos básicos sobre mercado e público que serão levados em conta na hora de estabelecer preços para os patrocínios. Esses critérios não são os únicos, pelo contrário. Existem outros tão ou mais importantes que serão analisados posteriormente. Esses dizem respeito tão somente, como já foi dito, a mercado e público.

As perguntas a seguir devem ser feitas pelo agente de marketing esportivo ou pelo agenciador de patrocínios antes de montar a proposta. Haverá casos em que a simples arguição poderá levar os interessados a concluir que a negociação alcançará êxito com facilidade ou não atingirá os objetivos propostos.

1. Qual a importância desse esporte no cenário local e nacional?
2. Qual o grau de preferência pelo público em geral, pelo público masculino e pelo público feminino?
3. Quem é o público-alvo do esporte e da competição?
4. Qual o poder de consumo desse público?
5. Quem são os astros desse esporte?
6. Qual a vinculação desses astros com a proposta em questão?
7. Que tipo de empresa se interessa pelo público-alvo do esporte?
8. Qual o momento econômico desse segmento de empresas?
9. De que forma essas empresas podem se beneficiar desse esporte/evento?
10. O mercado dos potenciais patrocinadores poderá crescer em função do patrocínio proposto?

Como pode ser visto, as questões são básicas e deveriam ser feitas sempre por todos aqueles que visam a um patrocínio esportivo (ou de qualquer outro segmento). Elas facilitarão as negociações, fazendo com que ambas as partes, eventuais patrocinadores e patrocinados, não percam tempo com propostas que não sejam objetivas e pertinentes, e atendam aos interesses de ambas.

O interesse tanto das empresas, quanto do público, no uso do esporte (e em especial de clubes de futebol) é uma verdade no mercado brasileiro. O crescimento de verbas para o setor tem sido constante, conforme explicitado no gráfico que segue, segundo pesquisas realizadas pela BDO RCS.

Evolução das receitas com patrocínio. Na primeira coluna aparece o mercado brasileiro de clubes. Na segunda, os valores investidos na CBF; e na terceira, a evolução em patrocínio direto no futebol brasileiro. Todos os dados dizem respeito ao período de 2003 a 2010.

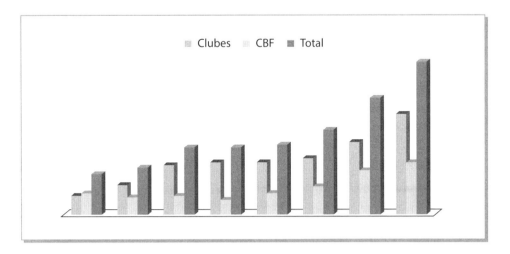

*"Abaixo seguem listados os esportes de maior preferência no Brasil. Abaixo de cada um deles segue o número de praticantes desses esportes no mundo. Em primeiro plano fica evidenciada a diferença das preferências. Mas, mais importante do que demonstrar essa discrepância entre as preferências nacionais e mundiais é, ao exibir essa lista, evidenciar que a precedência influi no número de pessoas que serão impactadas ao se escolher um ou outro esporte como alvo de patrocínio e/ou publicidade.*

Segue a lista dos dez esportes mais populares no país e os respectivos números de praticantes no mundo.

**FUTEBOL**
Praticantes no Brasil em milhões: 30,4
Praticantes no mundo em milhões: 265

**VÔLEI**
Praticantes no Brasil em milhões: 15,3
Praticantes no mundo em milhões: 500

**TÊNIS DE MESA**
Praticantes no Brasil em milhões: 12
Praticantes no mundo em milhões: 40

**NATAÇÃO**
Praticantes no Brasil em milhões: 11
Praticantes no mundo em milhões: *

**FUTSAL**

Praticantes no Brasil em milhões: 10,7

Praticantes no mundo em milhões: 1,1

**CAPOEIRA**

Praticantes no Brasil em milhões: 6

Praticantes no mundo em milhões: 8

**SKATE**

Praticantes no Brasil em milhões: 2,7

Praticantes no mundo em milhões: *

**SURFE**

Praticantes no Brasil em milhões: 2,4

Praticantes no mundo em milhões: Entre 10 e 20

**JUDÔ**

Praticantes no Brasil em milhões: 2,2

Praticantes no mundo em milhões: 20

**ATLETISMO**

Praticantes no Brasil em milhões: 2,1

Praticantes no mundo em milhões: *

*Dado não encontrado."

**Fonte:** Atlas do Esporte.

## 6.13 Métodos para estabelecer preços de patrocínio

Como já foi dito, os métodos, até poucos anos atrás, eram muito empíricos. Nos anos 90 eles foram mais bem regrados.

Hoje, existem três métodos mais aceitos, segundo Christine Brooks, para estabelecer preços de patrocínios. Eles são: *"Cost-Plus"*, Estratégia do Marketing Competitivo e Método do Valor Relativo.

1. *Método "Cost-plus"* – nesta técnica é calculado o valor que custará para desenvolver e entregar ao patrocinador o pacote de patrocínio que foi negociado. A esse valor é somado um valor arbitrado relativo ao lucro que

os organizadores desejam auferir com a operação. Por custos entende-se, efetivamente, tudo aquilo que for necessário para o desenvolvimento do plano comercial, incluindo desde os tíquetes, painéis publicitários, pessoal, alimentação, produção de material, transporte, instalação, ativação etc. Provavelmente este seja o método mais simples de estabelecer o valor de um patrocínio, e de chegar a um consenso sobre os lucros obtidos com o patrocínio. Sua metodologia é simples, porque considera custos e eventual lucro sobre a operação, mas deixa de lado elementos que são cruciais para patrocinadores, como o retorno, por exemplo. Esse método é adequado para ações encomendadas, isto é, quando uma empresa deseja patrocinar uma ação específica, ou um determinado evento, e contrata uma agência para desenvolvê-lo. Como o patrocinador já resolveu que deseja fazer aquela ação determinada, ele não está tão preocupado com outros elementos, a não ser o custo efetivo de criação e montagem da operação encomendada.

2. *Estratégia do Marketing Competitivo* – talvez esse método não seja o mais técnico, ou melhor dizendo, o mais provido de base técnica para estabelecer preços. Ele se baseia em comparativos de preços estabelecidos para eventos, times, atletas e ações similares àquelas que estão sendo negociadas no momento. Para fazer isso, é necessário estar atento ao mercado e saber o quanto de, ou por quanto, estão sendo vendidos patrocínios similares. Isso certamente é mais fácil de fazer em países de primeiro mundo, onde o acesso a informações coerentes e fidedignas é mais simples. Nos EUA, por exemplo, existe uma publicação chamada International Events Group´s Sponsorship Report. Esta publicação, editada a cada duas semanas, traz as mais apuradas e atualizadas informações sobre o mercado de patrocínios. Para estabelecer o valor de um patrocínio, bastaria, em tese, estudar casos semelhantes e escolher aqueles que mais se parecessem com o evento em questão, para então chegar a um valor. O que nunca foi aventado é que fundamento foi usado para estabelecer os primeiros valores, sobre os quais os demais estão se baseando.

   No Brasil, onde este método é bastante utilizado, sem as mesmas bases de informação, é verdade, o ideal é recorrer a agências de marketing esportivo, que mantêm por força de necessidade contatos com o mercado que lhes permite ter uma ideia muito aproximada do que está sendo praticado.

3. *Método do Valor Relativo* – este método é baseado na quantificação e valoração de cada componente do pacote de patrocínio. Isso quer dizer que o organizador da proposta deverá elencar todos os benefícios que serão colocados à disposição do patrocinador, e verificar seus valores de mercado com elementos similares. Como fazer isso? Ao fazer a proposta, o agente de marketing esportivo deve separar uma por uma as propriedades que integram o pacote, e verificar os valores de mercado de peças publicitárias,

ou ações congêneres. Por exemplo: placas publicitárias dentro do local do evento que serão vistas por "x" horas e por "y" pessoas durante "z" dias. Qual o valor de painéis publicitários semelhantes na cidade? Além disso, deve ser levado em conta que num painel publicitário de rua ou num *shopping*, por exemplo, o público será heterogêneo. Nesse caso específico, dentro de um evento, o público que estará vendo o painel será qualificado – mais atento e, portanto, mais propenso a receber aquela mensagem. O mesmo deve ser feito com cada uma das propriedades oferecidas dentro do pacote de patrocínio.

Quando esses três métodos foram consagrados pela professora Christine Brooks, uma estudiosa do tema, e pesquisadora respeitada, talvez ainda não houvesse metodologia de aferição de resultados mais efetiva, como existe já há alguns anos. Nos últimos anos empresas internacionais, como a inglesa SIS (Sponsorship Information Services), as americanas Team SRI e Joyce Julius and Associates, a brasileira Informídia, já há alguns anos, e mais recentemente uma divisão do Ibope, desenvolveram sistemas que permitem uma aferição de resultados de mídia muito precisos. No capítulo sobre Quantificação de Resultados há uma demonstração de como esses trabalhos são feitos.

Com base nessas informações, o autor se sente no direito de incluir um quarto método aos três já elencados.

4. *Método de análise de retorno* – este método é válido para renovação de patrocínios, ou para a negociação de novos patrocínios com base em relações anteriormente existentes. O estabelecimento de valores para esses casos é muito preciso, uma vez que se baseará na mensuração de retornos anteriores. Com base no retorno de mídia, e na mensuração de crescimento de vendas, e de *market share* e *share of mind*, a precificação do patrocínio e das propriedades fica fácil e usa elementos que são afeitos ao dia a dia das próprias empresas.

Para isso basta relacionar os valores resultantes do retorno de mídia das marcas patrocinadoras, e o quanto os patrocínios resultaram em aumento de vendas para essas empresas. O trabalho não é simples, e exige dedicação e envolvimento para chegar a uma quantificação que resulte em informação segura para ambas as partes. Por outro lado, o resultado é tão mais impactante e sua seriedade tão incontestável, que a justificativa do preço e a venda ficarão facilitadas.

Quando a General Motors do Brasil resolveu patrocinar a dupla GRENAL, no Rio Grande do Sul, ela o fez, provavelmente, mais em razão da necessidade de estabelecer uma relação de *goodwill* com a população, do que pensando no retorno econômico.

A GM naquele momento negociava a instalação de uma fábrica na região da Grande Porto Alegre, e precisava alicerçar suas relações com a comunidade gaúcha, uma vez que um partido político lutava para que a fábrica não fosse instalada no estado.

Os patrocínios de Grêmio e Internacional foram contratados (eles estavam sendo negociados concomitantemente com a Ford do Brasil) e a GM teve resultados de imagem inimagináveis em curto prazo.

A revista *Amanhã*, a segunda mais importante revista de economia e negócios do Brasil, editada em Porto Alegre, fazia, e faz, anualmente uma pesquisa de *Top of Mind* (a primeira do gênero a ser institucionalizada no país). Esta pesquisa nunca havia mencionado a General Motors entre as 20 empresas mais lembradas do estado. Logo após o início do patrocínio, a GM passa não apenas a ser incluída entre as 20 mais lembradas, mas já no ano de 1998 ela aparece pela primeira vez como a sexta empresa mais lembrada na mente dos gaúchos. Isso ocorreu já no primeiro ano de patrocínio da dupla GRENAL. No ano seguinte, 1999 ela passa para o quinto lugar. E no ano 2000 ela assume a quarta posição entre as marcas/empresas mais lembradas.

Esses números sem dúvida refletem o ganho de imagem da empresa. Para bons entendedores o crescimento do nível de lembrança significa melhores resultados de venda e maior valor de ações (quando a companhia é cotada em bolsa). Enfim, quanto mais lembrada e reconhecida (positivamente) for uma empresa, maior o seu valor. O reflexo nas vendas é outra consequência. Na hora de optar pela aquisição de um bem as marcas mais lembradas levam vantagem sobre as demais. Isso é uma regra de mercado. E para comprovar que o crescimento de *share of mind* resulta em *market share* segue um *case* muito especial.

A GM tinha uma participação de mercado nacional de 22% em 1998. Para o ano de 1999 ela estabeleceu como meta atingir uma participação nacional de 22,5%. Isso pode parecer uma meta fácil de ser atingida, um crescimento de apenas 0,5%. No entanto, numa indústria de alto valor agregado, como a automobilística e num mercado altamente competitivo, crescer meio ponto exige muito esforço e dedicação. Para surpresa e satisfação das equipes da GM no Rio Grande do Sul, a empresa ultrapassou a meta nacional chegando ao extraordinário número de 26%. Se for considerado o valor pago pela GM pelos patrocínios de Grêmio e Internacional, e comparado com os valores auferidos do crescimento de sua participação de mercado, somado a todas as demais vantagens de relações públicas que a relação com os clubes propiciou, o patrocínio saiu praticamente de graça.

O gráfico a seguir demonstra, em pesquisa realizada pela BDO RCS, a arrecadação de 10 clubes de futebol do Brasil.

## Maiores receitas – patrocínio e publicidade de clubes de futebol no Brasil
*Ranking* em 2010 e dados de 2009 e 2008

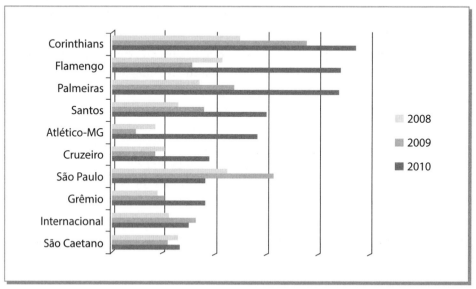

**Fonte:** BDO RCS.

## 6.14 Categorias de patrocínio

Raramente um objeto de patrocínio estará restrito a um único patrocinador. A regra é que existam vários níveis de patrocinadores, salvo aqueles casos de "patrocínio exclusivo". Os diversos níveis serão diferenciados pelas propriedades que serão colocadas à disposição de cada patrocinador e, ato contínuo, os valores cobrados também serão diferenciados com base nas propriedades disponibilizadas.

Assim, quando for estabelecido o pacote para cada categoria de patrocinadores, oficial, *supplier*, apoiador etc., também será estabelecido o valor que cada um pagará. Isso com base na titulação, e no volume e propriedades constantes de cada um dos pacotes.

Não basta criar nomes bonitos e diferentes para as categorias de patrocinadores. Elas precisam ser reconhecidamente diferentes no seu bojo de propriedades. Elas diferem no conteúdo ofertado e, conforme o que constar de um pacote, ou de uma categoria em relação à outra haverá a diferenciação de preços.

Os nomes das categorias de patrocinadores podem ser diferenciados a partir de nomes simbólicos. Essas denominações têm que trazer embutidos em seus significados uma ordem de grande e importância. Diamond, por exemplo, tem que ser maior do que Gold e Silver, e assim sucessivamente. Ainda haverá outros títulos mais específicos para cada propriedade oferecida, como *presenting sponsor*, exclusivo e *official supplier*. Não importa o nome que será dado, e em que idioma. Importa o que está incluído em cada uma dessas categorias.

Uma vez determinadas quais serão as categorias de patrocinadores (isso tem muito a ver com a importância, o tamanho do evento e do quanto pode ser oferecido em propriedades a cada um dos patrocinadores), os organizadores deverão passar para a listagem das propriedades, e de como será feita sua divisão entre as citadas categorias.

Quais são essas propriedades?

## 6.15 Propriedades que compõem o preço do pacote de patrocínio

- *Direitos sobre o nome do evento* – o nome do patrocinador aparece ligado ao nome do evento, dando o próprio nome do patrocinador ao evento ou dizendo que a empresa tal apresenta o evento. A expressão utilizada é *Title Sponsor*.
- *Direitos de publicidade estática* – o patrocinador terá direito a um determinado número de placas, painéis, *outdoors*, *back-light*, *front-light* na área do evento, do clube, do estádio etc.
- *Direitos de mídia* – quando o evento tiver o direito, seja porque comprou, seja porque isso faz parte da negociação com veículos de mídia, a um determinado número de comerciais ou anúncios. O patrocinador usufruirá parte disso, ou poderá associar sua marca na mídia.
- *Direitos de Internet* – o patrocinador tem o direito de associar sua marca no *site* do clube ou do evento, ou tem o direito de usar a marca/imagens/notícias do evento no seu *site*. Alguns portais, como o Terra, têm adquirido os direitos de transmissão e veiculação de eventos, concorrendo, muitas vezes, com a própria televisão.
- *Mídia não convencional* – os patrocinadores têm o direito de instalar *blimps*, bandeirolas, distribuir folhetos, balcões de degustação, *show-room* de produtos e serviços etc.
- *Promoções durante os eventos* – sorteios, distribuição de brindes etc.
- *Promoções antes do início dos eventos* – os patrocinadores podem usar atletas para divulgar o patrocínio, ou fazer promoções com camisas oficiais para alavancarem o resultado do patrocínio.
- *Direito a instalações* – os patrocinadores terão direito a uma quantidade limitada de cadeiras, ingressos, camarotes, lugares nos restaurantes, espaço para montagem de áreas *vips* etc.

- *Direito a uso das logomarcas* – os patrocinadores, além de poderem colocar sua marca junto à do evento, ou do clube, também têm o direito de usar a marca do patrocinado em suas promoções.
- *Direitos de merchandising.*
- *Direito de usar os eventos dos quais o patrocinado participa para ações técnicas* – para fazer pesquisas de mercado, por exemplo.

Essa lista, por si só, não significa muito. Tem que usá-la para compor um bom pacote de direitos. Criar opções que envolvam o patrocinador e que deem a ele uma vantagem competitiva. Cada um desses itens tem um valor. Eles obedecem a uma escala de importâncias (que não é necessariamente aquela listada acima), que varia de evento para evento. De clube para clube e de atleta para atleta. Assim como essas mesmas propriedades podem ter valores diferentes para os *prospects*. Uma propriedade pode ser muito interessante para um anunciante e desinteressante para outro, em razão de segmento de mercado ou momento estratégico. As propriedades de marketing variam, de importância de um esporte para o outro e de região para região. Não existe uma regra estabelecida do quanto deve ser cobrado por cada uma das propriedades. A camisa de um atleta de futebol, de um time que integra a Liga, por exemplo, tem um valor significativo. E essa marca na camisa terá apenas 10 centímetros de altura por 20 centímetros de base. Enquanto uma marca de 20 metros quadrados na vela de um barco, que participa de uma regata na costa sul da Argentina, deverá valer apenas um pequeno percentual da primeira. Tamanho neste caso nem sempre é documento, se não for comparado com propriedades de mesmo tipo. Esportes que num ano têm pouco valor de mercado logo em seguida ganham força, superando, muitas vezes, esportes tradicionais.

Nos Estados Unidos, por exemplo, o crescimento dos esportes radicais em comparação aos esportes tradicionais é enorme. Quem falaria em UFC ou MMA, no Brasil, há 10 anos? Pesquisa feita pela National Sporting Goods and Association indica que o número de adolescentes participando das ligas de futebol americano, basquete, *baseball* e hóquei caiu 23%, ao longo dos anos 90. No mesmo período o total de jovens envolvidos com *snowboarding* e patinação sobre *roller blade* disparou 538%. Os esportes tradicionais nos Estados Unidos perderam público jovem. Enquanto esportes como futebol americano e basquete tiveram 3% de crescimento entre pessoas acima de 50 anos (dados da ESPN). Isso significa que igualmente aos resultados das pesquisas os valores de patrocínios sofrem mudanças permanentes. Se há 15 anos o *snowboard* era apenas uma esquisitice, que não era sequer permitida em várias estações de esqui, hoje ele atrai a atenção de milhões de jovens, que veem nele uma alternativa mais emocionante que o esqui na neve tradicional. Hoje em dia basta observar em qualquer *resort* de esqui nos Estados Unidos para ver que a maioria do público jovem está pilotando pranchas de *snowboard*, ao invés de esquis. Outra constatação é no *surf* brasileiro. Há 30 anos ele era um esporte exclusivo de adolescentes e jovens adultos.

Hoje, em qualquer praia serão vistos homens, na faixa dos 50 anos, deslizando sobre as ondas. Com o maior interesse dos jovens cresce, automaticamente, o interesse dos investidores/patrocinadores. Já o ingresso de homens e mulheres na prática de esportes, onde até pouco tempo eles eram raras exceções (como os que foram mencionados acima), cria novos nichos de mercado para produtos e serviços interessados nesse segmento.

Essa não é uma equação complexa. É apenas a Lei de Mercado se impondo sobre o negócio esporte e dizendo: se houver público, se houver interesse de milhões de pessoas, e essa atenção resultar em vendas, em negócios, em crescimento de *share of mind*, então haverá patrocinadores.

Após a montagem da lista, e relacionadas as propriedades que integrarão cada um dos pacotes relativos às categorias de patrocinadores, a agência de marketing deverá:

1. Reunir propriedades que justifiquem a nomenclatura da categoria de patrocínio. Isto é, se a categoria for de *Title Sponsor*, obviamente o nome do evento deverá ser o nome do patrocinador, e esta propriedade obrigatoriamente deverá constar do pacote.
2. Reunir as propriedades de forma tal que garantam o retorno do investimento. As agências de marketing devem ter uma preocupação pontual com o retorno dos investimentos feitos pelas empresas nas ações de marketing esportivo. Do contrário não renovarão os contratos, e dificilmente voltarão a vender novos patrocínios para aquelas empresas. Assim, é vital montar o pacote de maneira a assegurar retorno de imagem, e de negócios para os patrocinadores.
3. Reunir as propriedades de maneira que a conjunção entre pacotes de direitos e preços cobrados esteja sincronizada. Se uma categoria é mais importante, e custa o dobro do que a outra, nada mais lógico do que incluir propriedades que deem o dobro de resultados.
4. Verificar se é possível criar promoções específicas para determinados patrocinadores em razão do seu tipo e segmento de mercado.
5. Checar, desde o início da montagem do pacote, quais dos direitos poderão ter seus resultados medidos a fim de suportar relatórios para os patrocinadores.
6. Monitorar toda e qualquer notícia, foto, *post* e matéria publicada para, após o evento (ou periodicamente, se for o caso de um patrocínio longo), entregar para a empresa a fim de demonstrar o retorno de imagem. Se a empresa tiver como fornecer dados de crescimento de vendas ou de aumento de reconhecimento de marca para seu *feedback*, melhor ainda.

A maneira mais prática de preparar os diferentes pacotes, e de estabelecer os valores para cada um deles, é fazer uma tabela em Excel, onde todos os direitos são listados, com valores atribuídos a cada um deles, ao lado dos nomes das categorias de patrocínio.

Eis um exemplo prático para um clube de futebol, com a inclusão de propriedades da arena. O exemplo não esgota as propriedades ou categorias de patrocínios à disposição dos patrocinadores. Tampouco assume como verdadeira a correlação de preços e respectivos direitos. Qualquer criação de um pacote dessa natureza tem que ser feita sobre fatos reais, portanto, os valores e propriedades listados a seguir são meramente ilustrativos e servem de base para o entendimento da correlação de valores entre as diversas propriedades. Uma última observação: esse clube disputa competições com televisionamento nacional.

| Propriedades *Suppliers* | Patr. Principal | Patr. Secundário | Mat. Esport. | *Official* |
|---|---|---|---|---|
| Camisa Oficial Frente R$ 12.000.000 | XX | | | |
| Camisa Oficial Costas R$ 2.500.000 | | XX | | |
| Fornecedor Oficial de Material Esportivo R$ 5.000.000 | | | XX | |
| Painéis no estádio* R$ 1.500.000 | XX | XX | XX | XX |
| Marca no placar Eletrônico* R$ 1.500.000 | XX | XX | XX | XX |
| Official Suppliers (8) R$ 2.400.000 | | | | XX |

*As marcas dos patrocinadores e fornecedor oficial estarão tanto em painéis fixos no estádio, como no placar eletrônico. Esta exposição faz parte dos pacotes dessas categorias. Mas os outros espaços, não utilizados por essas categorias, deverão ser comercializados em separado.

| Total Geral | R$ 24.900.000 |
|---|---|

*Este exemplo evidencia e facilita a compreensão sobre os diferentes pacotes e seus valores. E, principalmente, pela diferenciação de preços de cada uma das categorias. É oportuno reiterar que este clube tem estádio próprio.*

Como a categoria de *Official Supplier* pressupõe um número que pode variar de 6 a 12 fornecedores oficiais, para este caso será tomado o número de oito que parece atender as expectativas de um clube sem, no entanto, poluir demais os espaços com exageros de mensagens publicitárias. Assim, o valor de *Official Supplier* seria multiplicado por seus oito fornecedores resultando em R$ 2.400.000. Isso não significa dizer que todos terão valores iguais. O valor de cada um deles depende de fatores como: interesse e necessidade do clube por aquele produto ou serviço específico, pelo retorno que a empresa terá ao se tornar fornecedor oficial do clube etc.

A conta final permite concluir que, se este clube tivesse comercializado suas três categorias de patrocinadores, e todas as demais cotas de cada categoria, ele poderia arrecadar mais de 20 milhões de reais por ano.

Após ser estabelecido o valor de cada cota de patrocínio, também é interessante ter em mente que os patrocinadores normalmente vão optar pelos pagamentos desses valores em parcelas. Isso já deve ser previamente calculado antes da negociação, a fim de ter as respostas adequadas no momento da contraproposta.

## 6.16 Considerações para a definição do preço

Além dos itens anteriormente relacionados, que fazem parte de forma mais palpável do contexto na hora de estabelecer preços, existem outros menos tangíveis que também devem ser levados em conta.

A Professora Christine Brooks no livro *Sports Marketing – Competitive Business Strategics for sports* (1994), contribui com alguns dos conceitos.

*Capacidade de geração de audiência* – qualquer empresa que esteja estudando a compra de um patrocínio perguntará qual será a capacidade de exposição de mídia do produto. Se for transmitido pela TV ou não, que tipo de TV (aberta ou fechada), horários *prime-time* ou alternativos, se canal exclusivo de esportes, se haverá programa de comentários, enfim, todas as informações necessárias para formar opinião sobre o retorno que aquele patrocínio poderá ter.

Saber previamente detalhes sobre a mídia é fundamental para a definição do preço. A mídia pode garantir o sucesso de uma venda, ou fazer sombra sobre ela. Isso não significa que eventos sem cobertura alguma não possam ser vendidos. O televisionamento impacta. A cobertura de Internet, idem. A inexistência de um ou dos dois não impede que a comercialização ocorra. Eles simplesmente terão que valorizar outros pontos. Alguns eventos nem mesmo requerem mídia de massa se o interesse for, por exemplo, uma ação de marketing de relacionamento para clientes de uma grande corporação.

*Mídia editorial* – alguns patrocinadores desejam (e estão preocupados) mais com a repercussão editorial em determinados veículos de mídia, do que com a mídia de massa. Saber que tipo de retorno o evento poderá propiciar, e trabalhar esse resultado através de assessoria de imprensa é fundamental para alcançar esse resultado.

*Oportunidades de vendas de produtos e serviços* – algumas empresas têm interesse imediato em suas ações de patrocínio, e acreditam que os eventos possam ser um local de retorno imediato para seus investimentos, e para suas ações de marketing. Outras vão mais longe ainda, considerando o quanto podem investir em patrocínio, em razão das vendas que farão nos próprios eventos. A Coca-Cola, por exemplo, trabalha muito nesse diapasão, ou seja, calculando previamente suas vendas futuras atreladas ao evento para ter uma base do quanto poderá dispor para o patrocínio.

Ter esses números em mente e tentar quantificar vendas antes de estabelecer os preços (principalmente para os *official suppliers*) pode ser um fator importante para o estabelecimento do preço da cota e para a venda do patrocínio.

*Empresas magnéticas* – algumas empresas têm o poder de atrair outras para um mesmo evento. Isso ocorre com empresas distribuidoras, atacadistas ou grandes varejistas de medicamentos, produtos de beleza e alimentos. Essas empresas podem servir como ímãs, para trazer outras para dentro do rol de patrocinadores. Por exemplo, um atacadista de produtos de beleza e cosméticos pode facilitar e atrair fabricantes de protetores solares, complexos vitamínicos, xampus etc. Essas empresas, quando concordarem em atuar como empresas magnéticas, participando do esforço de captação de patrocínios devem ser recompensadas com um desconto, por exemplo, no valor da sua cota.

*Batalha de competidores* – outro ponto que deve ser apreciado é a vocação de determinadas empresas, em certos momentos, de competirem por espaço na mídia ou nos patrocínios. Quando houve o ingresso de empresas espelho na área de telefonia, no Brasil, essas empresas competiram, durante algum tempo, pelo direito de patrocinar torneios e eventos. Esses fatores devem ser levados em conta na hora de precificar cotas importantes de patrocínios.

*Alavancagem promocional* – é muito comum que empresas de mídia paguem seus apoios ou patrocínios com chamadas e anúncios de TV, rádio, jornal, mídias digitais ou outros. Muitas vezes esses valores servem de fator multiplicador, porque ao anunciar o evento elas estão atraindo público, vendendo ingressos, aumentando o grau de reconhecimento do evento e fazendo crescer sua importância. Portanto, receber o valor de uma cota em publicidade (com direito a reaplicações) muitas vezes pode ser mais interessante do que o pagamento em dinheiro.

Essas considerações são importantes para a concretização do evento, para compreensão das necessidades e vantagens competitivas de um ou outro patrocinador, e para o sucesso daquela oportunidade que você está criando ou administrando.

# 7 FÃS, CLIENTES E MERCADO

## 7.1 Introdução

A importância para o patrocinador esportivo de conhecer os fãs, torcedores ou simples apreciadores de determinado esporte é essencial. Da mesma forma que uma empresa deve conhecer seu público-alvo, consumidores e clientes, o esporte precisa conhecer seus aficionados. Do conjunto de informações que o esporte (atleta, clube ou modalidade) oferece aos candidatos a patrocinador, das inúmeras formas de interação entre a marca do patrocinador e o público daquele esporte, é que surgirá o interesse de uma parte pela outra. É justamente essa interação, esse comprometimento, que o patrocinador precisa e busca. Porque é através dela que ele estará associando, rapidamente, seus produtos e serviços a uma legião de consumidores e clientes fiéis.

## 7.2 Entendendo os fãs

A marca é a propriedade de marketing mais valiosa que um clube, uma equipe ou mesmo uma atleta pode dispor no mundo do esporte e do marketing esportivo. Da mesma forma, os fãs são o bem mais valioso que um esporte, um atleta, uma equipe, um clube ou uma liga podem ter.

Os fãs têm um valor intrínseco maior do que os clientes; maior mesmo que clientes fiéis, porque os fãs ultrapassam os limites da racionalidade. Eles aliam às suas escolhas pessoais, como seria normal, quando se trata de produtos ou serviços, uma dose de emoção que simples marcas ou empresas não podem conquistar.

Além da ligação emocional em relação ao alvo da sua idolatria, ainda existe outro componente que torna o envolvimento fã/clube ou fã/atleta uma relação incomparável no mundo dos negócios: a fidelidade. Costuma-se dizer em palestras que ao longo da vida um homem (ou mulher) se apaixona várias vezes, muda de emprego outro tanto. Muda de cidade ou estado, muda de companheiro, e até de sexo em alguns casos. Mas raramente muda de time de futebol. É exatamente essa ligação que faz do fã, do torcedor um público de inestimável valor.

A tônica entre os publicitários e profissionais de marketing, nos anos recentes, é descobrir como uma marca, empresa, produto ou serviço pode estabelecer uma relação de emoção com seus consumidores. A imensa massa de impactos publicitários que recebemos ao longo do dia faz com que nosso cérebro esteja quase imunizado contra eles. Os estudos são intensos nessa área. Pesquisadores estimam que um homem comum, que habite uma grande cidade, recebe, ao longo do dia, 5.000 impactos publicitários. Desde o momento que acorda e, ainda sem mesmo abrir os olhos, ouve o anúncio da hora e temperatura patrocinado no rádio, até o tubo de pasta de dentes que ele manuseia na hora que vai dormir. Não é preciso ser um gênio da publicidade para saber que distinguir-se nesse meio é dificílimo. A distinção está, justamente, na emoção. Associar a marca a um comercial que desperte emoção é um caminho para distingui-la dos outros 4.999 impactos diários. Há maneiras de fazer isso sem esporte. Sim, há. De vez em quando alguma criação brilhante faz esse trabalho. Um exemplo concreto foi o desenvolvido pela Ogilvy Brasil, para Dove, com o filme *"Real Beauty Sketches"*. A campanha levou a Ogilvy a conquistar um *Titanium and Integrated Grand Prix*, no Festival de Cannes, 2013. O filme, para o qual foi contratado um especialista aposentado do FBI para retratar mulheres como elas se viam e como suas amigas as viam, emocionou a todos que o assistiram. Ou seja, além da excepcional ideia criativa, o grande mote do filme foi: emoção. E emoção é a matéria-prima do esporte. A final masculina de Wimbledon/2013, entre Djokovic e Andy Murray parou a Grã-Bretanha. Por quê? Porque um britânico tinha chances de vencer o torneio depois de 77 anos, após o último inglês ter subido ao pódio. A plateia usava as cores da bandeira, chapéus com o nome de Andy Murray, e nos intervalos entre um *game* e outro gritavam: *Andy – I love you!* O jogo era mais bonito do que as lindas partidas de tênis disputadas antes desses dois jogadores? Absolutamente não. O frenesi era causado pela emoção de ter um compatriota disputando a final. E vencendo-a por 3 *sets* a zero. A audiência maciça na Inglaterra, aliada à atenção que o público entusiasta do tênis deu à final, no mundo todo, renderam excepcionais ganhos de imagem para os patrocinadores. Todos os fãs do esporte devem ter notado que ambos os jogadores usavam tênis Adidas iguais. Que três pares foram jogados, displicentemente, em frente aos jogadores durante a partida, como se fossem trocar os calçados a qualquer momento. Emoção chama. Emoção prende. Emoção faz sorrir e faz chorar. Faz lembrar e recordar. Emoção vende.

O grau de relação varia de leve e moderado, até o fanatismo, como todos nós sabemos. Cada qual deverá ser trabalhado da melhor maneira. Existem casos, como seguidamente se vê nas reportagens de televisão, de pessoas (homens e mulheres de todas as idades) que fazem de suas casas verdadeiros templos dos grandes clubes de futebol do Brasil. Eles têm em casa toda sorte de produtos com as marcas dos clubes (desde aqueles produzidos sob licença até dos mais piratas).

A relação dos fãs com os esportes não é retilínea. Ela varia de esporte para esporte, porque as próprias características dos esportes são diferentes, resultando em distintas formas de influência, bem como nos diversos tipos socioeconômicos que torcerão por este ou aquele esporte.

Quanto mais o alvo da torcida (o clube, por exemplo) puder identificar seus fãs e torcedores, maior será o poder de utilização comercial desse grupo. Se o esporte ou clube tiver um largo espectro de informações sobre seus fãs, ele poderá, com mais facilidade, estabelecer relações com esse segmento, transacionar com empresas que necessitam comunicar-se e fazer negócios com eles.

No Brasil as pesquisas são limitadas, no que se refere ao estabelecimento de perfis de grupos de fãs. Como eles se diferenciam por esporte, e dentro de cada esporte. Bem como não se sabe como eles se diferenciam de clube para clube, ou de atleta para atleta.

As pesquisas que estão disponíveis dizem respeito, na maioria das vezes, aos torcedores de futebol.

A pesquisa a seguir demonstra o interesse de empresas e da mídia pela relação entre torcedores e clubes de futebol. Provavelmente não existam referenciais semelhantes de outros esportes.

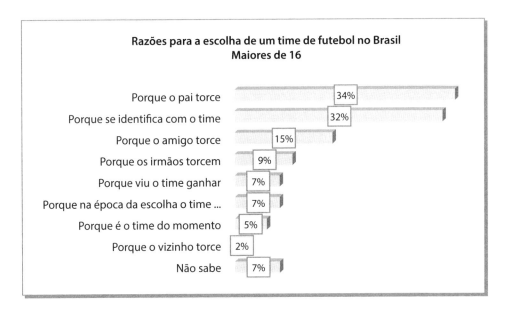

Vide quadro a seguir sobre as preferências dos brasileiros em relação aos clubes de futebol:

*Ranking* das maiores torcidas brasileiras, segundo a pesquisa Ibope, referente a 2012 e divulgada em 2013.

| CLUBE | NÚM. DE TORCEDORES | PERC. DE TORCEDORES |
|---|---|---|
| 1º Flamengo | 33,2 milhões | 17,2% |
| 2º Corinthians | 25,8 milhões | 13,4% |
| 3º São Paulo | 16,8 milhões | 8,7% |
| 4º Palmeiras | 11,6 milhões | 6,0% |
| 5º Vasco da Gama | 7,9 milhões | 4,1% |
| 6º Grêmio | 7,7 milhões | 4,0% |
| 7º Cruzeiro | 6,8 milhões | 3,5% |
| 8º Santos | 5,2 milhões | 2,7% |
| 9º Atlético-MG | 5 milhões | 2,6% |
| 10º Internacional | 4,8 milhões | 2,5% |
| 11º Sport | 3,3 milhões | 1,7% |
| 12º Botafogo | 3,1 milhões | 1,6% |
| 13º Bahia | 3,1 milhões | 1,6% |
| 14º Fluminense | 3,1 milhões | 1,6% |
| 15º Vitória | 2,3 milhões | 1,2% |
| 16º Ceará | 1,5 milhão | 0,8% |
| 17º Santa Cruz | 1,2 milhão | 0,6% |
| 17º Fortaleza | 1,2 milhão | 0,6% |
| 17º Atlético-PR | 1,2 milhão | 0,6% |
| 18º Coritiba-PR | 900 mil torcedores | 0,4% |
| 19º Remo | 890 mil torcedores | 0.4% |
| 20º Figueirense | 700 mil torcedores | 0,2% |

Repare que o 17º lugar é ocupado por três clubes, uma vez que houve empate técnico entre eles.

Já a pesquisa realizada pela Pluri Consultoria, em parceria com a Stochos Sports & Entertainment, denominada Pluri Stochos Pesquisas e Licenciamento Esportivo, mostrou a torcida do Vasco da Gama à frente da torcida do Palmeiras com uma diferença de um décimo percentual. Tecnicamente, porém, as duas torcidas estão empatadas, se for considerada a margem de erro. Esta pesquisa também é referente ao ano de 2012.

| CLASSIFICAÇÃO | CLUBE | PERCENTUAL |
|---|---|---|
|  | Não torcem para qualquer clube | 20,8% |
| 1 | Flamengo | 16,8% |
| 2 | Corinthians | 14,6% |
| 3 | São Paulo | 8,1% |
| 4 | Vasco | 4,9% |
| 5 | Palmeiras | 4,9% |
| 6 | Cruzeiro | 3,8% |
| 7 | Santos | 3,4% |
| 8 | Grêmio | 3,0% |
| 9 | Atlético Mineiro | 2,6% |
| 10 | Internacional | 2,5% |
| 11 | Fluminense | 1,8% |
| 12 | Botafogo-RJ | 1,6% |
| 13 | Sport | 1,4% |
| 14 | Bahia | 1,2% |
| 15 | Vitória | 0,8% |
| 16 | Santa Cruz | 0,7% |
| 17 | Atlético Paranaense | 0,7% |
| 18 | Náutico | 0,6% |
| 19 | Paysandu | 0,6% |
| 20 | Ceará | 0,5% |

É interessante observar a pesquisa abaixo, feita pela Datafolha em julho de 2002, onde a ordem era bem diferente daquelas mostradas nas duas pesquisas acima. O Palmeiras detinha, então, o terceiro lugar à frente do São Paulo, segundo a pesquisa Ibope, e à frente de São Paulo e Vasco, segundo a pesquisa acima.

**Maiores Torcidas Brasileiras – DATAFOLHA – 2002**

1º) Flamengo
2º) Corinthians
3º) Palmeiras
4º) São Paulo
5º) Vasco
6º) Grêmio
7º) Cruzeiro
8º) Botafogo
8º) Santos
8º) Internacional
8º) Atlético-MG
8º) Fluminense

Os cinco clubes na oitava posição estavam em empate técnico.

**Fonte:** Instituto DataFolha, jul./2002.

Nos Estados Unidos, por sua vez, o lugar onde mais se pesquisam tendências, preferências e comportamento, esse assunto é estudado a fundo, e descobrem-se dados muito interessantes sobre o meio. Entre esses dados alguns são mais relevantes do ponto de vista de marketing; tais como:

Em relação à audiência de rádio e TV:

Em média 72% assistem TV ou ouvem rádio sobre esportes diariamente, podendo chegar a 94,7% se nos fixarmos nos *heavy users*.

Da mesma forma em relação aos jornais. Até 88,2% dos fãs de esportes leem as páginas esportivas dos jornais diariamente.

E 63,5% assistem a eventos esportivos na TV.

Essa pesquisa conduzida nos Estados Unidos revela que há uma certa diferenciação por sexo. Os homens são fãs mais entusiastas por esportes do que as mulheres. Essa diferenciação já não ocorre por nível educacional. O esporte atinge todas as faixas sociais independentemente de classes. Isso se reflete, por outro lado, quando se trata de acompanhar o time ou atleta por veículo de comunicação. Claro que os de educação mais elevada leem mais jornais do que os outros. Mas isso se dá porque eles leem mais jornais, apenas refletindo um hábito, nesse caso o da leitura.

Infelizmente essas pesquisas, com detalhes minuciosos, não são feitas com a mesma abrangência no Brasil, pois poderíamos comparar dados como o do declínio de interesse por esportes que advém com a idade. Há, nos Estados Unidos, uma tendência de declínio de interesse após os 55 anos.

Outro dado interessante é o fato de que as pessoas que praticaram esportes ou participaram ativamente da vida esportiva na escola e na universidade tendem a serem fãs mais entusiasmados.

As pesquisas são muito importantes para saber com que base de fãs se pode contar para lançar produtos; quantos fãs de determinada classe econômica estarão aptos a comprar isso ou aquilo, e assim por diante. Enfim, conhecer a base desse público consumidor em potencial é um facilitador para as ações de marketing; dos patrocinadores, atletas, clubes ou entidades.

Outro fator muito importante é conhecer o público de televisão. Quem assiste pela TV aos jogos de futebol? O Ibope, o principal instituto de pesquisas de público televisivo, confere jogo a jogo quem são os telespectadores das partidas. Um dado que surpreendia até algum tempo atrás era o do número de mulheres que assistiam aos jogos. Hoje em dia esses números não surpreendem mais, e continuam a subir.

Abaixo seguem os números da participação feminina no público que assiste a jogos através da SPORTV.

Durante a Copa do Mundo de 2010, o SporTV alcançou aproximadamente 1,1 milhão de mulheres diferentes a cada jogo. Durante a Copa das Confederações de 2013, o SporTV alcançou 2 milhões de mulheres diferentes.

A percentagem de público feminino do Canal SporTV é a seguinte:

**Audiência feminina**[**]

| | |
|---|---|
| 2009 | 29% |
| 2010 | 31% |
| 2011 | 34% |
| 2012 | 30% |
| 2013* | 30% |

*Primeiro trimestre.
**Fonte:** IBOPE MEDIA WORKSTATION – indivíduos com PAY TV – 9 mercados.

E por que esses percentuais são importantes? Porque o anunciante ou patrocinador precisam saber que cerca de 30% do público ligado nas transmissões de futebol, via SporTV, são mulheres. E, portanto, há espaço para uma comunicação direta com este público feminino encantado pelo futebol.

## 7.3 Mercados e clientes

Uma das regras do marketing fala sobre a necessidade de conhecimento do mercado onde se atua ou deseja atuar. Não basta pensar que conhece determinado mercado e seus potenciais clientes e consumidores. A ideia que se tem desse mercado pode estar errada (e na maioria das vezes está). É preciso, portanto, conhecê-lo a fundo.

No marketing esportivo, o erro mais frequente das pessoas é associar produtos e serviços a determinados esportes porque aquele é o seu esporte favorito. Ou ainda promover um certo esporte junto a um segmento de mercado porque esse é o seu perfil de consumidor (afinal, esse é o seu esporte favorito).

Quando se explorar o assunto mercado nesse capítulo, ele terá que ser dividido em duas partes distintas, a saber:

- O mercado do esporte propriamente dito.
- O mercado do ponto de vista das empresas, produtos e serviços que usam o esporte como veículo de suas ações de marketing.

No primeiro caso, a análise de busca de conhecimento e informação dos mercados tem por base subsidiar pessoas ligadas às empresas que decidirão sobre os canais esportivos adequados para divulgar marcas, produtos e serviços.

Nos Estados Unidos, onde há uma preocupação constante com pesquisas, pode-se facilmente ver o tamanho dos mercados das quatro principais ligas de esportes profissionais. Essa pesquisa permite observar, através das receitas das Ligas, o número de pessoas que comparecem aos jogos e no valor dos times (valor esse que é um reflexo do interesse do público e dos torcedores), a quantificação do interesse do mercado pelos esportes representados pelos quatro grandes esportes no EUA. Na primeira linha se ressalta o volume de dinheiro movimentado pela indústria esportiva (toda a indústria e não somente pelos quatro esportes referidos). Assim como também se encontra, na segunda linha, o montante investido pelas empresas americanas em publicidade esportiva. É interessante lembrar que desse somente o volume investido em publicidade é maior do que toda indústria do esporte no Brasil.

## Quadro Geral da Indústria Esportiva nos EUA

| Dados sobre a indústria americana | Valores | Unidades | Ano |
|---|---|---|---|
| Tamanho aproximado da indústria do esporte nos EUA | | | |
| Investimento anual em publicidade esportiva por empresas | | | |
| **MLB – Major League Baseball** | | | |
| Receitas da MLB | 6,8 | Bilhões de Dólares | 2012 |
| Número de times na Liga | 30 | Times | 2012 |
| Média de público por jogo | 30.884 | Espectadores | 2012 |
| Valor médio de cada time da MLB | 744 | Milhões de dólares | 2012 |
| **NFL – National Football League** | | | |
| Receitas da NFL | 8,8 | Bilhões de dólares | 2011/2012 |
| Número de times na Liga | 32 | Times | 2011/2012 |
| Média de público por jogo (em 16 jogos) | 67.579 | Espectadores | 2011/2012 |
| Valor médio de cada time da NFL | 1,1 | Bilhão de dólares | 2012 |
| **NBA – National Basketball Association** | | | |
| Receitas da NBA | 3,7 | Bilhões de dólares | 2011/2012 |
| Número de times na Liga | 30 | Times | 2011/2012 |
| Média de público por jogo (em 66 jogos) | 17.273 | Espectadores | 2011/2012 |
| Valor médio de cada time da NBA | 509 | Milhões de dólares | 2013 |
| **NHL – National Hockey League** | | | |
| Receitas da NHL | 3,4 | Bilhões de dólares | 2011/2012 |
| Número de times na Liga | 30 | Times | 2011/2012 |
| Média de público por jogo (em 82 jogos) | 17.455 | Espectadores | 2011/2012 |
| Valor médio de cada time da NHL | 282 | Milhões de dólares | 2012 |

**Fontes:** National Sporting Goods Association, Forbes, ESPN, Plunkett Research, MLB, NFL, NBA, NHL e Census.

No segundo caso, o alvo é o próprio esporte. Seja a modalidade esportiva, o clube, a entidade federativa ou o atleta. Como o mercado vê o esporte e suas iniciativas. São as informações que permitirão decidir ações estratégicas junto aos públicos-alvos desses esportes. A Professora Christine Brooks denomina esses dois grandes grupos como Primários e Secundários. Os títulos que definem os mercados a seguir são baseados nos conceitos criados pela Professora Brooks.

## 7.4 Mercado primário

Esse é o mercado composto de pessoas que efetivamente se relacionam com o esporte de forma ativa. São os participantes, os espectadores e ainda uma terceira categoria muito importante em países mais desenvolvidos, mas ainda de pouco significado entre nós – os voluntários. Conceito esse que vai tomando corpo com os grandes eventos de 2013 (Copa da Confederações), 2014 (Copa do Mundo – FIFA) e 2016 (Olimpíadas).

### Os Participantes

Esse grupo compõe o centro do processo esportivo. São todas as pessoas que fazem a roda do esporte girar. Dele fazem parte desde os atletas de fim de semana, até os atletas profissionais, o juiz de futebol, e o encarregado de demarcar a pista de hipismo. Vai de mecânicos de carros de corrida até o especialista em encher balões de ar quente numa competição de balonismo. Essa definição tem que ser bem entendida para não ficar a ideia de que participante é apenas o atleta propriamente dito, mas sim todos aqueles que têm ligação com a engrenagem do esporte – aqueles que fazem o esporte acontecer.

### Os Espectadores

Ao mesmo tempo em que se deve dar atenção aos Praticantes, porque esses fazem o *show*, aos Espectadores deve ser dada atenção redobrada. Porque é aqui onde se encontra o verdadeiro mercado. Desse grupo fazem parte desde a confraria de amigos que estaciona o carro para ver uma pelada na beira da estrada, até aquele que paga milhares de reais por um camarote na Copa Davis de Tênis. Incluem-se nessa categoria os ouvintes de rádio e os espectadores de TV. Compreende os leitores das páginas esportivas dos jornais e os compradores das revistas especializadas em esporte.

Os espectadores dividem-se, segundo estudo da University of Michigan, em três grupos:

### Primeiro Grupo de Espectadores

Composto de pessoas realmente interessadas e conhecedoras de todos os aspectos, regras, atletas e pessoas ligadas ao esporte. Eles vão aos eventos para ver competições altamente qualificadas e atletas idem. São capazes de dar opiniões abalizadas e discutir detalhes dos jogos ou competidores.

## Segundo Grupo de Espectadores

Aqueles que são ligados a um clube ou atleta e se consideram especiais por isso. Eles se "acham" donos dos clubes, amam seus ídolos e são seus torcedores mesmo quando eles não estão performando da melhor maneira.

## Terceiro Grupo de Espectadores

Um grupo muito interessante, que não se estressa com os resultados, mas que assiste, pela TV ou em campo, *"for the fun of the game"*. Ele se liga pela curtição que é estar com os amigos, ou com a família, participando de um espetáculo. Um aspecto interessante do marketing esportivo diz respeito justamente a esse grupo. Os especialistas em mercado esportivo estão focando seus estudos e ações nesse grupo, porque é mais fácil fazer um evento alegre, emocionante e vibrante do que tentar controlar elementos quase incontroláveis, como atletas, resultados e *performances* de times e jogadores. Além do quê, é mais fácil investir na atmosfera do espetáculo, e conduzir o ambiente para um evento que agrade a todos, e mexa com seus sentimentos. Considerando que o número de pessoas que podem frequentar um estádio, ou uma arena, em razão desses aspectos é quase ilimitado, então, investir nesse público é uma boa fórmula de incrementar o negócio.

## Os Voluntários

Lamentavelmente esse segmento de pessoas ligadas ao esporte não é representativo no Brasil como é nos Estados Unidos e em alguns países da Europa. Essas pessoas, cruciais para o desenvolvimento dos esportes, são aquelas que de forma abnegada doam seu tempo e energia para fazer com que seus esportes favoritos tenham sucesso. Tanto podem ser as pessoas que ficam ao longo de ruas e avenidas durante uma maratona, quanto tenistas que se voluntariam para servir de juízes de linha ou apanhadores de bola num torneio de tênis.

Em grandes competições, esse tipo de indivíduos é essencial. Eles dão respaldo aos eventos, muitas vezes são essenciais para a organização, pois com seu trabalho não remunerado eles reduzem os custos e ainda trazem experiência. Os estádios de futebol, sempre tão carentes de recursos, poderiam criar, no Brasil, grupos de voluntários que pudessem exercer várias funções, tais como conduzir grupos de crianças e terceira idade, distribuir folhetos e informações, agendar visitas e mostrar as dependências do estádio etc. O Grêmio, de Porto Alegre, contou, por décadas, com uma voluntária que reuniu os documentos relativos à memória do clube, desde sua fundação há mais de 100 anos. Ela foi a alma do museu do clube e, de forma magistral, organizou essas informações de forma a permitir seu acesso pelo público. Dona Ema Coelho de Souza é um exemplo a ser imitado e seguido por qualquer clube ou organização esportiva.

## 7.5 Mercado secundário

Este mercado é composto de pessoas e entidades que não consomem o esporte propriamente dito, mas se relacionam ativamente com ele por outros motivos, que vão além do próprio esporte. Na verdade seu interesse não é pelo esporte, mas pelos grupos integrantes do mercado primário (espectadores, participantes ou voluntários) e pelas imagens geradas pelo esporte, pelos jogos, atletas e times. Também este segmento é subdividido em três grupos distintos, a saber:

## O Mercado da Publicidade

O autor defende a tese, há muitos anos (e no desenrolar da pesquisa para este livro descobriu que não está sozinho), que o esporte pode ser entendido como um meio de comunicação, assim como são rádios, revistas e *outdoors*, por exemplo.

O esporte é um meio muitas vezes mais eficiente do que as mídias tradicionais. Seu CPM (custo por mil) é normalmente mais barato do que o dos demais meios, e ainda tem inúmeras vantagens sobre os demais, tais como se comunicar com um perfil mais dinâmico da população, pessoas ligadas em saúde, com interesse na forma física e motivadas em torno de um tema.

Toda publicidade que gira em torno de um evento esportivo pode ser vista sob dois prismas; primeiro, pelo lado do esporte, que está recebendo uma injeção de recursos muitas vezes vital para sua existência. Segundo, sob o ponto de vista de anunciantes e agências de publicidade que têm no esporte, e nos eventos esportivos, um meio de divulgação de suas mensagens publicitárias com resultados poderosos. Clubes, administradores de arenas e organizadores de eventos muitas vezes se colocam numa posição inferiorizada em relação a anunciantes e agências de publicidade. Algo como se estivessem pedindo aos anunciantes o favor de divulgarem suas mensagens através dos eventos e partidas. Na verdade, ninguém está prestando favor a ninguém. Os promotores esportivos estão prestando um serviço às agências e seus clientes oportunizando a eles um meio eficiente e barato de levarem suas mensagens a públicos específicos de uma forma atraente. Talvez essa sensação de prestação de favor tenha sido criada pelos próprios anunciantes e entidades esportivas ao longo do tempo. No início porque não sabiam como comercializar esses espaços. Porque as pessoas que vendiam, na verdade, pediam que as empresas anunciassem. Enfim, foi se criando uma visão pouco profissional que até hoje não foi revertida junto à maioria dos anunciantes.

## O Mercado dos Patrocínios Corporativos

Antes de qualquer coisa, é preciso diferençar, ou deixar bem claro, que o termo *patrocínio* aqui está sendo usado de maneira ampla. Além disso, está tratando o patrocinador como uma entidade partícipe do processo. Isso significa dizer que o patrocinador é aquele que se envolve ativamente com o objeto do patrocínio. Não é apenas um anunciante, que só pede que lhe enviem os *pressreleases*, pós-jogo, para que ele veja se o atleta estava ou não com o boné pelo qual ele pagou.

Infelizmente não se têm no Brasil exemplos fáceis de serem lembrados ou apontados como modelos a serem seguidos. Talvez os melhores modelos sejam Banco do Brasil e Correios. Por incrível que pareça, são empresas estatais os melhores exemplos. Dentre as empresas privadas, se podem colocar Nike e Coca-Cola. Isso não significa, no entanto, que um número enorme de patrocinadores esportivos que estão apoiando clubes, modalidades esportivas e atletas estejam depreciando suas propriedades esportivas. Ao contrário. Estão fazendo bem ao esporte. Mas poderiam estar fazendo mais pelo segmento e por si próprios. Muitas vezes eles deixam de marcar de modo indelével na mente dos consumidores as boas coisas que fazem. Não há quem não se emocione ao ver pela televisão uma mensagem de apoio do patrocinador à equipe nacional que parte para as olimpíadas, por exemplo. Na maioria das vezes quando uma empresa decide patrocinar uma equipe ou atleta ela orça apenas o valor do patrocínio esquecendo-se de prover recursos para ações publicitárias, de imprensa e de ativação, que potencializarão sobremaneira suas ações.

Quando uma empresa passa a patrocinar um atleta, time ou equipe olímpica, ela se beneficia, além dos aspectos emocionais, de dois fatores: do direito de se comunicar diretamente com um grupo de mercado; e do direito de fazer uso de todas as imagens positivas associadas àquelas marcas exclusivas (como os logotipos dos Jogos Olímpicos, por exemplo), e com o esporte, propriamente dito.

## O Mercado de Afinidade

Esta definição passa pelo fato de que o esporte tem personalidade. Seus praticantes e simpatizantes comunicam às pessoas quem elas são, ou quem elas gostariam de ser a partir de suas escolhas por este ou aquele esporte; por este ou aquele clube. Ao se escolher uma camisa de time de futebol, ou de um clube de golfe, se está automaticamente passando uma mensagem sobre algumas características nossas que queremos que sejam percebidas.

As empresas que produzem materiais com logomarcas de esportes, de clubes, de atletas etc. usam dessa afinidade entre os consumidores e as marcas para vender centenas de produtos.

## Clientes

A mesma distinção feita com relação aos mercados deve ser feita no que tange aos clientes. Mais uma vez se devem diferençar dois segmentos, conforme segue:

- Um cliente é o desportista, o entusiasta que dedica parte de seu tempo à prática de uma modalidade esportiva, com ou sem frequência determinada.
- O outro é aquele indivíduo que aprecia, assiste no campo, na quadra ou na TV, acompanha pelo rádio e nos *sites* de notícias e dos próprios clubes, lê, se interessa, mas não pratica. Ele não é um praticante do esporte, mas o esporte exerce sobre ele alguma fascinação, ligação ou vínculo emocional.

Cada um desses segmentos tem interesses díspares, abordagens diferentes e ligações próprias com o esporte. Nenhum deles pode ser desprezado. Apenas devem ser focados sob prismas diversos, uma vez que os objetivos e expectativas do marketing esportivo com relação a eles são, ao mesmo tempo, pontuais e distintos. Esses dois segmentos de públicos ou clientes serão denominados: Participantes e Não Participantes.

### Clientes Participantes

Essa é a definição mais óbvia de todas. Participantes são aquelas pessoas que fazem o esporte, seja na qualidade de praticante eventual, seja profissional. Não importa se a pessoa é daquelas que disputam uma partida de tênis com os amigos no encontro mensal da turma, ou se é o jogador de boliche de todas as terças-feiras. O que importa é que este sujeito move as estruturas do esporte, faz com que ele permaneça vivo e seja ao mesmo tempo um veículo econômico. Nesse caso ter uma ligação intrínseca com o esporte significa praticá-lo em algum momento e com alguma regularidade; enfim consumi-lo a seu modo.

### Clientes Não Praticantes

Talvez uma das pesquisas mais interessantes do ponto de vista sociopsicológico a ser desenvolvida diga respeito a explicar como funciona a mente das pessoas que amam esportes – sem praticá-los. Para algumas pessoas, isso não tem a menor lógica. Esses entendem a admiração por um esporte como via de consequência da prática atual ou em algum momento do passado. Ou seja, só se pode ser um entusiasta, um fã, um admirador de determinado esporte porque se gosta ou gostou de praticá-lo.

Na realidade isso não é assim. Para cada fã praticante (ou ex-praticante) de um esporte qualquer, existe um número muito maior de pessoas que nunca sequer tocaram num taco de golfe ou numa prancha de *surf*. Elas apenas gostam do que veem e do que sentem. Essas são as pessoas que lotam estádios, compram jogos pelo *pay-per-view* e adquirem uma série de produtos com as logomarcas dos clubes ou de seus ídolos.

Esses grupos de pessoas que se relacionam com o esporte através, principalmente, de três elementos: estádios, mídia (principalmente televisão), ou produtos de afinidade, são os Clientes Não Participantes. E qualquer atividade, plano ou estratégia de marketing esportivo deve levar esses grupos em consideração, porque seu poder de compra e de consumo é imenso.

## 7.6 Conclusão

O marketing esportivo trabalha com um público diferençado da maioria dos demais segmentos do marketing. Ele trabalha com um mercado composto por consumidores e clientes que têm uma ligação maior com o objeto do que qualquer outro negócio. Essa afinidade, na maioria das vezes, transcende a simples relação comercial, de posse e de desejo material que consumidores e clientes têm por bens ou serviços.

Conhecer esses grupos de clientes, e os mercados onde se atua, é fundamental para atingir os objetivos desejados, como nas demais disciplinas mercadológicas. Saber diferençar fãs, praticantes e não praticantes entre os clientes, assim como os mercados primários e secundários e suas subdivisões, é condição para criar, desenvolver e operar táticas e estratégias nesse setor.

# 8 ADMINISTRAÇÃO DE INSTALAÇÕES ESPORTIVAS

## 8.1 Introdução

Estádios, arenas esportivas e arenas multiúso têm se transformado ao longo dos últimos 30 anos em negócios altamente técnicos e profissionais. Foi-se o tempo em que elas eram construídas como local para prática de um esporte ou somente para *shows*.

Os valores dos investimentos cresceram exponencialmente. Razão pela qual se faz necessário operá-los de modo a produzir retorno. Os custos operacionais subiram, mas por outro lado o entendimento de que esses complexos deveriam gerar lucros levou esses empreendimentos a buscar, via utilização múltipla, eventos de toda espécie.

Nos Estados Unidos, lançador de tendências, é comum ver na programação de arenas desde encontros religiosos até (obviamente) jogos de *baseball* e basquete, passando por apresentações de *motocross* e *shows* de estrelas do *rock*.

Essa realidade expandida, de necessidade de lazer e entretenimento faz das arenas os palcos ideais para o encontro de grandes grupos de pessoas com conforto e segurança.

Saber administrá-las, no entanto, não é obra para amadores. Há tantos aspectos envolvidos, exigindo capacidades tão díspares que, muitas vezes, são difíceis de serem encontradas no mercado.

Administrar um equipamento complexo como os modernos estádios ou arenas não é simplesmente trazer para esses locais um grande evento, entregá-lo com segurança e retorno financeiro.

Não há, por outro lado, uma fórmula concreta, ou um manual, que liste as regras para o bom e competente gerenciamento dessas instalações. Seja porque cada uma delas tem características próprias, como também o mercado onde estão inseridas e a natureza de sua propriedade, isto é, se públicas ou privadas.

O objetivo deste capítulo é de exame da administração de espaços de toda ordem, desde ginásios multiúso, como de universidades ou municípios, até as grandes obras para a Copa de 2014.

Este capítulo do livro não pretende examinar o tema, mas traz os principais e fundamentais assuntos para quem tem interesse no tema. Ele abrange desde o "Planejamento de Instalações Esportivas", para aqueles que ainda estão nessa fase tão importante.

Traz logo depois: "Desenvolvimento de Instalações Esportivas". Seguido dos tópicos "Marketing e Atração com Investimentos"; "Operação de Instalações Esportivas", e "Atração de Eventos e Público". Cada um desses temas é dividido em subitens, buscando trazer os elementos basilares do tema para os leitores.

Uma observação antes de avançar nos tópicos do capítulo. Na maioria das vezes será referida apenas a expressão "instalações esportivas". A escolha deste termo, ao invés de "arenas multiúso" ou "ginásios e estádios poliesportivos", ou ainda "locais para eventos e esportes", se dá exclusivamente para facilitar a leitura. Entenda-se como se todos esses termos fizessem parte da expressão "instalações esportivas".

## 8.2 Planejamento de instalações esportivas

Planejar tem a conotação de dedicar horas e horas de trabalho antes de que um tijolo qualquer seja colocado na obra. É uma tarefa frustrante para alguns, mas fundamental para todos os futuros envolvidos com o projeto.

Quanto mais tempo for dedicado à tarefa, maiores serão as chances de que o resultado seja satisfatório.

Quando se fala em planejar uma futura instalação esportiva, isso não significa apenas seu projeto arquitetônico e de engenharia. Por planejamento entende-se, no mínimo, os itens que seguem:

- atração de capital/investimentos;
- montagem de equipe;
- *staff* terceirizado;

- fontes de receita;
- despesas;
- segurança de instalações e público;
- adequação de instalações para eventos diversos;
- adequação de operações para eventos diversos;
- dinâmica de massas;
- emergências de toda espécie;
- captação de eventos;
- marketing das instalações e dos eventos;
- manutenção pontual e programada;
- clima e conforto;
- adequação de espaços populares e vips, cadeiras, camarotes, especiais etc.;
- comercialização e operação de bares, quiosques e restaurantes; e
- comercialização e operação de lojas.

Esses itens listados acima (que não se esgotam nessa relação) variam, é claro, se o objeto do planejamento for uma arena para a Copa do Mundo ou um centro esportivo para uma universidade. Se ele for público ou privado, ou ainda se for pluriesportivo ou com um fim exclusivo (embora a chance disso ocorrer seja cada vez menor).

O importante é ter em mente que cada caso é um caso; com demandas, riscos e potencialidades diferentes. Muitas vezes, a participação de entidades, clubes e universidades, num mesmo projeto, pode ser um fator facilitador. Por essas razões é que o planejamento é tão importante, antes mesmo de colocar a pedra fundamental.

Não existe um método que atenda todas as demandas e necessidades específicas a cada empreendimento. Assim como ao planejar o grupo encarregado pode (e muitas vezes acontece) perceber que a ideia inicial estava errada e que o projeto não é factível.

Planejamento, neste caso, é o processo que, em vista dos múltiplos recursos e um sem-número de necessidades, buscará coordenar demandas em função dos meios que estão à disposição do empreendimento, desde o início das obras até vários anos após a inauguração.

O grupo (sempre um grupo com múltiplas habilidades) terá o dever de alertar os empreendedores caso suas análises demonstrem que, por uma ou várias razões, a empreitada estará fadada ao insucesso, como algumas das arenas construídas para a Copa de 2014.

No caso contrário, no entanto, quando o entendimento for de sucesso, o grupo deverá desenvolver o planejamento de modo a potencializar os resultados.

E, finalmente, é importante frisar que há dois tipos de planejamento: para instalações já existentes e para novas instalações. Cada uma delas com seus prós e contras.

## 8.2.1 Planejamento de instalações já existentes

Antes de tudo, é preciso deixar claro o que se pretende dizer por "planejamento de uma instalação já existente".

O inovador é o próprio planejamento. Não é o caso de uma arena que é informada e remodelada como a do Atlético Paranaense, ou do Internacional de Porto Alegre. Esses dois casos serão considerados como novas instalações. E, portanto, não se enquadram neste item. O tema em questão é como desenvolver um novo planejamento para inovar, melhorar, potencializar o negócio através de novos caminhos e métodos. Muitas vezes, um negócio que era sucesso no passado foi decaindo e até sendo imobilizado através do tempo, porque seus instrumentos de gerenciamento ou seus proprietários e funcionários não se adaptaram às novas necessidades.

Planejar sobre instalação existente diz respeito a fazer uma minuciosa análise da situação em que se encontra o negócio para, depois, propor um caminho mais adequado à demanda.

Quando for feita a análise do negócio, os pontos mais importantes serão:

a) Auditoria contábil e financeira
b) Auditoria de recursos humanos
c) Avaliação do caso; tipos de eventos e público
d) Avaliação física da arena
e) Avaliação da imagem

Somente após análise desses cinco tópicos, a equipe encarregada do planejamento poderá instruir os proprietários de como prosseguir com a operação.

a) O entendimento profundo das finanças de qualquer empreendimento é básico. No caso de instalações esportivas, não poderia ser diferente. Os empreendedores precisam conhecer como é gerada a receita e como é gasto o dinheiro que entra no caixa do negócio. Também precisam se certificar se os impostos estão em dia e se são pagos corretamente. E, caso algo esteja em desacordo com a legislação, como chegar a um entendimento com o fisco.

b) Instalações esportivas são empresas de prestação de serviços; e como tal os recursos humanos são tão essenciais quanto a própria arena. Saber se os profissionais que fazem parte do quadro, assim como os terceirizados, são competentes, se estão motivados, se há excesso de colaboradores, se há superposição, falta de pessoal, se a remuneração está nivelada com o mercado, se a maneira de remunerar (por desempenho, por exemplo) é a mais adequada etc. As empresas Disney (operadoras de parques e também de instalações esportivas) dão tanta (ou mais) atenção à capacitação dos recursos humanos quanto as atrações em si. E essa é, reconhecidamente, uma das razões de seu sucesso.

c) Quanto mais ecléticas forem as instalações, maiores as chances de obter resultados com o seu uso. Este item da avaliação além de estudar o que foi feito até então (como foi utilizada), e se as instalações permitem outros tipos de eventos (esportivos ou não), também tem que verificar a viabilidade de realização de outra sorte de ações esportivas, culturais e até religiosas no local. E, caso seja possível agregar essa nova classe de eventos, quanto custaria sua adequação.

d) Qualquer tipo de instalação (seja lá qual for o seu escopo) necessita de reparos periódicos. Isso ainda é mais evidente em prédios públicos, onde os valores alocados para manutenção foram transferidos para outro fim ou a licitação para a reforma foi glosada.

A avaliação tem dois princípios: o primeiro diz respeito à segurança dos usuários. A checagem estrutural deve ser cuidadosa e assídua. Já a manutenção precisa ser feita a cada evento realizado. O uso contínuo, por grandes públicos, e, muitas vezes, por torcidas pouco educadas, faz da manutenção uma necessidade permanente. E, quando ela for alugada para terceiros, a qualidade dos espaços será fator determinante na hora da precificação.

e) Uma grande parcela do sucesso de uma arena, um ginásio ou complexo de quadras de tênis vem da imagem dessas instalações. Se a imagem do público, da mídia e daqueles que realizam eventos nesses locais for positiva, mais chances de que ela venha a ser inserida nos calendários de torneios, campeonatos e *shows*. Para que uma instalação tenha a imagem impecável, é preciso que suas instalações sejam e pareçam muito boas, que sua manutenção seja ótima, sua história seja de sucessos e que nunca tenha ocorrido um incidente ou acidente grave. Algumas instalações têm a sua imagem e marca tão icônica que qualquer um gostaria de jogar ou participar de um evento nelas. É o caso, por exemplo, de Wimbledon. Qualquer tenista adoraria jogar por uma de suas quadras. Mas essa imagem não ocorre de graça. Ela é conquistada dia a dia, evento a evento.

Uma vez feitas essas análises, avaliações e auditoria é que o grupo formado para desenvolver o planejamento futuro da instalação poderá fazê-lo. E uma coisa que nunca é dita, mas que pode ocorrer. Caso o grupo venha a chegar à conclusão de que o melhor a fazer é fechá-la. Transformar o espaço num estacionamento ou empreendimento imobiliário. Então essa hipótese deve ser seriamente considerada. Isso ocorre no mundo todo. Muitas vezes, os custos de manutenção, sua desatualização e até o índice de riscos, impõem seu fechamento.

Se os estádios brasileiros, por exemplo, fossem submetidos às análises desse feitio, provavelmente a maioria deles seria demolida e construída em outros locais para finalidades mais amplas do que jogar apenas futebol.

Recentemente o Napoli fez pressão sobre a Prefeitura da cidade de Nápoles ameaçando deixar a cidade se uma completa reestruturação do estádio municipal São Paolo não fosse feita. Diante da chance de perder o time da Série "A" do Campeonato Italiano a comunidade acabou cedendo, conforme relata a notícia abaixo.

*NAPOLI ENTRA EM ACORDO COM A PREFEITURA E PERMANECERÁ NA CIDADE DE NÁPOLES*

*03 Out. 2013 – Diário de Negócios Soccerex*

*"O Presidente do Napoli, Aurelio de Laurentiis, anunciou que chegou a um acordo com o Conselho de Nápoles para que o estádio San Paolo continue sendo a casa do clube da Serie A Italiana. O estádio passará por uma reconstrução para modernizar suas instalações."*

*"O acordo veio depois de De Laurentiis, na semana passada, ameaçar levar o clube para fora da cidade a menos que o Prefeito de Nápoles, Luigi de Magistris, especificasse o valor de venda do estádio San Paolo, de propriedade do Conselho Municipal. De Laurentiis quer construir um novo estádio no local onde hoje está o San Paolo, que foi inaugurado em 1959 e passou por grandes reformas para atingir sua capacidade atual de 60 mil pessoas para a realização da Copa do Mundo da Itália, em 1990."*

*"O magnata do cinema afirmou que, a menos que De Magistris estipulasse um preço até terça-feira, ele iria tomar as providências necessárias para a construção de um novo estádio a 45 quilômetros de Nápoles, em Caserta. No entanto, um avanço entre as partes aconteceu depois de uma reunião na quarta-feira. 'Posso anunciar que o San Paolo continuará sendo a casa do Napoli', disse De Laurentiis, segundo o site Football Italia. 'Chegamos a um acordo, haverá uma comissão bilateral estabelecida pelo Conselho de Nápoles e o clube Napoli, mas já encontramos a solução, uma que será inovadora."*

*"O proprietário do Napoli acrescentou: 'O Napoli terá os direitos de propriedade do estádio e das zonas adjacentes, concentrando todos nossos esforços para elevá-lo ao nível máximo dos padrões europeus. A opção de Casera foi abandonada. Nós entramos em detalhes, estabelecendo um acordo sobre o fato de que este estádio será em Nápoles com retorno garantido de investimento.'"*

## 8.2.2 *Planejamento de futuras instalações*

Hoje, há no Brasil dezenas ou centenas de instalações esportivas esperando para serem avaliadas. Provavelmente muitas delas, ao serem objeto de consultoria e planejamento, venham a receber um diagnóstico que levará ao seu fechamento.

No caso das novas instalações esportivas, o planejamento deve ser feito de forma tal que minimize ou elimine a possibilidade de erros; e, ao mesmo tempo, maximize os resultados.

O bom planejamento antecipará eventuais erros, corrigirá rumos, será fundamental na escolha do local e terá condições de antecipar o comportamento comercial e financeiro da operação.

Pode-se afirmar que os pontos fundamentais e primários para o trabalho do grupo de planejamento incluem:

a) Escolha do local
b) *Mix* de usos
c) Potencial de atração de eventos
d) Potencial de venda de propriedades de marketing (ex., *naming rights*)
e) Avaliação arquitetônica em razão dos usos
f) Capacidade para públicos específicos
g) Avaliação de características demográficas
h) Financiamento e atrações de investimento
i) Organização orçamentária; planejamento de receitas e despesas
j) Planejamento e formatação de recursos humanos

Cada um desses itens traz uma cesta de informações que serão fundamentais para a construção (ou não) de um espaço destinado a eventos esportivos e *shows*.

A velha máxima do marketing aplica-se perfeitamente no planejamento feito. A combinação de produto, preço, promoção (marketing) e localização vai determinar se o empreendimento terá sucesso ou será um fracasso.

Vamos decupar cada um deles de modo a demonstrar sua importância no contexto. Antes, porém é preciso deixar claro. Nenhum desses quesitos é estanque. Todos eles se inter-influenciam. O entendimento deverá ser sempre holístico.

a) **Escolha do local** – a localização compreende desde o estado da cidade até a rua. Itens como facilidade de acesso, entorno (favelas, descampado, bairro residencial, zona comercial etc.), espaço para estacionamento, transporte público, índices construtivos, abastecimento de energia elétrica, água e esgoto, compensação ao município com obras no entorno, proximidade de aeroportos e hotéis. As questões demográficas da cidade influenciarão muito no desempenho. A idade da população, poder aquisitivo e número de habitantes serão informações necessárias desde o primeiro momento.

Avaliar a região de influência da cidade (municípios vizinhos), e a facilidade de acesso desses também será considerada.

b) **Mix de usos** – desde o primeiro momento, o *mix* deverá ser objeto de estudo. Uma arena, por exemplo, pode ter um perfil tanto para esportes quanto para *shows*. E essa combinação pode fazer a diferença entre lucro e prejuízo.

Decidir antecipadamente este perfil influenciará tanto na arquitetura quanto na localização. Isso vale para qualquer tipo de instalação.

c) **Potencial de atração de eventos** – criar, atrair e montar eventos como *shows*, festivais de música e outros é uma tarefa de profissionais. E esses profissionais sabem do que precisam dispor para cada tipo de evento. As questões demográficas praticamente definirão quantos eventos por ano a cidade comporia e de que perfil. Com base em informações como essas é que será determinada a necessidade de adaptação ao projeto arquitetônico para dar guarida a esses eventos. É preciso observar, ainda, que há uma série de detalhes, ou uma instalação, que são necessários à hospedagem de *shows*.

d) **Potencial de venda de propriedades de marketing (ex. *naming rights*)** – hoje as instalações esportivas de quase todos os modelos (as públicas fogem frequentemente desta regra) necessitam de receitas advindas do marketing. Seja de forma de *Naming Rights*, seja como fornecedores oficiais. No planejamento prévio, o grupo encarregado precisará formatar essa equação a fim de equacionar as necessidades do empreendimento *vis-à-vis* à capacidade do mercado pagar o que for pedido e o potencial de resultado a ser aferido pelos patrocinadores e fornecedores.

Uma arena, por exemplo, vai precisar de equipamentos luminotécnicos da ordem de R$ 5 milhões de reais. É possível engajar um fornecedor que aceite entrar com esse valor em troca de publicidade na instalação? E, pelo que se tem visto em relação às novas arenas, as respostas encontradas pelos grupos de planejamento não fecham com o que o mercado está apto a pagar.

e) **Avaliação arquitetônica em razão dos usos** – cada modalidade de utilização influenciará na arquitetura do projeto. Se há expectativas de que o espaço seja sede de eventos de música, por exemplo, os arquitetos terão que prever acesso para caminhões para montagem de palco, pontos de energia junto ao local onde os palcos serão erguidos, disposição de telões para que não atrapalhem a visualização etc. Cada uso futuro deverá ser previsto já no momento do projeto. Muitas arenas nos Estados Unidos transformam suas quadras de basquete em pistas de *hockey*, na troca de temporada. Se não houver um planejamento prévio disso, a alternação de usos ficará inviabilizada.

f) **Capacidade para públicos específicos** – a determinação da capacidade de torcedores ou espectadores precisa atender a vários ditames; entre eles: uso a ser dado ao local; mercado potencial, exigências de entidades federativas e capacidade de investimento e retorno. Uma vez feita a conta baseada nas quatro premissas anteriores, caberá aos arquitetos adequar o projeto às necessidades e, neste momento, serão definidos os públicos que poderão atender a *shows* e jogos, uma vez que dificilmente os dois usos permitirão igual número de ocupantes.

g) **Avaliação de características demográficas** – idade, sexo, poder de consumo, escolaridade, facilidade de acesso, entre outros itens influirão no planejamento da instalação esportiva. Duas situações hipotéticas, para dois esportes diferentes, permitem uma visualização da influência deste item sobre um novo empreendimento esportivo. O primeiro seria um complexo destinado à prática de *skate*. O segundo um *drive range* de golfe. A idade e condição social dos dois grupos de usuários vão impactar sobre o resultado. No primeiro caso, a demografia do entorno precisará ter um grande percentual de jovens. Já no segundo a concentração deverá ser superior a 35 anos.

h) **Financiamento e atrações de investimento** – no próximo tópico as questões sobre financiamento serão amplamente discutidas. Já a atração de investimentos terá que ser planejada desde o início para que se saiba de que forma investimentos no próprio projeto, ou em seu entorno poderão contribuir para um melhor resultado. Um exemplo interessante seria o de uma grande academia que dispõe de uma área muito maior do que o necessário para sua construção. Prever, já no projeto, a construção de edifícios residenciais e comerciais na área já será uma garantia de público cativo. Outra hipótese é de investimentos acessórios dentro do próprio complexo esportivo, como restaurantes e cinemas. Enfim, atividades que possibilitem incrementar tanto a receita quanto o uso, seja em dias de eventos, seja em dias em que a agenda não prevê atividades para o local.

i) **Organização orçamentária; planejamento de receitas e despesas** – qualquer empreendimento que se preze, desde um pequeno armazém até uma companhia petrolífera, cria seus orçamentos já no momento de estruturação do plano de negócios. É preciso saber (com previsões pessimistas, realistas e otimistas) quanto de receita a instalação esportiva poderá gerar, e qual o montante de despesas previstas. Qualquer situação onde houver disparidade significativa entre essas duas colunas o empreendedor deverá investigar. E, em havendo pequenas discrepâncias para menor, o planejamento deverá buscar ou redução de despesas e/ou incremento de receitas. O executivo financeiro, para chegar a esse denominador comum, deverá manter estreito contato com as áreas geradoras de receita e com todos aqueles que produzirem despesas.

j) **Planejamento e formação de recursos humanos** – a área de administração de instalações esportivas é carente de profissionais especializados. Portanto, para todas as áreas onde for exigida expertise, a busca por esses profissionais deve ser muito anterior ao início das operações. Como a experiência prévia é difícil de ser encontrada, uma solução é recrutar profissionais de áreas afins e treiná-los para as respectivas missões. Não se pode esquecer que a administração dessas instalações terá um caráter multiúso: esportiva e de entretenimento. Uma opção interessante é a de enviar profissionais de áreas afins para períodos de estudos e estágios em instalações similares nos Estados Unidos.

## 8.2.3 Viabilidade

O quesito viabilidade visa identificar se o equipamento desejado terá condição de ser construído e de ser operacionalmente viável.

O estudo de viabilidade pode resultar numa interpretação inquestionável do êxito das futuras instalações (o que dificilmente ocorre); ou da necessidade de fazer várias adaptações ao projeto inicial (o que é normal).

O lugar comum é o empreendedor, público ou privado (este terá mais cuidado com eventuais incertezas ou fraquezas do projeto), escolher antecipadamente o tipo, escala, uso e local do empreendimento, para depois fazer os estudos de viabilidade.

Vejamos, antes de mais nada, quais as instalações mais comuns em uso atualmente.

Estádio – grandes instalações destinadas a (normalmente) um esporte. Nos EUA é possível ter dois esportes no mesmo espaço, como futebol e futebol americano. Os modernos estádios brasileiros são projetados para públicos em torno de 50.000 espectadores. Tanto a CBF quanto a COMEBOL estipulam números mínimos de assentos para determinadas competições.

Arenas – o conceito difere no Brasil e nos EUA. O entendimento americano é que uma arena tem que ser completamente coberta e sua capacidade oscila entre 12.000 e 30.000 lugares. No Brasil nós convencionamos que não há limite de público; e que não há necessidade delas serem 100% cobertas. Em ambos os casos, no entanto, há um ponto comum. Elas devem ser multiúso. Uma arena precisa estar capacitada para receber, além de esportes, *shows*, convenções, missas e celebrações.

Centros Esportivos – são instalações (normalmente públicas) que recebem um grande número de esportes, incluindo natação, atletismo, judô e futebol, entre outros. Seu custo é muito maior do que o dos dois citados aqui. Mas os terrenos podem custar caro, uma vez que precisam ser inseridos nas áreas urbanas.

Centros Esportivos Exclusivos – eles são exclusivos não em razão de público ou preço de ingressos, mas porque são projetados para apenas um esporte. Essas instalações se caracterizam pelo grau de excelência para o acolhimento de jogos, partidas ou apenas lazer de um esporte único. Entre esses esportes destacam-se: tênis, natação e golfe (não especificamente campo ou clube de golfe, mas os *drive ranges*). No tênis temos exemplos como Roland Garros, Wimbledon e Indian Wells. Esta instalação, na Califórnia, por exemplo, tem uma quadra principal com 16.100 lugares, mais 11 quadras para competições, seis quadras para treinos e duas *hard courts*.

Ginásios – assim como as arenas, essas instalações devem ser multiúso. Seu custo e uso dependerão muito dos aspectos demográficos e geográficos. Em cidades do interior eles costumam ser o palco de todo e qualquer evento importante. Do futsal ao festival de bandas. Um quesito importante nessa modalidade de instalação é o piso, uma vez que ele tem que estar apto aos usos mais diferentes possíveis. Prover coberturas adequadas para proteção deve ser uma preocupação desde o primeiro estudo de viabilidade.

Feito este introito, que visa expor a necessidade de conhecimento sobre a instalação a ser projetada, o grupo encarregado do estudo deverá levar em conta alguns aspectos elencados abaixo e mais amplamente explorados nos itens seguintes deste capítulo. A relação que segue não está em ordem de importância.

Todos os itens são de igual valor. Além de terem a mesma importância, são absolutamente interdependentes. Nenhum deles pode ser examinado em separado, porque qualquer número expresso num dos quesitos influenciará nos demais.

Demografia – o estudo demográfico inclui muito mais do que uma simples quantificação do número de habitantes numa certa região. Ele pondera idade, sexo, escolaridade, capacidade de compra, preferência esportiva, clubes favoritos, religião etc. Com base nessas informações, se poderão prever quem e quantas pessoas poderão fazer uso das instalações em questão. A resposta será fundamental, por exemplo, para determinar a capacidade do local.

Demanda – o público em torno da instalação (isso vale tanto para um Centro Esportivo quanto para uma Arena) justifica a construção de uma instalação neste lugar? Haverá demanda para as modalidades esportivas designadas? O público tem condições de pagar pelos ingressos no preço projetado? Há interesse em *shows* que vão suprir as datas quando não houver eventos esportivos?

O item demanda é especialmente caro para instalações privadas, onde o valor do investimento terá que retornar num determinado período de tempo. Se esse estudo fosse feito, por exemplo, para a construção dos estádios e arenas para a Copa do Mundo 2014, certamente algumas delas não sairiam jamais do papel. Todavia, como são equipamentos públicos, não há preocupação com o uso efetivo ou com a relação custo x benefício.

Localização – esse tópico é vital para a construção de qualquer instalação esportiva, e merecerá um item próprio (1.7) logo adiante.

Capacidade Financeira – os empreendedores têm capital próprio ou dependem de financiamentos. Parte dos custos será bancada com a venda de propriedades da nova instalação, como assentos, camarotes, *Naming Rights* etc.? Caso essas vendas não atendam à necessidade de caixa dos empreendedores, de onde virá a verba necessária para a continuidade das obras? Enfim, quando o projeto, seu tamanho, custo e utilização futura forem concluídos, é preciso avaliar se os empreendedores estão ou não aptos para custear as instalações ou se fontes alternativas terão que ser implementadas.

Uso – Quem vai jogar? Quem vai tocar? Esse item é mais apropriado para arenas, estádios e eventos esportivos de uso exclusivo. Vamos usar o exemplo de um estádio por ser mais eloquente.

No Brasil uma instalação do custo de construção, do custo de manutenção e da importância de um estádio não sobrevive sem um grande time vinculado a ele. Os casos do Pacaembu e do Maracanã são atípicos porque atendem a times (até o momento em que este livro é escrito) sem estádios próprios ou alugados.

A vinculação de um grande time que vai atrair público é uma garantia de uso. A esse uso em particular deve-se buscar identificar (com base nas pesquisas demográficas) que *shows* poderão ser hospedados no estádio.

Um erro comum é desenvolver dois estádios em cidades com até 1 milhão de habitantes. Embora uma prática comum no Brasil, isso deveria ser evitado. Para tanto bastaria unir dois clubes em um único empreendimento, a exemplo de Milan e Inter de Milão, na Itália.

## 8.2.4 *Planejamento de marketing*

O Planejamento de Marketing será o coração do processo de desenvolvimento de novas instalações esportivas ou de realinhamento de instalações existentes. Para tanto, o grupo ou empresa encarregado da tarefa precisará de toda e qualquer informação relativa à administração da arena, estádio ou qualquer outro que seja o objeto do empreendimento.

Além das informações das áreas, que a esta altura já estarão reunindo dados, como finanças, engenharia, RH etc., o grupo de marketing demandará pesquisas precisas sobre mercado, concorrência e até sobre condições climáticas.

Este planejamento inclui as etapas e passos que seguem:

Objetivos esperados pelos empreendedores e os objetivos a serem estabelecidos pelo Plano de Marketing.

- **Análise pormenorizada de informações do próprio empreendimento e do mercado** – entre elas: levantamento de dados sobre preços de ingressos, operações comerciais, licenciamento, valor de aluguel, oportunidades de realização de eventos (próprio ou de terceiros), vendas de publicidade (incluindo *naming rights*, *suppliers* etc.), entre outros. Na coluna de despesas é preciso saber quanto custa operar cada uma dessas fontes de receita. Quais as virtudes, fraquezas, oportunidades e ameaças (Análise SWOT) que a instalação detém no presente e no futuro.

- **Ajuste de objetivos e focos de mercado** – com base nas informações em poder do grupo de marketing, e com o resultado da Análise SWOT, se estabelecerá o foco, o objetivo traçado para esta instalação.
- **Estratégia** – uma vez identificados os objetivos, o plano estratégico vai determinar os caminhos para se atingir as metas e obter vantagens competitivas sobre concorrentes.

  E como vantagem não basta dizer que o aluguel para eventos, por exemplo, é mais barato. As vantagens competitivas podem incluir camarins mais sofisticados para os artistas, localização, convênio com veículos de comunicação para divulgação etc.
- **Implementação** – passada a fase de reunião de informações e de planejamentos, vem o momento de organizar a implementação, distribuição de tarefas e contratações que levarão ao resultado de tudo quanto foi planejado.
- **Parcerias** – instalações esportivas são propícias ao estabelecimento de relações ganha-ganha. A implementação delas, como canais de distribuição (de ingressos) divulgação (mídia) etc., contribuirá para o resultado planejado.
- **Métricas** – cada momento da implementação e da operação deverá ser monitorado e controlado para que se possa saber se os objetivos estão sendo atingidos. Essas métricas dizem respeito desde o número e valor de ingressos vendidos (o mais óbvio), até a quantidade de eventos programados e realizados e o retorno que os patrocinadores recebem nos meios de comunicação.
- **Divulgação** – desde a escolha e acompanhamento dos canais de comunicação até a criação e veiculação das mensagens comerciais, promocionais e institucionais.

## 8.2.5 Localização e escolha do local

Apontar um dos tópicos deste item como o mais importante é um risco.

O sucesso do empreendimento só virá quando houver o casamento correto de todos os quesitos. Entretanto, se a escolha do local for equivocada, dificilmente o acerto nos demais tópicos salvará o empreendimento.

Os pontos a considerar são muitos, são sobrepostos, e cruciais quando se tratar de avaliar onde será a construção de uma instalação esportiva. Esse ponto (localização) é especialmente crítico quando disser respeito a um novo centro esportivo, arena, estádio etc. Levando em consideração que, quanto maior e mais espectadores houver, maiores deverão ser os cuidados.

Vamos à lista. Sem que a ordem que segue implique prioridade.

Uso

Custo

Dimensão

Regulação municipal

Impostos e taxas

Acessos

Estacionamento

Impacto sobre a vizinhança

Expectativas da comunidade

Necessidades de obras no entorno

Obras de compensação

Meio ambiente

Condições do solo

Características do terreno

Transporte público

Segurança

Público e mercado

Operações comerciais

É interessante observar que nenhum dos itens é estanque. Cada um deles interfere nos demais. Encontrar o *site* perfeito, que atenda a todos esses quesitos, é impossível. Há que ser buscada a localização que englobe o maior número de vantagens.

**Uso** – a utilização da instalação interfere na escolha do local, seja em razão da necessidade de espaço, seja pelo custo e retorno do investimento.

**Custo** – o valor da área é parte integrante do montante final do empreendimento. Quanto maior o custo do terreno, menor será a chance de retorno, ou mais longo o *payback*. A escolha do *site* deve estipular um percentual para o custo do terreno sobre o valor final do empreendimento e ater-se a ele.

**Dimensão** – cada tipo de empreendimento requer um tamanho de área. Uma academia pode precisar de apenas 2.500 m², enquanto uma arena vai necessitar de vários hectares. O uso e o custo incidirão diretamente sobre a dimensão.

**Regulação municipal** – o plano diretor permite este tipo de empreendimento na região/bairro escolhido? Qual a volumetria máxima permitida? Qual a altura limite? Tudo deverá ser previamente conferido e validado junto à Prefeitura do Município.

Muitas vezes a administração pública, em razão do interesse em um equipamento importante para a cidade, poderá relativizar as regras possibilitando sua construção.

**Impostos e taxas** – esses tributos variam de município para município. Especialmente o ISSQN. No primeiro momento, o empreendedor deve verificar o percentual de taxação. Depois ele pode negociar com o município e até trocar a edificação para uma cidade vizinha, caso a diferença tributária venha a ser expressiva.

**Acessos** – a acessibilidade é fundamental. É preciso atentar para situações próprias da atividade. Centenas de milhares de pessoas chegando e saindo ao mesmo tempo podem causar transtornos. A preocupação deve considerar veículos, congestionamentos, horários de *rush*, acessos a avenidas etc.

**Estacionamento** – *"No parking, no business"*. Esta frase é cada vez mais emblemática. Planejar uma grande instalação esportiva e não prever o espaço necessário para as vagas (correspondentes ao público com casa lotada) é um erro inominável. Quando se trata de estacionamento, não é apenas a capacidade, mas os acessos, meios de pagamento, cancelas, iluminação, seguros, horários de abertura e fechamento, segurança etc.

**Impacto sobre a vizinhança** – grandes centros esportivos causam transformações em seu entorno. A vizinhança será prejudicada, por exemplo, com o fluxo e o barulho. Mas será beneficiada com obras de infraestrutura na região. Os problemas devem ser minimizados, e deve haver um canal de comunicação permanente entre os vizinhos e empreendimento.

**Expectativas da comunidade** – assegure-se que a comunidade (isso vai além da vizinhança, mas inclui esta também) será informada do projeto, do andamento da obra, dos benefícios estruturais e oportunidades de empregos. Convidar líderes comunitários para visitas, e fazer reuniões com eles é muito positivo, seja para que eles saibam o que o empreendimento está fazendo, como para que esses saibam o que ocorre nas comunidades do entorno. Esses líderes comunitários atuarão, quando bem informados, como disseminadores de informações.

**Necessidades de obras no entorno** – o empreendedor deve estabelecer em conjunto, desde o primeiro momento, que obras o município e/ou estado deverá fazer a fim de maximizar e potencializar o sucesso da instalação. Isso diz respeito a pontes, viadutos, redes de transmissão elétrica etc.

**Obras de compensação** – é comum o poder público municipal exigir que grandes empreendimentos como *shoppings* e outros centros empresariais, assim como arenas e estádios, façam obras necessárias à operação dessas instalações. Elas variam desde arruamentos, asfalto, rótulas, até viadutos.

**Meio ambiente** – há que ser preservado. Se a área oferece algum risco para o ecossistema, deve-se procurar outro lugar. Às vezes apenas uma árvore catalogada pelo Ibama pode atrasar ou impedir a obra.

**Condições do solo** – o solo influi no tempo de construção e no valor da obra. Há solos onde as fundações devem ser profundas, outros nem tanto. Alguns têm rochas, outros areia, outros ainda são áreas de mangue. Às vezes as condições do solo podem ser tão adversas que valerá a pena fazer o projeto noutro lugar.

**Características do terreno** – isso não diz respeito ao solo apenas, mas à necessidade de aterro, de drenagem, de escavações e remoção de toneladas e toneladas de terra e pedras. Enfim, há terrenos mais propícios e outros menos adequados. Isso deve ser levado em conta porque vai impactar no custo final.

**Transporte público** – o local tem que ser atendido por transporte público, seja trem, metrô ou linhas de ônibus. E, para dias de grandes eventos, a administração da instalação esportiva deverá informar, antecipadamente, os gestores dos meios de transporte público e autoridades de segurança que haverá maior tráfego e os horários em que deverá ocorrer.

**Segurança** – um item cada vez mais vital. O empreendedor deverá levar isso em conta, não somente para dias de jogos e eventos artísticos, como também para a segurança do dia a dia dos colaboradores.

**Público e Mercado** – cada empreendimento tem que ser adequado à capacidade de acolhimento pelo mercado do entorno. Quando a instalação for a casa (*home stadium*) de um time, já haverá a garantia de um público fixo. Mesmo assim os empreendedores têm que avaliar se aquela instalação é super ou subdimensionada para a região. Além disso o empreendedor tem que se perguntar: há mercado para os eventos não esportivos? O público e o mercado do entorno comportam os preços de ingressos planejados? Enfim, a adequação da instalação ao público pretendido e prospectado será o calcanhar de Aquiles para o resultado final. Algumas arenas construídas para a Copa 2014 não tiveram essa preocupação, uma vez que foram erguidas com dinheiro público. A chance de retorno sobre o investimento é zero. Luxo que uma instalação privada não pode se permitir.

**Operações comerciais** – foi dito no início deste item que todos esses 18 quesitos se relacionam entre si. As operações comerciais (lojas e pontos de alimentação) dependerão do fluxo e tipo de público, da localização, dimensão do empreendimento, segurança etc. Vamos nos ater à localização como exemplo. Se o empreendimento estiver num local isolado, com público somente em dias de jogos e *shows* (digamos, otimistamente, 50 datas no calendário ao longo do ano), não há como manter operações de grande escala como McDonald's, Burger King ou Bob's. O custo × benefício dessas redes de *fast food* não será compensatório. Idem para lojas e restaurantes. Assim, o empreendedor deverá colocar em sua planilha, na hora da escolha do lugar, se ele quer um terreno mais distante e mais barato, que deverá operar sem redes de *fast food*, ou o contrário.

## 8.2.6 Design *e projeto*

Quando se fala em *design* e projeto, a primeira imagem que vem à mente é a de uma nova instalação. Esqueça-se isso.

Este tópico diz respeito tanto a novas quanto a instalações antigas que serão reformadas, adaptadas ou renovadas. E, por incrível que pareça, esta segunda hipótese é normalmente mais trabalhosa que a primeira.

Talvez a recomendação mais importante sobre este tópico seja: planeje e estude ao máximo antes de iniciar a execução. Muito do que for feito será irreversível.

A esta altura já há uma decisão quanto ao local, permitindo aos arquitetos iniciarem seu trabalho.

Há uma sequência ideal e lógica dos passos a percorrer. Mais uma vez, o grau de exigência e de *expertise* dos arquitetos, e de capacidade de engenharia da construtora vai variar muito entre os tipos de instalações que serão erguidos ou reformados, como por exemplo entre um Centro Esportivo e uma Arena. Mas em qualquer um dos casos a ordem do processo será muito próxima do que segue abaixo.

**Conclusão dos empreendedores sobre o objeto** – até que sejam conhecidos os resultados do trabalho detalhado no item 12.2.4, sobre necessidades, objetivos e planejamento de marketing, não se poderá iniciar o projeto sob pena de ele ser maior, menor ou diferente do que o mercado espera. Uma vez examinados os resultados do Planejamento de Marketing, os empreendedores definirão a instalação a ser projetada.

**Identificação e Contratação dos Arquitetos** – esse passo depende da decisão sobre o modelo a ser construído e, em razão dessa deliberação, será escolhido o estúdio com a devida *expertise*.

*Road Tour* – os arquitetos deverão visitar instalações similares. Conversar com seus administradores para aprender com os erros e acertos de projetos já realizados.

*Briefing* **dos empreendedores** – momento em que os investidores explicam usos, objetivos, expectativas e informam, em detalhes, o que esperam do projeto e o que ele (projeto) deverá atender.

**Estudo geopolítico, estético, social e funcional** – todos esses aspectos devem ser levados em conta neste momento. A escolha da entrada principal, por exemplo, deve considerar elementos como o impacto sobre a vizinhança; assim como a incidência do sol nos olhos dos goleiros.

**Implementação de práticas sustentáveis e ambientais** – alguns empreendimentos, dado o impacto construtivo, podem causar sérios danos ao ambiente. Minorá-los deve ser uma preocupação do projeto. Atenção ao reúso de água, captação de água da chuva, aquecimento solar, iluminação econômica, entre outros processos devem ser adotados sempre que possível.

**Participação e endosso dos empreendedores** – cada fase do projeto deve ser discutida entre os arquitetos e os empreendedores para que se certifiquem de que o caminho traçado está correto, que a previsão de custos está dentro do orçado etc.

**Controle financeiro de custo global** – o empreendimento só terá retorno sobre o investimento se o valor final da instalação for compatível com o planejamento. Esse controle deve ser rigoroso. Às vezes algumas características arquitetônicas, como paredes de vidro, por exemplo, podem impactar no custo final de diversas formas; seja do próprio material usado até a limpeza e uso de ar-condicionado.

**Interação com área de marketing** – neste momento, quando o projeto se aproxima da aprovação, o grupo de marketing deve ser informado das principais necessidades, tais como luminotécnica, aço, metais e louças e suas respectivas quantidades e valores. Com base nessas informações, o marketing poderá iniciar a prospecção de *suppliers*.

Finalmente, é preciso lembrar que cada tipo de instalação é de acordo com seus objetivos, terá que atentar para o fim a que se destina. Os arquitetos devem estar preparados para buscar aconselhamento e *expertises* diversas quando se depararem com fatores próprios daquele objeto.

## 8.2.7 Construção

Quando o projeto chega neste momento, se diz que ele atingiu o *"point of no return"*. Não há mais volta. Quando as estacas das fundações começaram a ser colocadas é bom que todos os itens que antecederam esta etapa tenham sido bem planejados.

Os pontos fundamentais de construção de instalações esportivas são mais ou menos os mesmos de qualquer outra construção comercial ou industrial, com exceção de dois pontos: o primeiro é o quesito segurança. Sua estrutura tem que considerar que em determinados momentos haverá dezenas de milhares de pessoas lá dentro. Em segundo lugar, vem uma particularidade de instalações esportivas: a vibração. Quando 10, 20 ou 50 mil pessoas levantam, dançam e pulam ao mesmo tempo, esse movimento provoca ondas que podem ruir uma estrutura.

Os demais itens são os usuais. Como a escolha das fundações adequadas ao uso e ao solo; estruturas e superestruturas capazes de suportar não apenas o peso, mas a força dos ventos, uma vez que certas construções se transformam em represas de vento. Os componentes exteriores, seja pela beleza, durabilidade, segurança, peso e facilidade e custo de manutenção, deverão ser considerados para minimizar custos e maximizar beleza e operacionalidade. Qual o melhor teto, quando houver fechamento total, ou retrátil ou parcial? Além disso, é importante ter em mente que a maioria dos sistemas terá horas ou dias de quase inatividade ou pouco uso, para repentinamente ser usado em sua força e capacidade total, como, por exemplo, os sistemas hidráulicos e de energia.

Num segundo momento, iniciarão os trabalhos para instalação de assentos, equipamentos, mobiliário, pistas sintéticas, pisos e gramados.

## 8.3 Desenvolvimento de instalações esportivas

Este tópico vai tratar de estruturas novas, que partem do zero. São projetos concebidos para determinado fim, desde sua concepção até a inauguração. Este modelo permite aos seus criadores moldar o plano de acordo com necessidades específicas e de modo a atender tanto os objetivos esportivos e de entretenimento quanto a sua rentabilidade. Ou seja, ele não traz os vícios de origem de instalações esportivas reformadas, que têm que ser adaptadas e que muito dificilmente terão o padrão, *performance* e *design* daquelas projetadas de acordo com os melhores padrões internacionais.

### *8.3.1* Business Plan

Esse instrumento gerencial se transformou há poucas décadas numa ferramenta imprescindível para qualquer negócio que venha a ser implementado. Esse instrumento gerencial se transformou há poucas décadas numa ferramenta imprescindível para qualquer negócio que venha a ser implementado. O *Business Plan* vai considerar de um lado as potencialidades do empreendimento, seu objeto, as condições do mercado de atuação específica, da economia local e nacional. De outro, os dados objetivos do futuro empreendimento, onde o valor dos investimentos será diariamente confrontado com os custos e com a viabilidade econômica do negócio. Essa representação do modelo de negócios é um instrumento vivo, que sofre alterações e adequações ao longo de todo o processo. Desde a inspiração por uma pessoa ou por um grupo de empreendedores, até a inauguração. Para depois já em operação, se transformar em planejamento estratégico ou de negócios.

### *8.3.2 Financiamento*

A interpretação deste tópico varia se estivermos tratando de uma arena de 1 bilhão de reais ou de um centro esportivo de uma faculdade no valor de 5 milhões. Se os empreendedores tiverem o dinheiro para realizar o projeto do terreno até as torres de iluminação, encerra-se aqui o tópico. Por outro lado, se a intenção de fazer não corresponde ao volume necessário de dinheiro, então o financiamento será de 5 milhões até o de 1 bilhão de reais.

Este item trata de instalações esportivas reais, cujo valor do investimento deverá retornar um dia, na forma de resultados. Portanto, não é válido para empreendimentos públicos onde não há essa preocupação, tampouco com o orçamento.

Qualquer empreendimento precisa que os idealizadores, os proprietários ou representantes de um grupo de sócios (os clubes) levantem verbas para sua construção e equipagem. Isso pode ser feito com valores reservados para esse fim do faturamento da empresa (novo parque aquático da faculdade); do bolso dos empreendedores (centro esportivo); de fundo misto, onde parte do capital vem dos empreendedores e parte do financiamento de mercado; de venda de direitos de uso (arenas e estádios em consórcio com grandes construtoras); da venda de ativos futuros (cadeiras, camarotes, datas para *shows*); de venda de espaços publicitários, *naming rights* e *official suppliers*; ou de todos esses combinados. Cada empreendedor vai, quando montar o plano de negócios, buscar o meio mais adequado para poder construir e ter retorno quando da operação.

### 8.3.3 *Custo de áreas imobiliárias*

Este tópico vai determinar, no primeiro momento, duas coisas: localização e dimensão. Mas esses dois pressupostos só farão sentido quando confrontados com o Planejamento de Marketing e sua análise de mercado que é influenciada pelos dois primeiros itens. Portanto, só após a confrontação de todos esses parâmetros é que se poderá saber se a área é cara, barata ou de valor adequado. Fazendo uma comparação com outros empreendimentos comerciais. Os valores de áreas para construção de *shoppings* devem ser menores do que de hotéis, que deverão ser menores do que residências, que deverão ser menores do que edifícios comerciais. Os centros esportivos precisam ser mais baratos do que todas essas opções de empreendimentos imobiliários.

### 8.3.4 *Custo de instalação*

Mais uma vez, a construção e suas instalações vão variar de acordo com a capacidade de investimento, de uso, duração e retorno. O termo *duração* pode soar estranho, porque à primeira vista toda instalação esportiva deve ser planejada para décadas. Mas há casos em que instalações são construídas especial para abrigar eventos especiais, como as quadras de vôlei na praia de Copacabana, ou quadras de tênis no Parcão, em Porto Alegre, para uma etapa da Davis Cup.

### 8.3.5 *Custos de aparelhamento*

Esse tópico se parece muito com o anterior. As mesmas variáveis, no entanto, serão muito distintas de empreendimento para empreendimento: luxo e resistência. O uso vai determinar esses dois elementos. Isso diz respeito à qualidade dos banheiros, das poltronas ou cadeiras das arquibancadas, dos bares e restaurantes etc.

## 8.3.6 Energia, ar-condicionado, hidrossanitário, data e combate a incêndio

A cada ano que passa, as necessidades de conforto e segurança aumentam em quaisquer instalações destinadas ao entretenimento. Dos cinemas e teatros às arenas. Esses elementos tendem a consumir montanhas de dinheiro, não apenas na construção, como também na operação. Alguns deles têm que ser feitos com a maior qualidade, para prevenir problemas e para haver a maior segurança possível, como os equipamentos para prevenção e combate a incêndio. Outros, como o sistema de ar condicionado para o conforto das instalações ou de áreas específicas.

A esses pontos elencados no título acima se somam: sistema para preservar a qualidade do ar, ventilação aberta e forçada, iluminação de emergência, irrigação, sonorização, vídeo, câmeras, telões, redes e cabeamento para emissoras de televisão, mobilidade de pessoal, gerenciamento de lixo etc.

## 8.3.7 Impacto e legado às comunidades

Nos Estados Unidos há grande disputa entre as cidades para ser sede de franquias da NFL. Porque ser sede de um time da National Football League significa: atração de turistas, movimento na rede hoteleira, recuperação de áreas degradadas da cidade, novas obras públicas e mídia nacional. Todos esses temas impactam na comunidade local. Além desses elementos palpáveis e passíveis de contabilização, ainda há os intangíveis, como orgulho e satisfação por ser sede de um time da NFL.

Toda instalação esportiva impacta na comunidade do entorno (num primeiro momento e na comunidade de toda região (numa segunda leva). Nem todos os aspectos são positivos, como os incômodos durante as obras, ou com a alavancagem do valor dos terrenos nas proximidades ou até na remoção de casas e bairros inteiros como ocorreu em Beijing nas Olimpíadas de 2008.

O que importa, neste caso, é que os empreendedores tenham consciência de que vão interferir de alguma forma na comunidade; para o bem ou para o mal. E, neste último caso, tem que prestar muita atenção para não ferir esse público do entorno da instalação.

## 8.3.8 Funding

A primeira noção que se deve ter em mente na construção de um novo estádio é de que ele não vai gerar apenas mais público a partir de sua inauguração. A ideia central de um novo empreendimento é de que ele deve gerar mais receita e ao mesmo tempo um novo momento institucional para o clube. Clubes de futebol, *baseball*, *rugby* ou futebol americano crescem em importância, número de torcedores e de *share* de mercado com a construção no novas arenas. Além disso, ele tem que crescer em geração de receitas a partir do incremento do número de espectadores, Centros de Hospitalidade, venda de *merchandising*, maior valor dos ingressos etc.

Outro ponto importante a ser considerado é que nenhum estádio moderno no mundo hoje é construído pensando apenas na ocupação de uma modalidade esportiva. Diz-se, nos Estados Unidos, que uma arena de basquete, por exemplo, pode ter inclusive jogos de basquete. Esse é um ponto que deve ser pensado e repensado antes da formatação final do projeto. É mais fácil e mais cômodo criar o projeto arquitetônico de um estádio ou arena para um único esporte. Todavia, o dimensionamento e a adequação de uma praça esportiva que possa atender outros esportes, *shows* e espetáculos abre uma nova dimensão de receitas. E esse planejamento não requer apenas adequação de luz e som, por exemplo. Tem que haver previsão para camarins, poço de orquestra, *catering*, acesso de caminhões, estrutura de fundo de palco etc. etc. O poder de receber outros eventos (além dos esportivos) permite um retorno mais rápido do investimento e uma utilização constante. Seu índice de ocupação não fica restrito ao calendário do futebol, por exemplo.

Existem, basicamente, seis canais de captação de investimento para a construção de estádios no mundo todo:

a) *Funding* oficial (federal, estadual ou municipal ou combinações desses)
b) *Funding* de entidade federativa ou liga
c) *Funding* do próprio clube proprietário
d) *Funding* de empreendedor/proprietário
e) *Funding* proveniente da venda de espaços do próprio estádio e
f) Publicidade, *Naming Rights*, direitos de mídia e *Official Suppliers*

Existem outras hipóteses mais ousadas ou arriscadas, como está fazendo a Universidade da Califórnia-Berkeley, por exemplo. Eles criaram um fundo de ações que funciona basicamente como uma hipoteca de assentos especiais pelo prazo de 50 anos. Eles planejam arrecadar somente com essa modalidade de hipoteca de 3.000 assentos à cifra de 270 milhões de dólares. O mercado está cético.

Na verdade, raramente vamos encontrar uma arena cujo financiamento veio de uma única fonte. Dado os valores exorbitantes requeridos para construir e equipar uma arena moderna, há que se combinarem várias (ou todas) modalidades anteriormente listadas. E esse é o caminho mais inteligente e com maiores chances de dar resultado.

a) *Funding* oficial

O *funding* proveniente de governos (seja federal, estadual ou municipal) visa incrementar os espaços destinados a entretenimento, convenções e turismo, além de incentivar a prática esportiva e sua qualificação. No mundo inteiro os governos participam da construção de arenas, praças esportivas, estádios etc. Em momentos especiais, como Copa do Mundo, Olimpíadas, Masters de Tênis e até os Gay Games, o investimento governamental cresce em razão dos objetivos específicos. Basta ver o que ocorreu no Brasil com os Jogos Panamericanos, no Rio, e com o novo estádio de *baseball* do NY Yankees, onde a prefeitura da cidade de Nova York desembolsou centenas de milhões de dólares. Esse dinheiro pode ser na forma de investimento a fundo perdido ou em outros formatos, conforme segue:

a.1) Empréstimo – o governo empresta a taxas muito atraentes para o valor ser pago após um período de amortização.

a.2) Doação – pode ser na forma de dinheiro propriamente dito ou na forma de terreno, permitindo que o clube venda sua área original e use o valor da venda como parte dos recursos necessários à construção.

a.3) Isenção de Impostos – quase todas as construções de praças esportivas recebem isenções de impostos e taxas, seja para a construção, seja ao longo de um período de maturação do novo empreendimento. A nova praça de esportes também pode ficar permanentemente isenta de impostos municipais, como o nosso IPTU, por exemplo.

a.4) Adiantamento de capital em troca de uso futuro – o governo compra *com antecedência um determinado número de dias para uso em eventos* oficiais, comícios, concursos públicos etc.

a.5) Investimento – como qualquer outro investidor, o governo (através de uma companhia de economia mista) participa da sociedade com um determinado valor (e com o respectivo assento no Conselho Gestor), objetivando retorno futuro como se fosse qualquer empresa da qual ele faz parte.

a.6) Estímulo ao crescimento – o governo entende que a área em que será construída a arena ou praça esportiva é de interesse social, e em razão disso ele se compromete a pagar parte da obra a fim de beneficiar a área do entorno.

Há que se registrar que nos Estados Unidos, onde os governantes já perceberam o valor intrínseco de sediar um time da NBA, da NFL, da NHL ou da MLB, os investimentos afluem com maior facilidade. Mas sempre com ressalvas de parte da população. Para isso, as cidades ou os estados investem dezenas ou centenas de milhões de dólares, contando com os benefícios derivados do turismo, publicidade, renovação de áreas públicas e crescimento de PIB regional. Esses investimentos públicos nem sempre ocorrem sem contestações. Basta ver o novo estádio dos Yankees, que consumiu centenas de milhões de dólares da Prefeitura de Nova York. Não se pode esperar o mesmo tipo de comportamento na América Latina, onde investimentos desse tipo são sempre contestados, porque no entendimento de grande parcela da população há carências noutros setores onde o dinheiro seria melhor utilizado. Mesmo assim, na construção dos estádios para a Copa 2014, o governo federal investiu quantias imensas na construção de algumas praças esportivas. Por isso é preciso contornar através de compra antecipada de ingressos ou locações para fins sociais. Mas não se pode perder de vista que o ingresso de valores públicos é importante, mesmo com um grande projeto de marketing associado e bem implementado. É uma fonte que não pode ser desconsiderada.

b) *Funding* de entidade federativa ou liga

Em vários países do mundo, como Irlanda e Austrália, as ligas ou federações esportivas estão convertendo parte de suas receitas para a construção ou reforma de estádios, centros de treinamento e praças esportivas. Esse tipo de investimento visa qualificar o esporte através da distinção dos espaços onde ele é praticado.

É fundamental para que isso aconteça que o esporte seja importante no país e gere receita através de venda de direitos de televisionamento, ingressos, *merchandising* etc., uma vez que apenas parte das receitas das ligas reverterá para as obras. No Brasil somente um esporte teria esse tipo de apoio – o futebol. Todos os demais têm dificuldade em arregimentar público em base permanente e quantidades suficientes.

c) *Funding* do próprio clube proprietário

Esta modalidade não pode ser desenvolvida sozinha, a não ser em casos excepcionais. Ela precisa vir associada aos itens *e* ou *f*, ou a ambos. Ela somente tem fundamento quando o clube dispõe de grande patrimônio que pode ser alienado ou dado em garantia para a construção da nova arena. No caso de associação com os itens *e* e *f*, essa modalidade pode ser usada – com grande sucesso – para o pontapé inicial do empreendimento. Isso dará visibilidade e credibilidade à iniciativa, facilitando sobremaneira o lançamento dos projetos comerciais associados à nova arena.

Quando o clube dispõe de uma grande área (normalmente bem localizada em razão de ter erguido um estádio há muito tempo, em local nobre da cidade), ele pode aliená-la ou dá-la como parte do pagamento do novo prédio. Com isso ele viabiliza o início da construção e dá credibilidade a todas as ações de marketing que permitirão a venda das demais propriedades que lhe permitirão concluir a obra.

Ou ainda, quando o clube já é proprietário de um centro esportivo importante e, em consórcio com empresas, promove a reforma ou reformulação do estádio ou ginásio. A participação dessa empresa será em troca de direitos a serem especificados em contratos por um determinado período de tempo. Durante esses anos em que durar o consórcio clube e empresa, esta segunda vai buscar com administração eficiente reaver os valores investidos e obter lucro com a operação.

d) *Funding* de empreendedor/proprietário

Ocorre quando uma empresa ou grupo de empresas resolve construir uma nova instalação esportiva ou reformar uma já existente. Ele poderá fazer uso de verbas próprias, de captação junto a agentes de fomento e investimento (como BNDEs), associados às fontes elencadas nos itens *e* e *f*. Sua intenção não é de benemerência e sim de lucro futuro, como deve ser com qualquer investimento privado.

e) *Funding* proveniente da venda de espaços do próprio estádio ou arena

Um estádio ou arena moderna tem um compromisso com o conforto, com a acessibilidade, com o luxo em determinados espaços, com o *glamour* em outros, com a exclusividade e tudo o mais se permita a determinados grupos ou (em cada um dos segmentos) para que esses se sintam especiais. Mexer com o imaginário e com vaidades faz parte de um empreendimento desse porte. Esses lugares especiais, por sua vez, têm um preço a ser pago. Assim, quanto mais espaços especiais forem alocados, maiores as chances de arrecadação de dinheiro para a construção da instalação esportiva.

Vejamos a seguir quantos e quais lugares podem ser vendidos antecipadamente para fãs, empresas, investidores ou apenas para indivíduos que não querem ser excluídos de um lugar que se tornará icônico numa determinada cidade.

e.1) Cadeiras – podem ser vendidas aos milhares e com variados preços. A variação de valor vai se dar em razão de três fatores básicos: tempo de uso, isenção de taxa de ingresso e localização. Mas atenção: não se pode vender todas as cadeiras/assentos sob pena de não ter lugares para venda no varejo, ou seja, na bilheteria quando de jogos futuros.

e.2) Camarotes ou suítes – esses espaços são cada vez mais valorizados no mundo inteiro. Eles têm uma função básica nos estádios. São locais para ações de relacionamento, encontros com clientes, reuniões, lançamento de produtos etc. Um ponto a ressaltar é que esses espaços não são utilizados apenas em dias de jogos ou eventos. Eles devem contar com serviço de *catering* permanente para que os proprietários (pessoas físicas ou jurídicas) possam utilizá-los como extensões de seus escritórios ou empresas e usá-los para reuniões, independentemente do acontecimento de eventos. Um conceito muito em voga nos Estados Unidos, atualmente, é o de convidar clientes para reuniões de trabalho nas suítes em dias de jogos; reuniões essas que serão seguidas de momentos de lazer quando do início da partida.

e.3) Praça de alimentação – o conceito é o mesmo de um *shopping center*. A arena monta um *mix* de ocupação do que entende ser o mais adequado para o perfil do empreendimento e loca os espaços por um determinado período de tempo. Como a intenção é a de arrecadar dinheiro para investir na construção, o aluguel deverá ser antecipado ao longo da obra.

e.4) Assentos (ingressos) – a venda desses "lugares" é na verdade uma operação financeira, uma vez que os lugares, assentos específicos, não serão vendidos. O empreendimento fará uma securitização de um determinado número de ingressos junto a um banco que, na medida em que esses ingressos forem sendo vendidos, o empreendimento receberá o valor corrigido como pagamento.

e.5) Lojas – no mesmo formato que os espaços da praça de alimentação.

e.6) Banco – como qualquer outro espaço locável, mas com o compromisso de se tornar a instituição financeira oficial da operação.

e.7) Estacionamento – assim como os ingressos, o empreendimento cederá o espaço de estacionamento a uma empresa que vai operá-lo no futuro em troca do adiantamento do valor relativo a cada carro que ingressar no *parking-lot*.

f) *Naming Rights*, publicidade, direitos de mídia e *official suppliers*

Os leigos imaginam que *naming rights* de um estádio ou arena diga respeito exclusivamente ao nome do prédio e nada mais do que isso. Na verdade, esta é a maior propriedade comercializada. Mas não é a única. E, por ser a maior, além de ser a mais cara, deve ser a primeira a ser prospectada, a fim de que desde o início da construção a estrutura seja designada com o nome da empresa/marca que emprestará seu nome à instalação, por um longo período (entre 10 e 30 anos). Mas essa não é a única propriedade. Existe toda uma gama de espaços a serem comercializados. Alguns em troca de adiantamento de valores; outros em troca de serviços por um certo período de tempo. A seguir, vamos explorar uma lista de propriedades que podem ser comercializadas. A lista não se esgota em si, assim como de acordo com cada estádio, arena ou praça esportiva há que se fazer uma adequação. Há que se tomar muito cuidado para que não haja hipótese de sobreposição; tanto de nomes de propriedades, como de concessões de serviços. Por exemplo: se for Arena Credicard, não poderá ser comercializado o direito exclusivo de venda de ingressos para qualquer outro cartão.

f.1) Nome do estádio/arena – esse item já foi amplamente explorado no Capítulo 12, assim como no tópico 11.4, a seguir.

f.2) Nomes de setores – o estádio pode ser dividido em setores. Exemplo: o anel superior cujas cadeiras serão na cor azul será o Setor Refrigerante. Enquanto o anel inferior, cujas cadeiras serão na cor amarela, será o Setor Petróleo.

f.3) Setor de camarotes – uma nova propriedade com nome específico, principalmente se houver a possibilidade de ter mais de um setor de camarotes, permitindo às pessoas dizerem que seu camarote é no Setor Empresa de Material Esportivo.

f.4) Estacionamento – pode ser único ou dividido em setores. A busca de empresas patrocinadoras para esses espaços tem que ter relação com o local que estará sendo comercializado. O estacionamento deve ser, portanto, algo como Espaço Seguro Parking.

f.5) Os espaços publicitários dentro e fora do estádio têm que ser cuidadosamente estudados para que não colidam com propriedades maiores comercializadas como *naming rights* ou como *official suppliers*. A venda de espaços publicitários só deve acontecer para eventuais empresas prospectadas para adquirirem algum dos dois planos anteriormente citados e que não tem como arcar com esses valores. Por outro lado, sua venda só deve ocorrer quando se tiver certeza de que potenciais empresas listadas para adquirir cotas de *naming rights* ou *official suppliers* não investirão, e que portanto não haverá colidência nesse segmento de mercado.

f.6) *Official suppliers* – alguns desses terão seus contratos atrelados aos contratos de *naming rights*. Exemplo clássico: se o nome da arena for Refri Stadium, o contrato de fornecedor oficial de refrigerante estará embutido no contrato principal. Mas há uma série de fornecedores oficiais que poderão trocar seus produtos ou serviços por espaços publicitários futuros. Vamos listar alguns desses produtos e serviços que serão fundamentais na construção do estádio. E que podem ser objeto de *trade* futuro:

- cimento
- cerâmicas
- fios e cabos
- luminotécnica
- material sanitário
- móveis
- computadores

Serviços que serão fundamentais na operação do estádio. Esses serviços deverão fazer um *advanced payment* pelo prestígio de serem os futuros fornecedores da arena. Entre eles podemos citar:

- energia elétrica
- telefonia fixa
- telefonia móvel
- Internet
- limpeza
- gás

f.7) Serviços de mídia – esta experiência tem tido sucesso em alguns lugares e noutros não houve meios de implementar. No Brasil isso já foi discutido em reuniões do extinto Clube dos 13, sem que os clubes tenham chegado a um consenso. Nos estádios brasileiros, os melhores lugares são reservados às cabines de imprensa. Nas modernas arenas americanas eles estão colocados no andar mais alto e distante dos gramados (em compensação recebem um cachorro-quente e um refrigerante no intervalo dos jogos). Se a localização das cabines for privilegiada, pode-se arrendá-las para as rádios e TVs com pagamento antecipado. Seja em dinheiro, seja em espaços publicitários para poder divulgar as campanhas de venda de cadeiras e camarotes. Em troca os veículos poderão dispor desses espaços mobiliando-os e decorando-os a seu gosto e de acordo com suas necessidades técnicas, além de poderem logotipar as cabines de modo a identificá-las melhor nas transmissões.

## 8.4 Marketing e atração de investimentos

Este tópico vai tratar das principais fontes de receita. Esse ingresso de numerário e de investimentos pode acontecer em dois momentos: na antecipação de recebíveis e durante a operação. Os dois momentos serão tratados ao longo dos itens que seguem.

### *8.4.1 Propriedades de marketing e* naming rights

As listas de propriedades possíveis de comercialização numa instalação esportiva estão amplamente desenvolvidas nos Capítulos 3, 9 e 10 deste livro. Seria interessante acrescentar, nos casos de instalações esportivas (novas ou em restauração), a comercialização das propriedades de marketing pode (e deve) ter início antecipadamente, reduzindo assim o montante de investimento dos empreendedores.

Cada arena, estádio ou centro esportivo terá, de acordo com suas características arquitetônicas e de equipamentos, uma lista diferente de propriedades aptas à comercialização.

Dificilmente essa lista será igual em dois casos. Uma poderia ter, por exemplo, camarotes e áreas de assentos VIPs. Outra terá um painel eletrônico; e assim por diante. O mesmo vai ocorrer em relação a prazos e valores, porque cada empreendedor conhece: suas necessidades de caixa e seu potencial de mercado. Outro ponto decisivo diz respeito à qualidade e *know-how* da equipe de comercialização. Sobre isso, uma consideração deve ser feita, embora óbvia. O trabalho de prospecção para cada uma das propriedades precisa ser proativo. Dificilmente alguém baterá à porta pedindo para ser o fornecedor oficial disso ou daquilo.

No que se refere aos *naming rights*, há citações sobre esta propriedade em vários capítulos. E ainda há um capítulo específico sobre assunto (13). Mas em nenhum desses momentos é dito o que segue.

Esta propriedade de marketing de uma instalação esportiva (a assertiva é valida para teatros e auditórios também), por ser a mais importante delas, precisa entrar em processo de comercialização no dia em que o projeto arquitetônico ficar pronto. Muito antes de colocar o primeiro tijolo.

A rapidez na comercialização e, portanto, na alocação de uma denominação para o empreendimento é importantíssimo para que ele passe a ser chamado pelo nome comercial desde o início. O Teatro Bradesco e Credicard Hall não têm outros nomes. Ambas as casas de espetáculo, em São Paulo, receberam esses nomes comerciais e o público os adotou. Se houver demora, se a construção evoluir, sem que haja um nome, vai incorrer no erro do chamado Itaquerão. O ideal é que, ao fazer o tapume em volta do terreno da obra, lá já esteja sua denominação oficial.

Como resolver essa questão se o tempo vai fluindo, o início das obras está próximo (ou já em andamento) e nada de vender os *naming rights*? Primeiro há que ser analisada a razão ou razões, porque podem ser várias ao mesmo tempo. Entre elas: não há confiança no mercado que o empreendimento vai se concretizar; porque os valores são muito elevados; porque a localização é ruim; porque haverá poucas chances de eventos televisionados, porque a empresa não tem *expertise* na administração desse tipo de instalação; porque não há um grande time que tenha seus jogos assegurados no local. Ou, ainda, porque o empreendimento é equivocado e não trará retorno para o patrocinador; ou porque os empreendedores se envolveram em algum problema desde o início (ex.: brigar com o poder público e a comunidade para construir sobre uma zona de mangue ou de mata preservada). Nesse caso nenhuma marca desejará estar associada ao empreendimento.

Com exceção dos dois últimos casos, que dificilmente podem ser resolvidos, todos os outros são passíveis de solução, seja reduzindo os preços, melhorando as condições de negociação etc. Mas uma pressuposição tem que ocorrer. O empreendimento a partir de um determinado momento precisa de um nome. Como fazê-lo? Assinando um contrato condicional, com valor de face de R$ 1,00 para o primeiro ano; e que cresce até o quinto ano, com uma nova negociação a partir de então. Ou, custo zero no primeiro ano e uma equação para valorar o pagamento anual de acordo com a exposição de mídia. Essas hipóteses são apenas exemplos. Os profissionais de marketing encarregados da captação dos *naming rights* precisarão ser criativos, de modo que, desde o anúncio da construção, o nome que aparecerá será aquele pelo qual se quer o empreendimento reconhecido. Como "Arena Brasil", por exemplo.

Segue um texto da BDO RCS que corrobora o que foi dito até aqui:

> "O Mercado global de naming rights ultrapassou US$ 4 bilhões, sendo mais de 70% desse volume em investimentos corporativos no mercado norte-americano.
>
> *NAMING RIGHTS* DE ESTÁDIOS E ARENAS NO BRASIL
>
> Os maiores contratos de *maming* rights do mundo encontram-se nos EUA, como por exemplo o acordo entre o time de basebol New York Mets com o Citigroup no valor de US$ 400 milhões em 20 anos, que representa nada menos que metade do valor investido para a construção da arena.
>
> Outro contrato bastante representativo é o acordo do time de basquete New Jersey Nets com o Barclays, acordo também de US$ 400 milhões em 20 anos.

Um contrato um pouco inferior foi assinado com o time de futebol americano Houston Texans, com a empresa Reliant, no valor de US$ 305 milhões, em 30 anos de contrato.

Os casos mais emblemáticos no futebol são do Emirates Stadium do Arsenal, cujo contrato assinado superou US$ 178 milhões, sendo 15 anos pelo naming rights e 7 anos pelo patrocínio oficial ao clube e o Allianz Arena, em Munique, cujo contrato foi de US$ 115 milhões, por um período de 15 anos.

A Alemanha é o país mais adiantado nesse aspecto atualmente no futebol europeu. Para que uma empresa se interesse em investir uma parte importante de sua verba de marketing em um contrato de *naming rights*, alguns aspectos devem ser considerados.

O principal é apresentar de forma extremamente profissional quais serão os benefícios da aquisição do direito.

O investimento para levar o nome em um estádio vai muito além da marca estampada, mas sim pelas inúmeras propriedades que devem ser entregues ao patrocinador, somado às diferentes ações de comunicação potencializando o investimento. Entre os muitos exemplos vale destacar as estratégias de marketing em dias de jogos e especialmente na transformação da arena em um polo de consumo, entretenimento e turismo.

Projeto de maximização do investimento em *naming rights*:

- Nome do Estádio
- Cobertura de mídia
- Impactos na comunidade local
- Camarotes
- Espaços Premium
- Vagas de estacionamento
- Ações promocionais e comerciais
- Ações de comunicação complementares
- Ações com ingressos
- Espaços para oferta de produtos e serviços
- Ações em dias que não há partidas
- Ações na loja, museu e espaço para convenções

Assim, para atrair o interesse de grandes empresas para 'batizarem' nossos estádios, é necessário um profundo entendimento de como se estabelecerá essa parceria de longo prazo entre o proprietário do estádio e a empresa patrocinadora.

Segundo análise da BDO RCS os contratos de *naming rights* para os 12 estádios que vão sediar jogos para a Copa de 2014 podem produzir em 20 anos cerca de 1,56 bilhão ou R$ 78 milhões por ano.

Caso esse dado se confirme os novos valores anuais dos *naming rights* vão fazer com que as receitas de patrocínio dos clubes brasileiros cresçam cerca de 21%, graças a esses recursos novos."

O exemplo do mercado americano é ainda mais eloquente, conforme divulgado no gráfico que segue, publicado na revista *Exame* de 24/07/2013:

## "Fora de um mercado bilionário

Apenas duas das 12 arenas previstas para a Copa do Mundo no Brasil, em 2014, têm patrocínio. Nos Estados Unidos, onde estão 70% dos 4 bilhões de dólares negociados nesse mercado no mundo, a proporção é inversa.

**Arenas que venderam o direito de nome**

| NFL (Liga Nacional de Futebol Americano) | NBA (Liga Nacional de Basquete) | NHL (Liga Nacional de Hóquei) | MLS (Liga Americana de Futebol) |
|---|---|---|---|
| **Total de Arenas 31** Arenas Patrocinadas – 21 | **Total de Arenas 29** Arenas Patrocinadas – 25 | **Total de Arenas 30** Arenas Patrocinadas – 27 | **Total de Arenas 18** Arenas Patrocinadas – 12 |

| **Média de Público** | **Média de Público em 2012** | **Média de Público** | **Média de Público em 2012** |
|---|---|---|---|
| 73.199 | 19.093 | 18.553 | 21.260 |
| **Valor máximo** 20 milhões de dólares por ano | **Valor máximo** 10 milhões de dólares por ano | **Valor máximo** 6,5 milhões de dólares por ano | **Valor máximo** 7 milhões de dólares por ano" |

## *8.4.2 Pontos comerciais*

Ao longo do item 12.2, foi discutido sobre o entrelaçamento dos assuntos; tais como: uso, localização, capacidade etc. O elemento Ponto Comercial é um daqueles que depende do afinamento do emaranhado de requisitos de todos esses tópicos.

O aluguel, cessão, venda, comodato, permuta com ou sem vínculo oneroso desses pontos só acontecerá se esses terceiros vislumbrarem sucesso para suas operações comerciais. Restaurantes, lojas, cadeias de *fast food* e bares não serão rentáveis se houver público somente durante algumas horas uma vez por semana. Em bom português: a conta não fecha. Além do que operações como de bebidas e alimentação são complicadas, onerosas e de difícil satisfação do público quando precisam atender

25.000 pessoas em apenas 15 minutos. O resultado será frustrante e provocará centenas de reclamações, porque o público não admite comparecer a uma arena (por exemplo) de alta qualidade, pagando um ingresso caro e não conseguindo vencer a fila para comprar um hambúrguer com refrigerante.

Essa equação só fecha se os aluguéis forem contratados, por exemplo, por um valor fixo baixo (ou insignificante) associado a um valor variável.

O mesmo vale para as lojas.

Instalações esportivas, por outro lado, assentadas junto a avenidas, com fluxo constante de pessoas, estacionamento e espaços agradáveis de convivência, terão muito mais chance de sucesso.

## 8.4.3 Comercialização de instalações

Este item aborda a venda e/ou locação de instalações comerciais, além de espaços próprios de instalações esportivas.

Os pontos comerciais são aqueles referidos no item anterior: lojas, bares, restaurantes e quiosques. A oportunidade de venda desses espaços, ou de aluguel, depende muito mais do mercado do que dos empreendedores. E os eventuais interessados levarão a estudo o quadrimônio uso, localização, capacidade e mercado. Que não se iludam os empreendedores imaginando que eles definirão se esses pontos comerciais serão vendidos, alugados ou até cedidos em troca de percentual sobre o faturamento. O empreendedor tem que considerar essas variáveis como a direção de um *shopping center* lida com suas operações. Há marcas e lojas que eventualmente recebem dinheiro para se instalar. Outras (a imensa maioria) pagam por cada metro ocupado. Em clubes sociais não é muito diferente. Em alguns, mais exclusivos, com pouca frequência de sócios, o ecônomo recebe o espaço para auxiliar na montagem do restaurante. Noutros, com milhares de frequentadores, ele pagará aluguel.

Mas uma instalação esportiva não se restringe a operações de varejo e de alimentos e bebidas. Há mais espaços para locar, entre eles:

- o próprio estádio/arena para *shows*, eventos, missas, concursos etc.;
- espaços como *lobby*, *foyer*, salões, auditório e estacionamento. Nesses locais acontecem feiras, festas, recepções, circos, apresentações, coquetéis e até feirões de carros e motos.

O comum nas arenas americanas é que o empreendimento tenha uma estrutura de comercialização de eventos proativa. Ou seja: buscando, permanentemente, a utilização comercial desses espaços. Quanto aos valores, se deve fazer uma pesquisa permanente dos competidores para que o preço seja competitivo.

Em algumas das arenas visitadas pelo autor, nos Estados Unidos, a maior equipe nessas estruturas era a da direção (ou gerência) de marketing. Essas equipes têm o objetivo de ocupar as arenas e seus múltiplos espaços todos os dias do ano.

## 8.4.4 Ingressos

Esse tópico é um assunto delicado. Ao mesmo tempo em que ele é um dos principais objetivos no planejamento do empreendimento, no quesito receitas; ele é uma frequente dor de cabeça para aquelas instalações menos organizadas. Certamente a mais importante de todas as premissas é a de escolha de preço. No livro *Sport finance and management*, os autores Winfree e Rosentraub escreveram um longo capítulo sobre esse assunto, dada a importância que ele tem na administração de um evento ou instalação esportiva. Vamos elencar alguns dos elementos que são objeto e preocupação dos administradores desses espaços, conforme segue:

- Qualidade e segurança dos ingressos
- Validação e meios de acesso
- Distribuição e venda
- Cambistas
- Precificação
- Cortesias

**Qualidade e segurança dos ingressos** – não importa qual seja o evento e onde ele se realizará. Alguém vai tentar fraudá-lo emitindo ingressos falsos. Mesmo que esses ingressos não ultrapassem as catracas (porque os sistemas devem identificá-los como falsos), isso vai causar raiva e frustração naqueles que os adquiriram. E o culpado, para a mídia e para espectadores, não será o comprador que imaginou estar tendo vantagem, nem o cambista. Será o evento. Portanto, investir na qualidade e segurança dos ingressos dotando-os de elementos só visíveis com determinada luz, códigos de barra, papel moeda ou códigos especiais, numéricos ou gráficos é um investimento e não uma despesa. Uma característica das falsificações é em relação ao tempo. Ingressos colocados à venda com muita antecedência são mais procurados pelos falsificadores, assim como ingressos de eventos de grande sucesso.

A BDO RCS fez uma análise sobre o público e renda do Campeonato Brasileiro série A 2011. Esses foram os dados gerais da competição:

*RECEITAS*
*Renda Bruta Total – R$ 117,7 milhões*
*Renda Bruta Média por Partida – R$ 309,6 mil*

*Renda Líquida Total – R$ 68,2 milhões*
*Renda Líquida Média por Partida – R$ 179,6 mil*
*% Renda Líquida sobre a Renda Bruta – 58%*

*PÚBLICO*
*Público Total – 5,7 milhões*
*Média de Público – 14.976*
*Preço Médio dos ingressos (Bruto) – R$20,79*
*Preço Médio dos ingressos (Líquido) – R$ 12,05*

**Validação e meios de acesso** – não adianta investir em ingressos de boa qualidade se os controles de acesso não estão aptos a identificar adulterações. Os equipamentos junto às roletas e catracas precisam ser, ao mesmo tempo, ágeis e precisos. Se houver tipos distintos de ingressos, que serão lidos por equipamentos diferentes, as indicações para o público devem ser fartas e de fácil leitura. Hoje há meios de acesso que independem da impressão de ingressos físicos, como códigos de barra ou *QR Code* enviados para o celular. Assim como também podem ser usados cartões de crédito ou débito, onde a simples identificação do cartão na roleta permite o acesso do espectador (fazendo o débito do valor em seu cartão).

**Distribuição e venda** – esqueça o sistema em que as pessoas tinham que ir ao estádio para comprar os ingressos. Parte do sucesso de um evento esportivo depende dos canais de venda e distribuição, sejam eles físicos ou digitais. Se os ingressos forem físicos, eles devem ser disponibilizados de duas formas: em grande rede de postos de venda (como em rede de farmácias ou *convenience stores* de postos de combustíveis, por exemplo), ou via compra com pagamento bancário ou cartão de crédito e entrega pelos correios, *couriers* ou *delivery*. O evento não pode correr o risco de não ter o público adequado por problemas nesse setor.

**Cambistas** – em alguns lugares do Brasil, há leis específicas proibindo sua atuação. Em outros os promotores dos jogos, campeonatos e espetáculos fazem o possível para inibi-los. Mas eles continuam nos arredores de todo o evento onde houver chance de lotação esgotada. Os cambistas atuam de duas formas: comprando quantidades de ingressos antecipadamente para vendê-los próximos às instalações esportivas ou locais de eventos de entretenimento. Essa é uma empreitada de risco. Porque, se os ingressos não esgotarem, eles perdem o investimento. Esse método é facilmente identificável. Quando se aproxima o momento do início do jogo e eles começam a dar grandes descontos é porque o prejuízo é deles. A outra modalidade é quando eles estão mancomunados com alguém da bilheteria. Nesse caso, eles retiram uma quantidade de ingressos e saem a vendê-los. Se não conseguirem, eles devolvem à bilheteria antes do fechamento do borderô. Se conseguirem vender todos, eles dividem o lucro com seus parceiros de bilheteria.

Uma das formas de diminuir sua atuação é restringindo a venda por número de CPF. Quando o comprador comprar os ingressos (2 ou 4, normalmente), ele tem que fornecer seu número de CPF, o que o impedirá de comprar mais. A outra é intensificando o controle via autoridades públicas.

**Precificação** – qualquer um que já tenha tido essa missão saberá como ela é complicada. As variáveis que influem nesse processo são muitas. Entre elas, podemos citar: quanto maior o preço do ingresso, menor será o número de pessoas aptas a comprá-los; menor preço resulta em massificação. Se o preço for alto, cria uma imagem de que aquele lugar é elitista e exclusivo, afastando pessoas que talvez pudessem comprar o ingresso, mas se sentem intimidadas. O valor elevado pode gerar maior lucro, mas também pode cercear tanto a venda que o resultado será de prejuízo. Os ingressos de eventos esportivos fazem parte do mundo do entretenimento, portanto, eles concorrem com outras formas de lazer, como *shows*, por exemplo. Se um for muito caro, há chance de o espectador migrar para o outro. Se houver vários eventos no mesmo mês, o alto preço vai se refletir na venda. Modernas arenas precisam cobrar mais pelos ingressos, porque seus custos de operação e manutenção são altos, mas a expectativa é de que cobrem o mesmo que o velho estádio do outro lado da cidade. Preços baixos atraem mais torcedores, o que é bom para o time e para as operações de varejo e de alimentos e bebidas. Mas o torcedor que só pode pagar ingressos a preços baixos consome pouco nessas operações. Enfim, as variáveis são infinitas para a correta precificação de ingressos. Todavia, como elas são uma grande fonte de receita (às vezes a maior) de instalações esportivas, elas têm que ser estudadas com atenção para encontrar o valor mais adequado à ocasião, ao evento, ao mercado e àquela instalação esportiva.

**Cortesias** – existem duas regras que o autor propala quando se refere a cortesias: primeira – quanto menos a pessoa precisar de cortesia (porque pode pagar), mais ela vai se achar no direito de lhe pedir um ingresso grátis. Essa pessoa se sente prestigiada, vai falar que não pagou e no próximo evento vai pedir novamente. Segunda – se você distribuir cortesias (sem que as pessoas peçam), elas provavelmente não irão ao evento (a menos que seja algo imperdível). Porque ingresso grátis não é valorizado.

Pela leitura do primeiro parágrafo parece que a regra é: não dê cortesias. Sim e não. Não dê quando você souber que o evento será um sucesso. E crie formas discretas de distribuir quando você pressentir fracasso de público. Mas faça isso de forma ordenada. Do contrário, você verá acontecer aquilo que frequentemente ocorre em teatros. Duas filas bem situadas vazias. São os ingressos do patrocinador. Distribua esses ingressos em vários pontos para dar a impressão de maior lotação.

## 8.4.5 Comunicação integrada, mídias sociais e site

Quando se tratar de comunicação, é preciso esquecer o antigo conceito de mídias segmentadas e de ações de relações públicas, de assessoria de imprensa e seja lá qual for o What's Up, Twitter ou aplicativo da moda no momento. Quando se mencionar comunicação temos que entender como um processo largo, abrangente e que não deixa nenhum formato de fora. E, mais do que isso: um processo de duas mãos. A comunicação não pode fluir apenas num sentido. Ao contrário, quanto mais ela vier na direção do empreendimento, mais fácil será de saber o que pensam e o que desejam seus usuários.

Uma instalação esportiva deve manter uma comunicação permanente com seus torcedores, frequentadores assíduos, associados, curiosos, parceiros de negócios etc. Para tanto, ela terá que fazer disso uma política interna, com regras e controles permanentes.

As informações têm que fluir na direção do público levando-os a aprender sobre essa instalação esportiva em particular, fazendo com que aqueles que recebem a mensagem compreendam e percebam o valor do que está ali à sua disposição. Esse primeiro momento pode ser obtido via *site*, *e-mail* e folhetos deixados à disposição do público. A comunicação deve ser permanente e deve ter uma marca facilmente identificável, via comerciais de televisão, *outdoors*, rádio etc. O espectador, quando precisar, vai poder encontrar esses mesmos sinais no momento de compra de ingressos, por exemplo, em pontos de venda, criando um vínculo entre ele e a arena (ou qualquer outra instalação). Toda essa relação deve gerar prazer e confiança entre o público e a instalação esportiva.

Os instrumentos para atingir esse grau de relação, desejo e confiança do público passam por ações de Relações Públicas, que terão a missão de promover a integração não apenas com o público, mas com atletas, integrantes do *show business*, celebridades que comparecem aos eventos, patrocinadores, anunciantes e mídia, além de empresas que estiverem trazendo *shows* e *performances* para o local.

Os jornalistas da instalação esportiva precisam estar alertas para o que ocorre no mundo da instalação esportiva e em todos os fatos e eventos relacionados a ela. Se um *show* que vai acontecer na arena dentro de três meses foi sucesso noutro país, esse assunto deverá ser trazido ao público local. Se os ingressos de um jogo com o time da casa esgotaram quando ele jogou fora, essa divulgação deverá ser feita em casa, para estimular o jogo de volta. Os jornalistas deverão acompanhar as manifestações dos responsáveis pela instalação esportiva e divulgá-las em seu interesse.

Os atletas e membros do *show business* não devem ser esquecidos. Eles representam grande parte da imagem desses centros esportivos e como tal devem ser valorizados.

Formas de comunicação mais prosaicas, mas altamente efetivas, tais como: malas diretas, *e-mails*, catálogos e telemarketing não podem ser desprezados. Mas o importante é que todos eles divulguem mensagens que reflitam o mesmo espírito, demonstrando a conexão entre as formas de informações que emanam do empreendimento.

Esse mesmo espírito deve estar presente nos materiais de venda, desde ingressos até a locação de espaços.

De todos esses instrumentos, aquele que deverá funcionar como canal de unificação será o *site* do empreendimento. Ali haverá desde depoimentos de torcedores e de atletas, até os *links* dos patrocinadores, mostrando que todos os que orbitam em torno da instalação esportiva falam a mesma língua.

## *8.4.6 Estacionamento*

Estacionar junto ou próximo ao local do jogo ou do evento tem vários significados; conforto, segurança, prestígio, poder, acessibilidade e rapidez, entre outros. Não importa se o estacionamento é operado por terceiros ou pela própria instalação esportiva. O usuário tem que percebê-la como uma extensão do jogo ou do *show*. Entrar e sair do estacionamento com rapidez e conforto são preceitos que interferem na percepção do frequentador de forma contundente. Por duas simples razões; porque é o momento de chegada, quando ele está cheio de expectativa, provavelmente atrasado e talvez estressado; e na saída quando ele quer ir para casa ou para outra atividade lúdica. Some-se a isso a questão segurança, não apenas do carro (que deverá estar coberto por seguro), mas do próprio usuário que não quer circular pela rua tarde da noite depois de um jogo ou de um *show*. Se além de conforto e segurança ele gozar do prestígio de ter sua própria vaga, o empreendimento estará emprestando a ele importância, autoridade, fazendo dele um torcedor especial. Por todos esses argumentos, a administração do estacionamento tem que receber os mesmos cuidados que receberá a parte interna da arena.

## *8.4.7* Licensing *e* merchandising

O Capítulo 9 trata de licenciamento e *merchandising*. Neste item, serão abordados características e particularidades específicas do tema para instalações esportivas. Assim, antes de mais nada, tem que ser feita uma distinção entre empreendimentos que são sedes de times (seja, de futebol, da NFL, da NBA ou qualquer outra modalidade onde o time da casa seja a grande atração). E, de outro lado, as instalações esportivas "genéricas", ou seja aquelas que são palco de várias modalidades esportivas, ou, mesmo sendo construída para apenas uma categoria de esporte, ela não tem um time ou clube consagrado que jogue nela. Isso é válido não apenas para arenas ou estádios (Pacaembu e Maracanã), mas também para ginásios de esportes (Madison Square Garden) e centros esportivos particulares e de universidades.

No primeiro caso, tanto o licenciamento quanto o *merchandising* terá que ser feito em combinação com o time (clube) local. Serão estabelecidas regras de como usar as marcas em conjunto, e quando a marca da arena ou estádio poderá ser usada sozinha.

Para este último caso (sem a marca do time ou do clube), a instalação esportiva terá liberdade de licenciar tantos e quantos produtos quiser, assim como vendê-los em suas lojas. No caso de haver uma combinação de exposição de logos, as duas entidades deverão estabelecer regras, criar um manual de uso de marcas, procedimentos de aprovação dos produtos, quais os canais de distribuição e como serão divididos os *royalties* recebidos pelas vendas.

Em qualquer dos casos, mesmo que seja um pequeno ginásio, os administradores deverão criar uma linha de produtos (mesmo que seja constituída apenas de bonés, camisetas, canecas, miniatura do local, chaveiros e moletons). Esses itens são importantes para fixação de marca, para que os usuários contumazes e visitantes esporádicos possam levar lembranças do local etc. Além disso, essa rubrica de receitas pode, quando bem explorada e quando o local for palco de jogos e eventos importantes, faturar importâncias muito significativas. Além dos produtos atemporais, que valem para qualquer situação, ainda podem ser lançados produtos e memorabília específicos para determinadas situações, como um grande *show* ou festival de música.

## 8.5 Operação de instalações esportivas

Este tópico envolve uma situação muito típica do momento que o Brasil está vivendo. Estão sendo inauguradas arenas da melhor qualidade e com capacidade de receber multidões, mas não há gestores preparados para sua administração. Alguns dos executivos que foram colocados à frente de operações já em funcionamento têm em seu currículo experiências que os qualificariam apenas para assistir os jogos. Mas, em razão da carência de profissionais habilitados, eles estão assumindo essas posições.

Operar uma instalação esportiva de pequeno porte é similar a um teatro. Uma grande instalação é mais parecida com um festival de *rock*. Uma arena reúne *expertise* de evento de música, evento esportivo e administração de empresa com todas as disciplinas que fazem parte do dia a dia de uma organização; tais como controle, marketing, comercialização, segurança, recursos humanos, manutenção, relações públicas etc. até a criação de planos de gerenciamento de crises.

Uma das principais características operacionais dessa modalidade de negócio é a volatividade do número de colaboradores. Existe um quadro fixo, mas também existe um número maior ainda de profissionais que atuam pontualmente, evento a evento. E saber administrar essa particularidade é um dos pontos cruciais do trabalho.

### 8.5.1 *Estrutura de gerenciamento*

Os usos e envergadura da instalação esportiva vão determinar o tamanho da operação. Assim como será uma decisão estratégica do empreendedor definir quanto do *staff* (que vai trabalhar no empreendimento) será *"in company"*, e quanto será contratado por tarefa a cada jogo ou evento. Aliás, esse já é um dos primeiros pontos que excepcionam esse tipo de atividade. Usos distintos, como um *show* e um jogo de futebol requerem diferentes *staffs*. A lista que segue vai tomar por base a administração de um estádio ou arena. O número de profissionais vai variar em função de características próprias, como por exemplo, se for público ou privado, se for de um clube ou se for de uma empresa construtora ou de marketing esportivo, ou se pertencer a uma construtora e for administrada por uma empresa de gerenciamento de instalações esportivas.

A lista que segue atende a uma grande instalação, portanto.

**Grupo executivo** – composto dos diretores que comandarão as áreas. A eles estarão subordinados os gerentes. Esse grupo de diretores pode ser composto por apenas quatro profissionais: diretor executivo, diretor de marketing e comercialização, diretor de finanças e controle e diretor de administração.

**Diretoria executiva** – tem a função de representar o empreendimento, de relações com investidores, de relação com as administrações do município e órgãos governamentais e de comandar a área de eventos (esportivo ou de entretenimento) e ligação com os meios de comunicação. A assessoria jurídica também estará ligada a este executivo.

**Diretoria de comercialização e marketing** – criar e desenvolver os planos de marketing, de posicionamento, de estratégia de segmentação, prover e analisar as métricas de exposição dos patrocinadores, comandar as áreas de vendas e locação de espaços e datas, de comunicação, relações públicas e publicidade, de captação de eventos, de venda de ingressos, comercialização de pontos comerciais, lojas e operações de alimentos e bebidas, participar juntamente com o Diretor Executivo da negociação de direitos de transmissão e de captação e gerenciamento de programas de associados.

**Diretoria de finanças e controle** – zelar pelo recebimento, faturamento, pagamento de compromissos, investimentos, transporte de valores, relação com meios de pagamento eletrônico e bancos, relação com a empresa de auditoria independente, contabilidade, auditoria, impostos e taxas e emissão de relatórios para o Grupo Executivo e para os investidores.

**Diretoria de administração** – esse profissional vai fazer com que os serviços e equipamentos estejam sempre prontos e preparados para a consecução dos eventos. Sob seu comando estarão as áreas de manutenção, segurança, bilheteria, recursos humanos, contratação de seguros, Internet, *sites* de vendas de ingressos, estacionamento, serviços médicos e de emergências, bombeiros e relação com os prestadores de serviços terceirizados.

A decisão de acumular funções ou de incrementar o quadro depende tanto da capacidade econômica do empreendimento, quanto do perfil desses profissionais. O topo da pirâmide pode ser maior do que está acima, ou ainda menor.

Essas diretorias terão subordinadas a elas seus respectivos gerentes e/ou supervisores de áreas. E cada um desses gerentes e supervisores terá sob seu comando os serviços respectivos. A seguir, se pode observar a estrutura sugerida, com base na prática e na doutrina.

**Diretoria executiva** – relações institucionais e governamentais, ligação com o clube (ou clubes que farão da arena ou estádio sua casa), assessoria jurídica (interna ou escritório externo), gerente de eventos e assessoria de imprensa.

**Diretoria de comercialização e marketing** – gerência de captação de eventos e venda de espaços e promoção, gerência de publicidade e propaganda, gerência de venda de *tickets* e serviços (alimentação, bebidas e varejo), gerência de licenciamento e *merchandising*, gerência de quadro social.

**Diretoria de finanças e controle** – gerência de contabilidade e auditoria e gerência financeira.

**Diretoria de administração** – gerência de manutenção e limpeza, gerência de RH, gerência de *catering* (abastecimento) e almoxarifado, gerência de segurança (interna, do dia a dia e para dias de eventos), gerência de TI, gerência de seguros e riscos, gerência de programas de voluntariados e supervisão de gramados (quando for o caso).

Como não poderia deixar de ser, todas essas áreas acabam ligadas umas às outras. Diferentemente de uma indústria, onde há áreas de produção e áreas meio (de apoio), nesse caso, praticamente todas as áreas são de ponta e, ao mesmo tempo, são áreas meio. Porque cada atividade depende do apoio das demais. Ligados a cada uma dessas gerências pode haver serviço ou vários serviços.

### 8.5.2 Conservação e manutenção de instalações esportivas

Essas atividades em espaços dedicados a esportes e eventos são diferentes de prédios comerciais ou residências. Porque recebem milhares de pessoas ao mesmo tempo, porque sofrem, muitas vezes, com o desagrado ou com a alegria de seus frequentadores, porque muitos de seus eventos requerem cuidados especiais de limpeza depois que ocorrem e porque espaços encontrados sujos ou mal conservados resultam em depredações.

Manutenção e conservação de uma instalação esportiva não dizem respeito apenas à beleza do lugar, mas também à segurança e à maximização dos resultados.

Os custos de manutenção de estádios e arenas, por exemplo, variam de 5 a 15% de seu orçamento anual. Quanto mais antiga maior o percentual. O administrador até pode entender que em razão do fluxo de caixa ele poderá relegar a manutenção e limpeza a um percentual abaixo do necessário e desejável. Mas isso só vai acarretar maiores gastos no futuro. Em meio a essa onda de construção de novas arenas, um dos pontos interessantes é justamente o fato de os clubes que têm e terão novas casas poderem cortar esse custo de seus orçamentos (quando forem arenas de terceiros) ou reduzirem sensivelmente seus custos (quando forem arenas reformadas).

Nos Estados Unidos, por exemplo, há uma estatística que demonstra a quanto podem montar os custos de manutenção e conservação. Lá são gastos para manter as instalações de universidades mais de 40 bilhões de dólares por ano. E para manter e conservar as escolas secundárias o gasto é de 140 bilhões (PORTER apud FRIED, 2010).

A manutenção e conservação de prédios de natureza esportiva e de eventos precisam ser mais cuidadosas do que estruturas residenciais e comerciais, porque sofrem mais com seu uso e porque podem abrigar dezenas de milhares de pessoas ao mesmo tempo. Portanto, elas têm que passar por revisões periódicas, apresentem ou não problemas aparentes.

Esse tipo de cuidado com o planejamento de manutenção é muito comum na área de hotelaria, onde as redes administradoras de hotéis têm uma agenda de substituições de mobiliários e equipamentos desde a inauguração. Quando um hotel é inaugurado, sua gerência já sabe que dentro de três anos vai trocar a forração da recepção e pintar os corredores e em cinco anos vão trocar os aparelhos de ar-condicionado.

Para manter uma instalação esportiva dentro dos parâmetros de excelência, sua administração deverá ter um Plano de Manutenção e Conservação, onde os principais itens são os seguintes:

- manter um inventário de móveis, equipamentos e instalações permanentemente atualizado;
- criar normas internas de conduta (como o aviso imediato, por qualquer funcionário ou terceirizado de um problema que seja avistado, como uma torneira pingando);
- análise de deficiências e melhorias a serem implementadas;
- desenvolver planos de ações de curto, médio e longo prazo;
- coadunar o planejamento de M&C com o calendário de eventos e de orçamento;
- identificar itens e modelos que criam mais despesas;
- desenvolver e treinar pessoal de M&C apto a exercer as funções do dia a dia;
- identificar e contratar prestadores de serviço especializados que possam atuar rapidamente;
- criar métodos para rápida identificação e resposta a problemas;
- criar rotinas de avaliação de instalações e equipamentos diárias e mensais;
- manter equipamentos de reposição em almoxarifados acessíveis;

- fazer controles de uso de recursos (água, energia, gás, combustíveis);
- manter orçamento próprio dentro do *budget* geral do empreendimento;
- manter arquivo pormenorizado com manuais técnicos, plantas, notas fiscais, garantias e seguros;
- manter um plano de controle de qualidade de todos os itens utilizados (para saber quais dão mais manutenção, quais duram mais etc.);
- criar e treinar equipes para atuações de emergência;
- treinar todos os colaboradores para serem disseminadores de políticas de bom uso dos equipamentos e de exemplo (como na coleta de todo e qualquer lixo encontrado em corredores, estacionamento etc.);
- manter, em dias de eventos, equipes treinadas para atuações pontuais; e
- avaliar, pelo público usuário, a qualidade da manutenção e conservação das instalações.

Finalmente, é preciso deixar claro que administrar grandes complexos esportivos não é assunto para amadores ou para integrantes da diretoria de clubes eleitos para mandatos de um, dois ou três anos. Essa é uma atividade profissional, que busca resultados para o empreendimento e comprometida com seu sucesso e com a satisfação de seus clientes, público e torcedores.

# REFERÊNCIAS BIBLIOGRÁFICAS

AAKER, D. A. *Strategic market management*. New York: John Wiley & Sons, 1992.

ALMEIDA, C. J. M. et al. *Marketing esportivo ao vivo*. Rio de Janeiro: Imago, 2000.

ANGELO, C. *Marcas*. São Paulo: Livraria e Editora Universitária de Direito, 2000.

BATRA, R.; MYERS, J. G.; AAKER, D. A. *Advertising management*. New Jersey: Prentice Hall, 1996.

CROWE HORWATH RCS. Order and progress. Londres, *Sport Business Magazine*, 2010.

BDO. *Comparação FC Barcelona x Santos FC*. São Paulo, 2011.

_____. *Finanças dos clubes de futebol do Brasil em 2011*. São Paulo, 2012.

_____. *Indústria do Esporte – Patrocínio direto no futebol brasileiro*. São Paulo, 2011.

_____. *Patrocínios dos clubes de futebol do Brasil*. São Paulo, 2012.

_____. *Naming rights de estádios e arenas no Brasil*. São Paulo, 2012.

_____. *Valor das marcas dos clubes de futebol do Brasil*. São Paulo, 2012.O BRASIL

BROOKS, C. M. *Sports marketing, competitive business strategies for sports*. New Jersey: Prentice Hall, 1994.

CARDIA, Wesley. Agências de publicidade: mudar ou morrer. *Site Coletiva.net*, 2003.

_____. *Marketing e patrocínio esportivo*. Porto Alegre: Bookman, 2005.

CARDIA, Wesley. A segurança jurídica no marketing. Porto Alegre, *Revista Sul Sports*, 2012.

CARROGGIO, M. *Patrocínio deportivo*. Barcelona: Ariel, 1996.

CARTER, D. M. *Keeping score*. Central Point: Oasis Press Books & Software, 1996.

CÓDIGO COMERCIAL BRASILEIRO. São Paulo: Saraiva, 1995.

DAMBRON, P. *Sponsoring et politique de marketing*. Paris: Les Éditions d'Organisation, 1991.

DELOITTE. *Brasil, bola da vez*. São Paulo, 2010.

ESPORTE BUSINESS. São Paulo: Salles, nº 1, set. 1997.

FRIED, G. *Managing sport facilities*. Champaing: Human Knetics, 2010.

FRIEDMAN, A. *European Journal of Marketing*, 1997.

GRAHAM, P. J. *Sport business, operational and theoretical aspects*. Wisconsin: Brown & Benhmark, 1994.

GRAHAM, S.; GOLDBLATT, J.; DELPY, L. *The ultimate guide to sport event management & marketing*. Illinois: Irwin Professional Publishing, 1995.

HAMPER, R. J.; BAUGH, L. S. *Strategic market planning*. Lincolnwood: NTC Business Books, 1992.

HEAD, Victor. *Sponsorship, the newest marketing skill*. Cambridge: Woodhead and Faulkner, 1981.

HELITZER, M. *The dream job-publicity, promotion and marketing*. Ohio: University Sports Press, 1995.

IRWIN, R.; SUTTON, W. Sport sponsorship objectives. *European Journal for Sport Management*, EJSM, 1994.

KASZNAR, I.; GRAÇA FILHO, A. S. *O esporte como indústria*. Rio de Janeiro: Ediouro, 2002.

KATZ, D. *Just it – the Nike spirit in the corporate world*. New York: Randon House, 1994.

KENDALL, C.; CURTHOYS, J. Ambush marketing. *Murdoch University Eletronic Journal of Law*, Australia, 2001.

KIM, Jim-Woo. The worth of sport event sponsorship: an event study. Arlington, *Journal of Management and Marketing Research*, 2007.

KOTLER, P.; ARMSTRONG, G. *Principles of marketing*. New Jersey: Prentice Hall, 1996.

MACCARTHY, J.; PERREAULT, W. *Applications in basic marketing*. Homewood: Irwin, 1990.

MASTERMAN, Guy. *Strategic sports event management*. Oxford: Elsevier, 2009.

MCCORMACK, Mark. *Guide to sports marketing*. New York: ISM Group Inc.

MCCARTHY, L.; IRWIN, R. Names in lights. Austrália, *The Cyber Journal of Sport Marketing*, 1997.

MEIO & MENSAGEM. São Paulo, edição eletrônica de 30/04/2013.

MILNE, G. R.; MCDONALD, M. A. *Sport marketing* – managing the exchange process. Massachusetts: Jones and Barletts, 1998.

MULLIN, B.; HARDY, S.; SUTTON, W. *Sport marketing*. Champaign: Human Kinetics, 1993.

OXFORD English Dictionary. Oxford: Oxford University Press, 2000.

PROPAGANDA – A ALMA DO NEGÓCIO. São Paulo, Referência, nº 604, set. 2001.

POZZI, Luiz Fernando. *A grande jogada*. São Paulo: Globo, 1998.

ROBERTS, Kevin. *Lovemarks*: the future beyond brands. New York: Power Books, 2005.

REDONDO, E. *La difícil supervivência dels esports minoritaris*. Barcelona, jun. 1988.

REIN, I. et al. *Marketing de alta visibilidade*. São Paulo: Makron Books, 1999.

REQUIÃO, R. *Curso de direito comercial*. São Paulo: Saraiva, 1977.

RIES, A.; RIES, L. *A queda da propaganda*. Rio de Janeiro: Campus, 2002.

SCHAAF, P. *Sports marketing not just a game anymore*. Amherst: Prometeus, 1995.

SCHLOSSBERG, H. *Sports marketing*. Massachusetts: Blackwell, 1996.

SCULLY, G. W. *The market structure sports*. Chicago: The University of Chicago Press, 1995.

SHERMAN, A. J. *Franchising and licensing*: two ways to build your business. New York: Amacon, 1991.

SLEIGHT, S. *Sponsorship, what it is and how to use it*. Cambridge: McGraw Hill, 1989.

SOLOMON, Jerry. *Managing sporting events*. Champain: Human Knetics, 2002.

STOLLER, M. KOTLER, P.; REIN, I. *Marketing de alta visibilidade*. São Paulo: Makron Books, 1999.

STOTLAR, D. K. *Developing success sport sponsorship plans*. Morgantown: Fitness Information Technology, 2001.

WESTERBEEK, Hans et al. *Managing sport facilities and major events*. New York: Routledge, 2006.

WINFREE, Jason et al. *Sports finance and management*. Boca Raton: CRC Press, 2012.

ZYMAN, S. *A propaganda que funciona*. Rio de Janeiro: Campus, 2003.

|  |  |
|---:|:---|
| *Formato* | 17 x 24 cm |
| *Tipografia* | Iowan 10/13 |
| *Papel* | Offset Sun Paper 75 g/m² (miolo) |
|  | Supremo 250 g/m² (capa) |
| *Número de páginas* | 256 |
| *Impressão* | Geográfica Editora |

Sim. Quero fazer parte do banco de dados seletivo da Editora Atlas para receber informações sobre lançamentos na(s) área(s) de meu interesse.

Nome: _____
_____ CPF: _____ Sexo: ○ Masc. ○ Fem.
Data de Nascimento: _____ Est. Civil: ○ Solteiro ○ Casado

End. Residencial: _____
Cidade: _____ CEP: _____
Tel. Res.: _____ Fax: _____ E-mail: _____

End. Comercial: _____
Cidade: _____ CEP: _____
Tel. Com.: _____ Fax: _____ E-mail: _____

De que forma tomou conhecimento deste livro?
☐ Jornal    ☐ Revista    ☐ Internet    ☐ Rádio    ☐ TV    ☐ Mala Direta
☐ Indicação de Professores    ☐ Outros: _____

Remeter correspondência para o endereço:    ○ Residencial    ○ Comercial

## Indique sua(s) área(s) de interesse:

- ○ Administração Geral / Management
- ○ Produção / Logística / Materiais
- ○ Recursos Humanos
- ○ Estratégia Empresarial
- ○ Marketing / Vendas / Propaganda
- ○ Qualidade
- ○ Teoria das Organizações
- ○ Turismo
- ○ Contabilidade
- ○ Finanças

- ○ Economia
- ○ Comércio Exterior
- ○ Matemática / Estatística / P. O.
- ○ Informática / T. I.
- ○ Educação
- ○ Línguas / Literatura
- ○ Sociologia / Psicologia / Antropologia
- ○ Comunicação Empresarial
- ○ Direito
- ○ Segurança do Trabalho

## Comentários

_____
_____
_____

ISR-40-2373/83

U.P.A.C Bom Retiro

DR / São Paulo

## CARTA - RESPOSTA
### Não é necessário selar

O selo será pago por:

01216-999 - São Paulo - SP

REMETENTE:
ENDEREÇO: